Mit Freude über das geäußerte Interesse

Jürgen Ziese

JÜRGEN ZIESE

Historische Beweisführung
in Streitschriften des Investiturstreites

MÜNCHENER BEITRÄGE
ZUR MEDIÄVISTIK UND RENAISSANCE-FORSCHUNG

8

JÜRGEN ZIESE

Historische Beweisführung in Streitschriften des Investiturstreites

1972

Bei der Arbeo-Gesellschaft

München

ISBN 3 920128 07 9

Schriftenreihe der Arbeo-Gesellschaft
Geschäftsstelle: 8061 Bachenhausen

Druck: W. & I. M. Salzer, München 2

Diese Untersuchung stellt die überarbeitete Fassung einer im Sommersemester 1968 von der Philosophischen Fakultät der Ludwig-Maximilians-Universität München angenommenen Dissertation dar. Für die Anregung zu diesem Thema und die tolerante Betreuung bei der Ausarbeitung habe ich Herrn Prof. Dr. Dr. h. c. Johannes Spörl zu danken. Ganz besonderer Dank gilt auch meinem Freund und ehemaligen Kollegen am Historischen Seminar Peter Müller, der mich bei den technischen Einzelfragen der Drucklegung unterstützt hat.

INHALT

Quellen- und Literaturverzeichnis

1. Quellen

Ambrosius, Epistola 20 (MPL 16, Sp.1036-1045).

Ambrosius, Expositio Evangelii secundum Lucan, ed. M. Adriaen (Corpus Christianorum SL XIV, 1957, p.1-400).

Ambrosius, Expositio psalmi 118, ed. M. Petschenig (CSEL LXII, 1913).

Anselm von Lucca, Collectio canonum, ed. F. Thaner, 1906.

Anselm von Lucca, Liber contra Wibertum, ed. E. Bernheim (MG Ldl I, 1891, p.517-528).

Augustinus, Epistola 47, ed. A. Goldbacher (CSEL XXXIIII,2, 1898, p.129-136).

Augustinus, Epistola 185, ed. A. Goldbacher (CSEL LVII, 1911, p.1-44).

Augustinus, Epistola 189, ed. A. Goldbacher (CSEL LVII, 1911, p.131-137).

Beda, Historia ecclesiastica gentis Anglorum, ed. C. Plummer, 1896.

Constitutum Constantini, ed. H. Fuhrmann (MG Fontes iuris Germanici antiqui X, 1968).

Cyprian, Epistola 69, ed. G. Hartel (CSEL III,2, 1871, p.749-766).

Petrus Damiani, Epistola ad Cadaloum episcopum Parmensem, qui et Honorius II. antipapa (MPL 144, Sp.237-247).

Petrus Damiani, Epistola ad eundem Cadaloum episcopum Parmensem, qui et Honorius II. antipapa (MPL 144, Sp.248-254).

Petrus Damiani, Epistola ad Oldericum episcopum Firmanum (MPL 144, Sp.311-317).

Deusdedit, Kanonessammlung, ed. V. Wolf von Glanvell, Paderborn 1905.

De primitiva ecclesia et synodo Nicena, ed. P. Hinschius (Decretales Pseudo-Isidorianae et Capitula Angilramni, Leipzig 1863, p.247-249).

Eutropi Breviarium ab urbe condita cum versionibus Graecis et Pauli Landolfique additamentis, ed.H.Droysen(MG AA II,1879).

Gelasius I., Epistola 1, ed. A. Thiel, Epistolae Romanorum pontificum genuinae, I, Braunsberg 1868, p.287-311.

Gelasius I., Epistola 27, ed. A. Thiel, Epistolae Romanorum pontificum genuinae, I, Braunsberg 1868, p.422-435.

Gregor I., Moralia (MPL 75, Sp.509 - MPL 76, Sp.782).

Gregor I., Registrum, ed. P. Ewald und L. M. Hartmann (MG Epistolae I, 1891, II, 1899).

Gregor VII., Registrum, ed. E. Caspar (MG Epp. sel. II, 1920/ 1923).

Hieronymus, Epistola 108, ed. I. Hilberg (CSEL LV, 1912, p. 306-351).

Hugo von Flavigny, Chronicon, ed. G. H. Pertz (MG SS VIII, 1848, p.280-503).

Hugo von Fleury, Tractatus de regia potestate et sacerdotali dignitate, ed. E. Sackur (MG Ldl II, 1892, p.465-494).

Odo von Cluny, Collationes (MPL 133, Sp.517-638).

Sigebert von Gembloux, Chronica, ed. D. L. C. Bethmann (MG SS VI, 1844, p.268-374).

Sigebert von Gembloux, Leodicensium epistola adversus Paschalem papam, ed. E. Sackur (MG Ldl II, 1892, p.449-464).

Die Texte des Normannischen Anonymus, ed. K. Pellens, Wiesbaden 1966.

Tractatus de investitura episcoporum, ed. E. Bernheim (MG Ldl II, 1892, p.495-504).

Wenrich von Trier, Epistola sub Theoderici episcopi Virdunensis nomine composita, ed. K. Francke (MG Ldl I, 1891, p.280-p. 299).

Wibert von Ravenna, Decretum, ed. E. Dümmler (MG Ldl I,1891, p.621-626).

Wido von Ferrara, De scismate Hildebrandi, ed. R. Wilmans, recogn. E. Dümmler (MG Ldl I, 1891, p.529-567).

2. Literatur

K. Alewell, Über das rhetorische παράδειγμα. Theorie, Beispielsammlungen, Verwendung in der römischen Kaiserzeit, Diss. Leipzig 1913.

A. Andelfinger, Die Entwicklung des Tyrannenbegriffs in der philosophisch-theologischen Literatur des Mittelalters und seine antiken Quellen, Diss. München 1920.

H. H. Anton, Fürstenspiegel und Herrscherethos in der Karolingerzeit, Bonn 1968.

H. X. Arquillière, Saint Grégoire VII. Essai sur sa conception du pouvoir pontifical, Paris 1934.

G. Assfahl, Vergleich und Metapher bei Quintilian, Stuttgart 1932.

E. Auerbach, Figura: Archivum Romanicum 22 (1938) 436-489.

E. Auerbach, Typologische Motive in der mittelalterlichen Literatur, Krefeld [2]1964.

P. A. van den Baar, Die kirchliche Lehre der translatio imperii Romani bis zur Mitte des 13. Jahrhunderts, Rom 1956.

F. Baix, Cadalus, in: Dict. d'Hist. et de Géogr. eccl. XI, Paris 1949, Sp.53-99.

A. Becker, Studien zum Investiturproblem in Frankreich, Saarbrücken 1955.

J. Benzinger, Zum Wesen und zu den Formen von Kommunikation und Publizistik im Mittelalter. Eine bibliographische und methodologische Studie: Publizistik 4 (1970) 295-318.

M. Bernards, Geschichtsperiodisches Denken in der Theologie des 12. Jahrhunderts: Kölner Domblatt 26/27 (1967) 115-124.

E. Bernheim, Über den Traktat De investitura episcoporum: Forschungen zur Deutschen Geschichte 16 (1876) 281-295.

L. Boehm, Der wissenschaftstheoretische Ort der historia im früheren Mittelalter. Die Geschichte auf dem Wege zur "Geschichtswissenschaft", in: Speculum Historiale, S.663-693.

G. B. Borino, Il monacato e l'investitura di Anselmo vescovo di Lucca, in: Studi Gregoriani V, Rom 1956, S.360-374.

E. Brandenburg, Der Begriff der Entwicklung und seine Anwendung auf die Geschichte. SB Sächs. Ak., Leipzig 1941.

A.-D. von den Brincken, Studien zur lateinischen Weltchronistik bis in das Zeitalter Ottos von Freising, Düsseldorf 1957.

L. Buisson, Die Entstehung des Kirchenrechts: ZRG KA 52(1966) 1-175.

L. Buisson, Potestas und caritas. Die päpstliche Gewalt im Spätmittelalter, Köln 1958.

N. F. Cantor, Church, Kingship, and Lay Investiture in England 1089-1135, Princeton N.J. 1958.

A. Cauchie, La querelle des investitures dans les diocèses de Liège et de Cambrai, Löwen 1890.

A. C. Charity, Events and their afterlife. The dialectics of christian typology in the Bible and Dante, Cambridge 1966.

H. Coing, Römisches Recht in Deutschland = Ius Romanum medii aevi V, 6, Mailand 1964.

Yves M.-J. Congar, Der Platz des Papsttums in der Kirchenfrömmigkeit der Reformer des 11. Jahrhunderts, in: Sentire Ecclesiam. Das Bewußtsein von der Kirche als gestaltende Kraft der Frömmigkeit, hrsg.v.J. Daniélou u. H. Vorgrimler, Freiburg 1961, S.196-217.

M. Conrat, Geschichte der Quellen und Literatur des römischen Rechts, Leipzig 1891.

H. Crouzel, La distinction de la "typologie" et de l'"allegorie": Bulletin de la littérature ecclésiastique 65(1964)161-174.

F. Dornseiff, Literarische Verwendung des Beispiels, in: Vorträge der Bibliothek Warburg 4(1924/25)206-228.

F. Dressler, Petrus Damiani. Leben und Werk, Rom 1954.

C. Erdmann, Die Entstehung des Kreuzzugsgedankens, Stuttgart ^{2}1955.

C. Erdmann, Gesta Romanae Ecclesiae contra Hildebrandum: ZRG KA 26 (1937) 433-436.

P. Ewald, Walram von Naumburg. Zur Geschichte der publizistischen Literatur des XI. Jahrhunderts, Bonn 1874.

E. Ewig, Zum christlichen Königsgedanken im Frühmittelalter, in: Das Königtum. Seine geistigen und rechtlichen Grundlagen = Vorträge und Forschungen III, Lindau 1956, S.7-73.

A. Fauser, Die Publizisten des Investiturstreites. Persönlichkeiten und Ideen, Diss. München 1935.

H. E. Feine, Zum Papstwahldekret Nikolaus' II. "In nomine domini" von 1059. Nach neueren Forschungen, in: Études d'histoire du droit canonique dédiées à Gabriel Le Bras, I, Paris 1965, S.541-551.

E. Fischer, Der Patriziat Heinrichs III. und Heinrichs IV., Diss. Berlin 1908.

E. H. Fischer, Gregor der Große und Byzanz. Ein Beitrag zur Geschichte der päpstlichen Politik: ZRG KA 36(1950)15-144.

A. Fliche, Guy de Ferrare. Étude sur la polémique religieuse en Italie à la fin du XIe siècle: Annales de la Faculté de lettres de Bordeaux et des Univ. du Midi, Bulletin italien 16 (1916) 105-140 und 17 (1917) 114-131.

A. Fliche, La Réforme Grégorienne, I, Paris 1924, III, Paris 1937.

A. Fliche, La Réforme grégorienne et la Reconquête chrétienne (1057-1123)= Fliche-Martin, Histoire d'Eglise Bd. 8, Paris 1950.

R. Folz, Le Souvenir et la Légende de Charlemagne dans l'Empire germanique médiévale, Paris 1950.

K. Forstner, Das Bild Cäsars im Geschichtsdenken des früheren Mittelalters, Diss. Wien 1953.

G. Foschini, Letture dall'epistolario di S. Pier Damiani, Faenza 1960.

K. Francke, Zur Geschichte der lateinischen Schulpoesie des XII. und XIII. Jahrhunderts, München 1879.

W. Freund, Modernus und andere Zeitbegriffe des Mittelalters, Münster 1957.

H. Friedrich, Die Rechtsmetaphysik der göttlichen Komödie, Frankfurt a. M. 1942.

J. Funkenstein, Das Alte Testament im Kampf von regnum und sacerdotium zur Zeit des Investiturstreits, Diss. Basel, Dortmund 1938.

F. L. Ganshof, Le moyen âge=Histoire des relations internationales, hrsg.v.P.Renouvin, I, Paris 1953.

J. de Ghellinck, Le mouvement théologique du XIIe siècle, Gembloux 1948.

W. Goez, Translatio imperii. Ein Beitrag zur Geschichte des Geschichtsdenkens und der politischen Theorien im Mittelalter und in der frühen Neuzeit, Tübingen 1958.

M. Grabmann, Die Geschichte der scholastischen Methode I, Freiburg 1909.

E. L. Grasmück, Coercitio. Staat und Kirche im Donatistenstreit, Bonn 1964.

A. Guerra, Compendio di storia ecclesiastica Lucchese, hrsg.v.P. Guidi, Lucca 1924.

M. Hackelsperger, Bibel und mittelalterlicher Reichsgedanke, 1934.

J. Haller, Das Papsttum. Idee und Wirklichkeit, 2. Bd., Darmstadt 1962 (Nachdruck der Ausgabe von 1951).

V. E. Harlow, The destroyer of Jesus. The Story of Herod Antipas Tetrarch of Galilee, Oklahoma City 1953.

L. M. Hartmann, Geschichte Italiens im Mittelalter, II. Band I. Hälfte, Gotha 1900.

W. Hartmann, Manegold von Lautenbach und die Anfänge der Frühscholastik: DA 26 (1970) 47-149.

W. Hartmann, Eine unbekannte Überlieferung der falschen Investiturprivilegien: DA 24 (1968) 498-504.

A. Hauck, Kirchengeschichte Deutschlands, III, Leipzig 1896.

F. Hausmann, Reichskanzlei und Hofkapelle unter Heinrich V. und Konrad III., Stuttgart 1956.

J. Helfenstein, Gregors VII. Bestrebungen nach den Streitschriften seiner Zeit, Frankfurt a. M. 1856.

W. Hempel, Übermuot diu Alte... Der Superbia-Gedanke und seine Rolle in der deutschen Literatur des Mittelalters, Bonn 1970.

F. Herberhold, Die Angriffe des Cadalus von Parma (Gegenpapst Honorius II.) auf Rom in den Jahren 1062 und 1063, in: Studi Gregoriani II, Rom 1947, S.477-503.

R. Herde, Das Hohelied in der lateinischen Literatur des Mittelalters bis zum 12. Jahrhundert: Studi Medievali 3a s. 8 (1967)957-1073, zugleich als Sonderdruck 1968.

R. Hirzel, Der Dialog, I, Leipzig 1895.

K. Jordan, Investiturstreit und frühe Stauferzeit (1056-1197), in: Gebhardt-Grundmann, Handbuch der deutschen Geschichte I, Stuttgart [9]1970, S.322-425.

K. Jordan, Der Kaisergedanke in Ravenna zur Zeit Heinrichs IV. Ein Beitrag zur Vorgeschichte der staufischen Reichsidee: DA 2 (1938) 85-128.

F. Kempf, Pier Damiani und das Papstwahldekret von 1059: Archivum Historiae Pontificiae 2 (1964) 73-89.

F. Kempf, Die Kirche im Zeitalter der Gregorianischen Reform, in:Handbuch der Kirchengeschichte, hrsg. v. H. Jedin, III 1, Freiburg 1966, S.401-461.

W. Kluxen, Analogie, in: Historisches Wörterbuch der Philosophie, hrsg. v. J. Ritter, I, Darmstadt 1971, Sp.214-227.

G. Köbler, Das Recht im frühen Mittelalter. Untersuchungen zu Herkunft und Inhalt frühmittelalterlicher Rechtsbegriffe im deutschen Sprachgebiet, Köln 1971.

W. Kölmel, Typik und Atypik. Zum Geschichtsbild der kirchenpolitischen Publizistik (11.-14. Jahrhundert), in: Speculum Historiale S.277-302.

R. Konrad, Kaiser Nero in der Vorstellung des Mittelalters, in: Festiva Lanx. Studien zum mittelalterlichen Geistesleben Johannes Spörl dargebracht aus Anlaß seines sechzigsten Geburtstages, hrsg. v. K. Schnith, München 1966, S.1-15.

H. Kornhardt, Exemplum: eine bedeutungsgeschichtliche Studie, Diss. Göttingen 1936.

H.-G. Krause, Das Papstwahldekret von 1059 und seine Rolle im Investiturstreit = Studi Gregoriani VII, Rom 1960.

G. Laehr, Die Konstantinische Schenkung in der abendländischen Literatur des Mittelalters bis zur Mitte des 14. Jahrhunderts, Berlin 1926.

H. Lausberg, Handbuch der literarischen Rhetorik, München 1960.

J. Leclercq, Saint Pierre Damien ermite et homme d'église, Rom 1960.

M. Losacco, Dialettici ed antidialettici nei secoli IX, X e XI: Sophia 1 (1933) 425-429.

H. De Lubac, Exégèse médiévale. Les quatres sens de l'Ecriture, Paris 1959-1963

H. De Lubac, "Typologie" et "allégorisme": Recherches de Science religieuse 34 (1947) 180-226.

K.-H. Lütcke, 'Auctoritas' bei Augustin. Mit einer Einleitung zur römischen Vorgeschichte des Begriffs, Stuttgart 1968.

A. J. Macdonald, Authority and reason in the early middle ages, London 1933.

D. Maffei, La donazione di Costantino nei giuristi medievali, Mailand 1964.

W. Martens, Die Besetzung des päpstlichen Stuhls unter den Kaisern Heinrich III. und Heinrich IV., Freiburg i. Br. 1886.

R. M. McInerny, The logic of analogy. An interpretation of St. Thomas, Den Haag 1961.

F. Meinecke, Ein Wort über geschichtliche Entwicklung, in: Zur Theorie und Philosophie der Geschichte, hrsg. v. E. Kessel, Stuttgart 1959, S.102-116.

G. Melville, "...De gestis sive statutis Romanorum pontificum...". Rechtssätze in Papstgeschichtswerken: Archivum Historiae Pontificiae 9 (1971) 377-400.

V. Menzel, Deutsches Gesandtschaftswesen im Mittelalter, Hannover 1892.

G. Meyer von Knonau, Jahrbücher des deutschen Reiches unter Heinrich IV. und Heinrich V., I, Leipzig 1890.

A. Michel, Papstwahl und Königsrecht oder das Papstwahl-Konkordat von 1059, München 1936.

C. Mirbt, Die Publizistik im Zeitalter Gregors VII., Leipzig 1894.

C. Mirbt, Die Stellung Augustins in der Publizistik des gregorianischen Kirchenstreites, Leipzig 1888.

L. Morris, The Biblical Doctrine of Judgment, London 1960.

J. A. Mosher, The exemplum in early religious and didactic literature in England, New York 1911.

F. Neukirch, Das Leben des Petrus Damiani (Teil 1: Bis zur Ostersynode 1059) nebst einem Anhang: Damianis Schriften chronologisch geordnet, Göttingen 1875.

F. Ohly, Hohelied-Studien, Wiesbaden 1958.

I. Ott, Der Regalienbegriff im 12. Jahrhundert: ZRG KA 35(1948) 234-304.

P. Palazzini, Note di diritto Romano in S. Pier Damiano: Studia et documenta historiae et iuris XIII-XIV(1947/48)235-268.

K. Panzer, Wido von Ferrara De scismate Hildebrandi. Ein Beitrag zur Geschichte des Investiturstreits, Leipzig 1880.

G. Peiser, Der deutsche Investiturstreit unter König Heinrich V. bis zu dem päpstlichen Privileg vom 13. April 1111, Berlin 1883.

K. Pellens, 'Unitas Ecclesiae' im sog. Liber de unitate ecclesiae conservanda, in: Festschrift Hans Foerster = Freiburger Geschichtsblätter 52 (1963/64) 14-37.

E. Perels, Die Briefe Papst Nikolaus' I.: NA 39(1914)45-153.

D. B. Queller, The office of ambassador in the middle ages, Princeton N.Y. 1967.

H. Rall, Zeitgeschichtliche Züge im Vergangenheitsbild mittelalterlicher, namentlich mittellateinischer Schriftsteller, Berlin 1937.

K. Reindel, Studien zur Überlieferung der Werke des Petrus Damiani I: DA 15 (1959) 23-102.

A. Reinke, Die Schuldialektik im Investiturstreit. Eine geistesgeschichtliche Studie, Stuttgart 1937.

P. Richard, Anselm de Lucques le jeune, in: Dict. d'Hist. et de Géogr. eccl. III, Paris 1924, Sp.489-491.

H. Rudorff, Zur Erklärung des Wormser Konkordats, Weimar 1906.

E. Sackur, Zu den Streitschriften des Deusdedit und Hugo von Fleury: NA 16 (1891) 347-386.

J. B. Sägmüller, Die Konstantinische Schenkung im Investiturstreit: Theologische Quartalschrift 84 (1902) 89-110.

A. Scharnagl, Der Begriff der Investitur in den Quellen und der Literatur des Investiturstreites, Stuttgart 1908.

H. Schlechte, Erzbischof Bruno von Trier. Ein Beitrag zur Geschichte der geistigen Strömungen im Investiturstreit, Engelsdorf-Leipzig 1934.

R. Schneider, Brüdergemeinde und Schwurfreundschaft. Der Auflösungsprozeß des Karlingerreiches im Spiegel der caritas-Terminologie in den Verträgen der karlingischen Teilkönige des 9. Jahrhunderts, Lübeck 1964.

K. Schnith, Recht und Friede. Zum Königsgedanken im Umkreis Heinrichs III.: HJb 81 (1962) 22-57.

P. E. Schramm, Kaiser, Rom und Renovatio, ^{3}1963.

B. Schütte, Studien zum Liber de unitate ecclesiae conservanda, Berlin 1937.

W. Schulz, Der Einfluß der Gedanken Augustins über das Verhältnis von ratio und fides im 11. Jahrhundert: Zeitschrift für Kirchengeschichte 35 (1914) 9-39.

L. Simeoni, Il contributo della contessa Matilde al papato nella lotta per le investiture, in: Studi Gregoriani I, Rom 1947, S.353-372.

G. Simon, Untersuchungen zur Topik der Widmungsbriefe mittelalterlicher Geschichtsschreiber bis zum Ende des 12. Jahrhunderts: Archiv für Diplomatik 4(1958)52-119 und 5/6(1959/1960) 73-153.

Speculum Historiale. Geschichte im Spiegel von Geschichtsschreibung und Geschichtsdeutung, Johannes Spörl aus Anlaß seines sechzigsten Geburtstags dargebracht von Weggenossen, Freunden und Schülern, hrsg. v. Cl. Bauer, L. Boehm, M. Müller, Freiburg 1965.

J. Spörl, Das Alte und das Neue im Mittelalter. Studien zum Problem des mittelalterlichen Fortschrittsbewußtseins: HJb 50 (1930) 297-341 und 498-524.

J. Spörl, Gedanken um Widerstandsrecht und Tyrannenmord im Mittelalter, in: Widerstandsrecht und Grenzen der Staatsgewalt, hrsg. v. B. Pfister u. G. Hildmann, Berlin 1956.

J. Spörl, Gregor der Große und die Antike, in: Christliche Verwirklichung. Romano Guardini zum fünfzigsten Geburtstag dargebracht von seinen Freunden und Schülern, Rothenfels am Main 1935, S.198-211.

J. Spörl, Gregor VII. und das Problem der Autorität, in: Reformata Reformanda. Festgabe für H. Jedin, hrsg. v. E. Iserloh und K. Repgen, I, Münster 1965, S.59-73.

G. Stählin, Skandalon, Gütersloh 1930.

A. Stickler, Il potere coattivo materiale della Chiesa nella Riforma Gregoriana secondo Anselmo di Lucca, in: Studi Gregoriani II, Rom 1947, S.235-285.

Sykutris, Epistolographie, in: Pauly-Wissowa Realencyclopädie der Classischen Altertumswissenschaft V. Suppl.-Bd., Stuttgart 1931, Sp.185-220.

G. Tellenbach, Libertas. Kirche und Weltordnung im Zeitalter des Investiturstreites, Stuttgart 1936.

K. Thraede, Grundzüge griechisch-römischer Brieftopik, München 1970.

F. C. Tubach, Exempla in the Decline: Traditio 18(1962)407-417.

A. Viscardi, Storia letteraria d'Italia. 1. Le origini, Mailand 1939.

E. Voosen, Papauté et Pouvoir Civil à l'époque de Grégoire VII. Contribution à l'histoire du droit public, Gembloux 1927.

Th. C. Vriezen, Die Erwählung Israels nach dem Alten Testament, Zürich 1953.

G. Werdermann, Heinrich IV., seine Anhänger und seine Gegner im Lichte der augustinischen und eschatologischen Geschichtsauffassung des Mittelalters, Diss. Greifswald 1913.

Z. Zafarana, Ricerche sul "Liber de unitate ecclesiae conservanda": Studi Medievali serie terza 7 (1966) 617-700.

H. Zimmermann, Ecclesia als Objekt der Historiographie, SB Wien. Ak. 1960.

H. Zimmermann, Papstabsetzungen des Mittelalters, Graz 1968.

H. Zimmermann, Der Streit um das Lütticher Bistum vom Jahre 920/21. Geschichte, Quellen und kirchenrechtshistorische Bedeutung: MIÖG 65 (1957) 15-52.

[illegible] und das Problem [illegible], in: Reli[illegible] [illegible] Festgabe für [illegible], hrsg. v. [illegible] [illegible] 1966, [illegible]-76.

[illegible] Kommission [illegible]

A. [illegible] contributo a materiale [illegible] alla [illegible] [illegible], Rom 1951, S. [illegible]

[illegible] [illegible]-210.

[illegible] und [illegible] des Investitur[illegible] Stuttgart 1929.

E. [illegible] "Gaudet [illegible] per [illegible]", München 1970.

F. [illegible]bach, [illegible] the Perlinse [illegible] (1963) [illegible]

[illegible], Storia [illegible] d'Italia [illegible], Milano 1958 [illegible]

P. Vaccari, [illegible] "Contribution à l'histoire du droit [illegible]

Th. C. Vriezen [illegible] Zürich [illegible]

[illegible] seine Anfänge und [illegible] im Lichte der [illegible] und [illegible] Dokumente [illegible] 1911.

[illegible] "Über de [illegible]" [illegible]

H. Zimmermann [illegible] der Historiographie [illegible] Wien [illegible]

H. Zimmermann, Papstabsetzungen des Mittelalters, Graz 1968.

H. Zimmermann, Der Streit um das [illegible] von Jahre 920/21, [illegible] und [illegible] MIÖG [illegible] (1957) [illegible]

Einleitung

Diese Untersuchung beschäftigt sich mit der historischen Beweisführung in einigen Streitschriften des Investiturstreits, die als Gesamtphänomen noch keiner ausführlicheren und differenzierenden Betrachtung gewürdigt worden ist[1], und unterscheidet sich damit von den meisten bisherigen über den gleichen Quellenbestand durch Ausschluß inhaltlicher Fragen zugunsten der Konzentration auf die Methodik und dabei nur auf diese eine Argumentationsweise[2]. Daß dabei die einzelnen behandelten Streitschriften als literarische Einheit Rahmen und Ziel der Betrachtung bilden, ergibt einen besonderen Unterschied zu dem grundlegenden Werk von C. Mirbt, das nach den behandelten Streitfragen gegliedert ist und die Äußerungen aller Schriften entsprechend verzettelt[3]. Die Beschränkung auf nur einige davon

---

1) So erwähnt z.B. C.Mirbt, Die Publizistik im Zeitalter Gregors VII., Leipzig 1894, immer wieder die von den Publizisten angeführten historischen Präzedenzfälle, geht aber in dem summierenden Schlußabschnitt 'Das Beweisverfahren' überhaupt nicht auf geschichtliche Beweisführung ein (S.611-615) und bemerkt lediglich in dem folgenden Abschnitt 'Die Art der Polemik' (S.615-618) über Vergleiche mit Nero oder dem Antichrist: ".. darf nicht überschätzt werden. Denn Nero wie der Antichrist stellen fest ausgeprägte Typen dar; ihre Verwendung war mithin auch ohne eingehende Studien in der Geschichte und in der Schrift möglich"(S.618). - Vgl. auch die unklaren und einseitigen Urteile von H. Rall (Zeitgeschichtliche Züge im Vergangenheitsbild mittelalterlicher, namentlich mittellateinischer Schriftsteller, Berlin 1937), der im größten Teil seiner Arbeit die historische Beweisführung in den Streitschriften auf primitive Verwendung von Präzedenzfällen reduziert sieht(S.65/66 und S.205) und dann am Schluß ganz allgemein über symbolische und allegorische Geschichtsauffassung im Mittelalter spricht, ohne dabei auf die Streitschriften einzugehen (S.285-298).

2) Ähnliche Beschränkung auf einen methodischen Gesichtspunkt bei A. Reinke, Die Schuldialektik im Investiturstreit.Eine geistesgeschichtliche Studie, Stuttgart 1937.

3) C. Mirbt, Publizistik. Das Werk ist als Orientierungshilfe durch die Stoffmassen unentbehrlich, wenn auch ein Lob wie das von H. Rall übertrieben ist: "all die großen literarischen Aus-

ermöglicht in spezieller Abgrenzung gegenüber den die Schriften ebenfalls als Ganzes behandelnden, aber in extensiver Sicht eine größere Zahl davon erfassenden Werken von A. Fliche und A. Fauser weit größere Intensität, die in den gewählten Grenzen restlose Ausschöpfung des Themas erlaubt[4].

Die behandelten Streitschriften wurden nicht nach ihrer Parteistellung, wegen besonders interessanter Thesen oder nach chronologischen Gesichtspunkten ausgewählt, vielmehr war entscheidend, daß ihre Verwendung historischer Argumentation in ganz verschiedener Richtung Aufschluß gibt über ihre und ihrer Verfasser Eigenart. Dadurch soll der eventuelle Nutzen einer solchen Untersuchung in zwei konkreten Varianten paradigmatisch erprobt werden.

Diese stellt in den zwei Kapiteln jeweils eine Streitschrift in den Mittelpunkt, sucht aber, wo möglich, die Signifikanz der gewonnenen Aussagen durch Vergleich mit einer thematisch und funktionell möglichst nahe verwandten anderen Streitschrift zu bemessen und zu erhärten.

Sie setzt zunächst bei einigen Fragen an, die für die gesamte Argumentation der betreffenden Schrift von Bedeutung sind. - Zunächst werden die Anhaltspunkte untersucht, die etwas über das geistige Klima aussagen, aus dem die Argumentation erwächst, vor allem auch die Bestandteile der Streitschriften, in denen der Autor über sein Werk reflektiert[5]. Dabei wird gefragt

---

einandersetzungen, deren publizistische Formen schon Mirbt dargetan hat" (Zeitgeschichtliche Züge S.65/66). - Ähnlich wie Mirbt ist auch J. Helfenstein verfahren, Gregors VII. Bestrebungen nach den Streitschriften seiner Zeit,Frankfurt a.M.1856.

4) A. Fliche über die vorgregorianische Reformpublizistik in 'La Réforme Grégorienne',I,1924 und über die antigregorianischen Streitschriften in 'La Réf. Grég.'III,1937. - A. Fauser, Die Publizisten des Investiturstreites. Persönlichkeiten und Ideen. Diss. München 1935.

5) Dabei zeigen sich ähnliche Topoi, wie sie G. Simon in ihren

nach der etwaigen Stellungnahme des Verfassers zu seinem polemischen Vorhaben, der mehr oder weniger ausgeprägten Subjektivität seiner Ausführungen, dem Adressaten und der Schärfe der Polemik und dem Umfang der Obkektivierung durch Aufnahme und Diskussion gegnerischer Standpunkte oder gar Argumente. Die gewonnenen Antworten werden jeweils durch Vergleich mit der anderen Streitschrift auf ihren Gehalt an Allgemeingültigem oder Spezifischem hin geprüft.

Dann wird jeweils die Argumentation der im Mittelpunkt stehenden Streitschrift selbst betrachtet und ihr logischer Zusammenhang analysiert. Ausgangspunkt ist dabei die Voraussetzung, daß jedes literarische Werk irgendwie gegliedert ist, kein einziger Satz ohne Absicht geschrieben worden ist und - innerhalb einer publizistischen Schrift[6] - in einer wenn auch noch so indirekten Beziehung zu einem der umkämpften Standpunkte stehen muß. Dies Vorhaben erscheint allerdings als wenig erfolgversprechend angesichts der heftigen Kritik, die zahlreiche Streitschriften wegen ihres angeblich unsystematischen und verworrenen Gedankengangs erfahren haben[7]. Doch sind auch sehr

---

'Untersuchungen zur Topik der Widmungsbriefe mittelalterlicher Geschichtsschreiber bis zum Ende des 12. Jahrhunderts' (Archiv für Diplomatik 4,1958,S.52-119 und 5/6,1959/60,S.73-153) zusammengestellt hat, aber doch auch wieder durch die andere Situation des in einen erbitterten öffentlichen Meinungsstreit eingreifenden Publizisten bedingte Unterschiede. Zudem scheint die Beschränkung einer solchen Betrachtung auf die Einleitungspartien nicht sinnvoll, sondern es werden alle im angezeigten Sinne - ob beabsichtigt oder nicht - aussagekräftigen Äußerungen der Publizisten, am Ende, aber auch gerade im Inneren der Schrift, für die Gewinnung eines Gesamtbildes herangezogen.

6) Zur Bedeutung und Berechtigung eines solchen Prädikats für die Streitschriften des Investiturstreits nach C. Mirbt (Publizistik S.4/5) jetzt neuerdings in großem Rahmen J. Benzinger, Zum Wesen und zu den Formen von Kommunikation und Publizistik im Mittelalter. Eine bibliographische und methodologische Studie: Publizistik 4(1970)295-318,bes.296/297.

7) Vgl. die von A. Michel angeführten Urteile über die *Disceptatio synodalis* von Petrus Damiani als "verworrenes, läppi-

energische Gegenstimmen laut geworden, die den Aufbau einzelner 'libelli' als relativ logisch verteidigt und allgemein gezeigt haben, daß man an diese nicht die modernen Ansprüche nach explizit klargelegter Gliederung stellen darf, sondern ihre meist nur implizierten Gedankenverbindungen interpretatorisch erschließen muß[8]. Es sind auch recht genaue Analysen einiger Streitschriften vorgelegt worden, die deren logisch befriedigendes Gesamtgefüge skizzieren[9]. Die vorliegende Untersuchung

---

sches, anstößiges Geschreibsel", "bunte, phantastische Terminologie", "willkürliche Erfindungen und Einfälle der Causerie" und "wüste Phantastereien" (Papstwahl und Königsrecht oder das Papstwahl-Konkordat von 1059, München 1936, S.180), die Auseinandersetzung von E. Bernheim mit der Beurteilung des *Tractatus de investitura episcoporum* als "ungeordnetes Material"(Über den Traktat De investitura episcoporum: Forschungen zur Deutschen Geschichte 16,1876,S.286ff.) und noch neuerdings die Kritik von W. Hartmann - in Nachfolge W.v. Giesebrechts - an Aufbau und Gliederung des *Liber ad Gebehardum* von Manegold von Lautenbach (Manegold von Lautenbach und die Anfänge der Frühscholastik: DA 26,1970,S.124).

8) So A. Michel: "Was über den Wirrkopf Damiani oft und oft gesagt wurde, beruht auf mangelhaftem Studium seiner Grundsätze und der allgemeinen Ausdrucksweise seiner Zeit" (Papstwahl, S. 191) und E.Bernheim:"Man muß nur berücksichtigen...daß in jener dialektisch wenig gebildeten Zeit die Kunst der Übergänge, durch welche wir gewöhnt sind, den logischen Zusammenhang unserer Gedanken erkennbar zu machen, noch auf niedriger Stufe steht, daß man also ohne viele 'denn' und 'weil' und 'andererseits' die Gedanken nebeneinanderstellt, daß man sich ferner nicht ängstigt, gelegentlich Bemerkungen, die einem gerade passend scheinen, einzureihen, wenn sie auch nicht eben streng in den Zusammenhang hineingehören, eine Gewohnheit, die wohl daher kommt, daß man meistens mehr durch Beispiele und gehäufte Zitate als durch innere logische Gründe zu beweisen pflegte" (Über den Traktat S.286/287). H. Rall geht allerdings zu weit mit dem Urteil: "Doch fast all die großen literarischen Auseinandersetzungen....benützen als Waffen gut durchgebildete, scholastisch angehauchte Traktate" (Zeitgeschichtliche Züge S.65/66).

9) E. Bernheim über den *Tractatus de investitura episcoporum*, A. Cauchie über die *Apologia contra eos qui calumniantur missas coniugatorum sacerdotum* und die *Leodicensium epistola adversus Paschalem papam* (La querelle des investitures dans les diocèses de Liège et de Cambrai, Löwen 1890, I,S.99-105 und II,S.167-74)

will aber weit über solche Erkenntnis der großen Linien hinaus zu erschöpfender Genauigkeit vordringen: Der Gedankengang wird in einem Schema aufgegliedert, das die logischen Beziehungen zwischen den einzelnen Argumentationen, den mehr oder weniger direkten Bezug der einzelnen Argumente zu der erörterten Frage und das Verhältnis von umfassenderen und spezielleren Problemstellungen klar darstellt. Wenn die möglichst in Textnähe formulierten Überschriften bisweilen nicht mit befriedigender Konsequenz aufeinander bezogen erscheinen und des öfteren merkwürdig bildlich gefaßt sind, so deshalb, um keine größere Abstraktion und begriffliche Schärfe vorzutäuschen als sie in den Streitschriften erreicht und beabsichtigt sind. Das Schema verwendet auch zusätzlich zur Kennzeichnung der einzelnen Abschnitte nach Möglichkeit charakteristische Wendungen des betreffenden Textes selbst[10]. Seine ausführliche Begründung im Einzelnen würde den Rahmen der Arbeit sprengen, da vielfach mit einer Äußerung mehrere Absichten zugleich verfolgt sind und jeweils die Entscheidung, welche als die für den Fortgang der Erörterung entscheidende im Schema formuliert worden ist, gerechtfertigt werden müßte. Es ist an seiner immanenten Schlüssigkeit und an der lückenlosen Erfassung des Textes, die Punkt für Punkt nachgewiesen wird, zu messen. Dabei zeigt sich die vielleicht verblüffende, aber unleugbare und für die Überzeugung des Publizisten von der Wahrscheinlichkeit des jeweiligen

---

sowie E. Fischer über die *Disceptatio synodalis* (Der Patriziat Heinrichs III. und Heinrichs IV., Diss. Berlin 1908, S.26 ff.).

10) Ähnlich hat K. Pellens in seiner Edition der Texte des 'Normannischen Anonymus' (Wiesbaden 1966) deren Inhalt durch "Leitgedanken oder Leitbegriffe aus dem Text selbst" als Überschrift verdeutlicht (vgl. S.XXV/XXVI) - und aus dem Text der Streitschrift selbst heraus einen - vom Publizisten nicht als solcher deklariert - neuen Titel für den *Liber de unitate ecclesiae conservanda* vorgeschlagen ('Unitas Ecclesiae' im sog. Liber de unitate ecclesiae conservanda, in: Festschrift Hans Foerster = Freiburger Geschichtsblätter 52,1963/64,S.14-16).

Standpunktes signifikante Tatsache, daß die entsprechenden Textabschnitte von sehr unterschiedlichem Umfang sind. Eine nur kursorische eigentliche Begründung setzt sich im Anschluß daran mit etwaigen abweichenden Forschungsmeinungen sowie den begrifflichen und stilistischen Signalen des Aufbaus auseinander. - Diese einmal übersichtlich dargestellte Analyse ermöglicht durch Aufsuchen des entsprechenden Textabschnittes im Schema, den Standort jeder einzelnen Äußerung innerhalb des logischen Gefüges allein aufgrund der Stellenangabe in der Edition exakt zu erkennen. Zugleich bildet sie die notwendige Voraussetzung für die Beurteilung des relativen Gewichts der einzelnen Argumentationsarten.

Danach beginnt jeweils die spezielle Untersuchung über die unterschiedlichen argumentatorisch wirksamen Faktoren des historischen Materials und die verschiedene sprachliche Ausformung der einzelnen Argumente, wobei - wieder in extensiverer Sicht - die Besonderheit der herausgestellten Merkmale am Vergleich mit der thematisch ähnlichen Streitschrift gemessen wird.

Am Anfang steht die Scheidung zwischen direkter, d.h. vom Verfasser bewußt verwandter, und indirekter historischer Argumentation, unter der geschichtliche Argumente verstanden werden, die innerhalb zitierter 'auctoritates' verwandt sind. Bei ihr stellt sich die Frage, ob die Publizisten die historischen Bestandteile in ihrem Charakter erkannt und deren Verwendung innerlich bejaht haben. Eine Lösung ist besonders dann möglich, wenn innerhalb einer Streitschrift dieselben geschichtlichen Fakten sowohl innerhalb einer zitierten 'auctoritas' als auch selbständig verwertet worden sind: Die verachiedenen Auffassungen können verglichen und so die besondere Prägung durch den Publizisten und seine Intention verdeutlicht werden[11].

---

11) Inwieweit der Stoff aus der Bibel und der frühchristlichen

Die Untersuchung der direkten historischen Beweisführung beginnt bei den Überschneidungen mit anderen Argumentationsweisen, die nicht aufgrund der herangezogenen Quellen, sondern durch die verschiedenen Bedingungen ihrer Überzeugungskraft voneinander unterschieden werden[12].

Die historische Beweisführung zieht aus bestimmten örtlich und zeitlich fixierten rein faktischen Einzelphänomenen mit nur implizierter Aussage allgemeine Schlußfolgerungen und stützt sich als 'rhetorischer Induktionsbeweis' auf den von Seneca bis zu den spätmittelalterlichen 'artes praedicandi' immer wieder hervorgehobenen Vorzug der besonderen Anschaulichkeit und Überzeugungskraft des innerhalb der menschlichen Geschichte tatsächlich Geschehenen[13]. Damit ist sie scharf abgegrenzt gegen

---

Geschichte abhängig vom Vorbild eines Kirchenvaters für den betreffenden Beweiszweck herangezogen worden ist, kann im Rahmen dieser Arbeit nicht grundsätzlich erörtert werden. Solche Abhängigkeiten sind, fehlen Indizien wie das erwähnte, nur schwer nachweisbar. Vgl. die besonnenen Äußerungen von B.Schütte (Studien zum Liber de unitate ecclesiae conservanda, 1937,S.26 ff.) über die eventuelle unselbständige Übernahme von Bibelzitaten von Cyprian, dessen großen Einfluß auf den *Liber* sie selbst nachgewiesen hat.

12) Einen Überblick über den Einfluß der wichtigsten Argumentationsquelle, der Bibel, hat M. Hackelsperger, Bibel und mittelalterlicher Reichsgedanke, 1934, gegeben; über Teilaspekte vgl. J. Funkenstein, Das Alte Testament im Kampf von regnum und sacerdotium zur Zeit des Investiturstreits, Diss. Basel, Dortmund 1938, und neuerdings R. Herde, Das Hohelied in der lateinischen Literatur des Mittelalters bis zum 12. Jahrhundert, Spoleto 1968,1026-1029.

13) Zum Begriff der Geschichte im Mittelalter sei nur auf die grundlegende Arbeit von L. Boehm verwiesen, Der wissenschaftstheoretische Ort der historia im früheren Mittelalter. Die Geschichte auf dem Wege zur "Geschichtswissenschaft", in:Speculum Historiale. Geschichte im Spiegel von Geschichtsschreibung und Geschichtsdeutung, Johannes Spörl aus Anlaß seines sechzigsten Geburtstags dargebracht von Weggenossen, Freunden und Schülern, hrsg. Cl. Bauer, L. Boehm, M. Müller, Freiburg 1965, S.663-693; hinter der Verwendung der 'exempla' stand lediglich die unreflektierte Überzeugung von deren Charakter als tatsächlich geschehen (s. H. Friedrich, Die Rechtsmetaphysik der göttlichen Komödie, Frankfurt a.M. 1942,S.27/28). Ausdrücklich sei in die-

die anderen, abstrakt-normativen Argumentationsweisen: Die 'autoritative' verwendet 'auctoritates', Äußerungen von allgemein anerkannter Verbindlichkeit aufgrund der persönlichen Autorität ihres Urhebers[14], die 'juristische' in verbindlicher Rechtsform erlassene Garantien[15], und die 'logische' operiert mit

---

sem Zusammenhang auf den Nachweis von H. De Lubac hingewiesen, daß im Mittelalter auch die Berichte der Heiligen Schrift - auch die über das Wirken Gottes - als im eigentlichen Sinne historisch und dieser historische Charakter als das sich zuerst Erschließende an den Berichten aufgefaßt worden sind (Exégèse médiévale. Les quatre sens de l'Ecriture I, 2, Paris 1959, S. 455-466). - Über Induktionsbeweis K. Alewell, Über das rhetorische παράδειγμα. Theorie, Beispielsammlungen, Verwendung in der römischen Kaiserzeit, Diss. Leipzig 1913, S.13 und 17. - Über Überzeugungskraft K. Alewell S.13, H. Kornhardt, Exemplum: eine bedeutungsgeschichtliche Studie, Diss. Göttingen 1936, der ihre größere Wirksamkeit im Vergleich mit den normativen 'praecepta' hervorhebt(S.30), H. Friedrich, Rechtsmetaphysik S.24 und S.30-32 und J. A. Mosher, The exemplum in early religious and didactic literature in England, New York 1911, S.8 ff. - Über den Zusammenhang mit der christlichen Predigt F. Dornseiff, Literarische Verwendung des Beispiels, in: Vorträge der Bibliothek Warburg 4(1924/25)S.218-220 und H. Friedrich, Rechtsmetaphysik S. 30-32.

14) Definition der 'auctoritas' bei Quintilian: *si quid ita visum gentibus, populis, sapientibus viris, claris civibus, illustribus poetis referri potest*(K.Alewell S.23). Zur für die Publizistik des Investiturstreits - wenn auch unter gewissen Mißverständnissen - maßgebenden Auffassung Augustins von der 'auctoritas' und ihrer Rolle im Verhältnis zur 'ratio' vgl. K.-H. Lütcke, 'Auctoritas' bei Augustin. Mit einer Einleitung zur römischen Vorgeschichte des Begriffs, Stuttgart 1968, bes. S.182-195 und L. Boehm, Der wissenschaftstheoretische Ort S.685. - Über die Bedeutung der 'auctoritates' für die Publizistik des Investiturstreits vgl. C. Mirbt, Publizistik S.611-615 und als neueste Äußerung über ihre polemische Verwertung W. Hartmann, Manegold S.137/138. - Über ihre Bedeutung für die werdende Scholastik vgl. M. Grabmann, Die Geschichte der scholastischen Methode I, Freiburg i. Br. 1909 und J. de Ghellinck, Le mouvement théologique du XIIe siècle, Gembloux 1948.

15) Der Übergang zu den 'auctoritates' ist bei diesen ebenfalls schriftlich fixierten Dauerregelungen fließend, zumal im Bereich des Kirchenrechts, wie auch C. Mirbt 'canones' und 'auctoritates' als ein einheitliches Beweisinstrumentarium auffaßt. Doch ist das Juristische als ein besonderer Wirkungsfaktor bewußt, so wenn z.B. in den *Dicta cuiusdam* betont wird, daß Gre-

den Regeln der Dialektik[16]. Diese idealtypische Abgrenzung ist

---

gor VII. das Papstwahldekret eigenhändig unterschrieben habe (H.-G. Krause, Das Papstwahldekret von 1059 und seine Rolle im Investiturstreit = Studi Gregoriani VII, Rom 1960, S.187/188). Über die juristische Verwertung des Papstwahldekretes in der Publizistik des Investiturstreits vgl. H.-G. Krause,S.149-233 (H. E. Feine bestätigt dessen diesbezügliche Ausführungen: Etudes d'histoire du droit canonique dédiées à Gabriel Le Bras I, Paris 1965, S.549-551), über die des *Constitutum Constantini* G. Laehr, Die Konstantinische Schenkung in der abendländischen Literatur des Mittelalters bis zur Mitte des 14. Jahrhunderts, Berlin 1926, S.26-50 (D. Maffei, La donazione di Costantino nei giuristi medievali, Mailand 1964, geht bei seinem summarischen Verweis auf die ältere Literatur S. 20 auf die Interpretation in den Streitschriften nicht ein) und - daneben immer noch von Nutzen - Sägmüller, Die Konstantinische Schenkung im Investiturstreit: Theologische Quartalschrift 84(1902)bes. S.95-104. - Zum Verhältnis zwischen Kanonistik und Publizistik sei nur auf die treffende Charakterisierung der Gesamtproblematik durch Sägmüller,Theologische Quartalschrift 84,S.105-107 hingewiesen. - Besonders interessiert hat seit längerer Zeit die Verwertung des römischen Rechts, ohne daß bisher erhebliche Fortschritte gemacht worden sind, wie die nur ganz summarische Bemerkung von H. Coing (Römisches Recht in Deutschland=Ius Romanum medii aevi V,6, Mailand 1964, S.33/34) zeigt, der lediglich auf die ältere, allerdings richtungweisende Arbeit von K.Jordan verweist, Der Kaisergedanke in Ravenna zur Zeit Heinrichs IV. Ein Beitrag zur Vorgeschichte der staufischen Reichsidee: DA 2(1938) 85-128 (vor allem über Petrus Crassus). Eine Zusammenstellung von Streitschriften des Investiturstreits, die Texte des römischen Rechts als Argumente verwenden, hatte, unter Nachweis der direkten Herkunft dieser Zitate, bzw. - bei bloßen Verweisen - der wahrscheinlich gemeinten direkten Quelle schon M. Conrat geboten: Geschichte der Quellen und Literatur des römischen Rechts, Leipzig 1891, S.363-388, 606-613. Eine sorgfältige Untersuchung der Verwendung des römischen Rechts in den Streitschriften von Petrus Damiani bietet P. Palazzini, Note di diritto Romano in S. Pier Damiano, in: Studia et documenta historiae et iuris XIII-XIV(1947/48)235-268; einige Bemerkungen über Benzo von Alba bei P. E. Schramm, Kaiser, Rom und Renovatio, [3]1963, S.282-284 und 287.

16) Damit ist aber nicht die dialektische Konkordanzmethode gemeint, über die A. Reinke gehandelt hat, sondern die Verwendung deduktiver Logik. Vgl. zu dem gerade über deren Verwendbarkeit für theologische Fragen im 11. Jahrhundert entbrannten Streit M. Grabmann, Scholastische Methode I,S.215 ff., W. Schulz, Der Einfluß der Gedanken Augustins über das Verhältnis von ratio und fides im 11. Jahrhundert: Zeitschrift für Kirchengeschichte

allerdings im konkreten Einzelfall häufig verwischt, und es werden Argumente angeführt, die sowohl aufgrund ihrer historischen als auch anderer Aspekte wirken.

Bei einem solchen Argument stellt sich die Frage, welch relatives Gewicht den gemeinsam wirkenden Aspekten zukommt, wo sein natürliches Schwergewicht liegt und welcher Gesichtspunkt demnach auffallend betont ist[17]. Als ebenfalls durch Berührung mit den anderen Argumentationsweisen bedingte Phänomene werden noch mit grammatischen Mitteln vollzogene formale Koppelung zwischen historischen und anderen Argumenten sowie die logische Unterordnung des sachlichen Gehalts geschichtlicher unter andere Beweise untersucht.

Danach wendet sich die Betrachtung ausschließlich der historischen Beweisführung zu. Diese wird in sich geschieden nach der Absicht, geschichtliche Kontinuität zu belegen oder historischen Wandel zu dokumentieren. Im letzteren Fall kann es sich um einen einmaligen Umschwung von einem Zustand zu einem anderen oder um eine mehrstufige Entwicklung handeln[18].

35(1914)9-39, A. J. Macdonald, Authority and reason in the early middle ages, London 1933, M. Losacco, Dialettici ed antidialettici nei secoli IX, X e XI: Sophia 1(1933) und neuerdings W. Hartmann, Manegold.

17) So hat z.B. G. Laehr gezeigt, daß das *Constitutum Constantini* vielfach bewußt nicht als juristisches sondern historisches Argument verwertet worden ist (vgl. z.B. Die Konstantinische Schenkung S.37). - Daß die Rhetorik staats- und sakralrechtliche 'exempla' als historisch ansieht, zeigt H. Kornhardt, Exemplum S.83.

18) Die Verwendung des Begriffs Entwicklung bedeutet keinerlei geschichtstheoretische Stellungnahme (vgl.dazu z.B. die Auseinandersetzung von F. Meinecke mit E. Brandenburg in: Zur Theorie und Philosophie der Geschichte = Werke Band IV, Stuttgart 1959, S.102-116). Mit E. Brandenburg ist "Entwicklung" hier nur aufgefaßt als "die Möglichkeit, viele diffuse und schwer übersehbare Einzelheiten in einem Gesamtüberblick einheitlich zusammenzufassen" (Der Begriff der Entwicklung und seine Anwendung auf die Geschichte. SB Sächs.Ak., Leipzig 1941). Über die auch Zeitunterschiede beachtende Konkordanzmethode vgl. neben der erwähnten Arbeit von A. Reinke auch L. Buisson, Potestas und

Die Grundform der auf geschichtlicher Kontinuität beruhenden oder auf sie abzielenden historischen Argumentation ist das historische Beispiel, "eine Urform beispielhaften Verdeutlichens, Belegens und Bezeugens"[19]. Seiner Verwendung im epideiktischen Genos der rhetorischen Theorie sowie in der antiken und mittelalterlichen Predigt entspricht der historische Idealfall, der als Unterart der 'similitudo' zur Hervorhebung von Qualitäten oder Fehlern mit nach verbreitetem Urteil "hervorragender Realisierung" der betreffenden Eigenschaft in der Geschichte vergleicht[20] und als Enthymema das Urteil über diese Eigen-

---

caritas. Die päpstliche Gewalt im Spätmittelalter, Köln 1958, S.45-47. - Über den Gegensatz der in Entwicklungen denkenden Geschichtsschreibung zu der den gesamten historischen Stoff als gleichförmig ansehenden Verwendung von 'exempla' vgl. H.Friedrich, Rechtsmetaphysik S.28 f.

19) H. Friedrich, Rechtsmetaphysik S.23. Friedrich (S.24 und S. 26/27) betont die Kontinuität zwischen der mittelalterlichen Handhabung des 'exemplum' und dem 'exemplum'-Typ der römischen Kaiserzeit. Definitionen speziell des historischen 'exemplum' in der rhetorischen Theorie: *inter exemplum et similitudinem hoc interest, quod exemplum historia, similitudo re adprobatur; exemplum, id est rei gestae aut ut gestae utilis ad persuadendum id, quod intenderis, commemoratio; specialiter in iis, quae rerum gestarum auctoritate nituntur*(vgl. dazu K. Alewell, Παράδειγμα S.19 und 24-28). J. A. Mosher kommt aufgrund des in den großen, vor allem spätmittelalterlichen Sammlungen vereinigten Materials zu der literarischen Begriffsbestimmung: "the essentials are: (1) a brief narrative; (2) human characters" (The exemplum S.6) und gibt eine kurze Geschichte des 'exemplum' in der europäischen Literatur bis zum Spätmittelalter (S.8 ff.). - Zu der im Folgenden gegebenen Aufgliederung vgl. H. Kornhardt, Exemplum S. 64.

20) H. Lausberg, Handbuch der literarischen Rhetorik, München 1960, S.301. Hierher gehören die 'exemplarische oder normative Typik' und die 'abgeleitete sekundäre Negativtypik' von W. Kölmel, Typik und Atypik. Zum Geschichtsbild der kirchenpolitischen Publizistik (11.-14. Jahrhundert),in:Speculum Historiale, S.280 und 282. Vgl. H. Kornhardt, Exemplum S.21/22 und 25. Über Verwendung des Begriffes 'imago' für diese Art 'exemplum' vgl. K. Alewell, Παράδειγμα S.21 und H. Kornhardt, Exemplum S.57-59, der Zusammenhang mit den Ahnen-imagines in den römischen Atria vermutet. Über Verzettelung der 'exempla' je nach den durch sie

schaft voraussetzt. - Er kann reduziert und verdichtet werden zu der 'Vossianischen Antonomasie', wo der Name einer die Eigenschaft verkörpernden historischen Persönlichkeit dem zu Charakterisierenden aktualisierend zugeordnet wird, wozu Adjektive wie *alter* oder *novus* verwandt werden[21]. - Der Verwendung im deliberativen Genus entspricht der historische Analogiefall, ein für die Entscheidung über eine bestimmte Frage hinlänglich ähnliches geschichtliches Faktum, über dessen Beurteilung allgemeine Übereinstimmung herrscht, vor allem wegen der Beteiligung einer als autoritatives Vorbild verehrten Persönlichkeit[22].

---

verkörperten Eigenschaften vgl. K. Alewell, Παράδειγμα S.56 und F. Dornseiff, Literarische Verwendung S.218/19. - Über ihre Verwendung in der lateinischen Dichtung des 12. und 13. Jahrhunderts vgl. K. Francke, Zur Geschichte der lateinischen Schulpoesie des XII. und XIII. Jahrhunderts, 1879, S.35 -37. Über *exempla superbiae* vgl. W. Hempel, Übermuot diu Alte....Der Superbia-Gedanke und seine Rolle in der deutschen Literatur des Mittelalters, Bonn 1970, S.198-200.

21) H. Lausberg, Handbuch S.301. Über Verwendung dieses rhetorischen Mittels zum Herrscherlob vgl. E. Ewig, Zum christlichen Königsgedanken im Frühmittelalter, in: Das Königtum. Seine geistigen und rechtlichen Grundlagen=Vorträge und Forschungen III, Lindau 1956, S.7-73 und H. H. Anton, Fürstenspiegel und Herrscherethos in der Karolingerzeit, Bonn 1968, S.419-446. - Sehr reale Bedeutung mißt J. Funkenstein der Steigerung des Vergleichs zur Identifizierung im Zusammenhang mit der Salbung Pippins 754 zu mit seiner Feststellung:"Die veränderte Stellung des gesalbten Herrschers zeigen schon die Papstbriefe: Immer wieder betiteln die Päpste Pippin und Karl: *novus Moyses novusque David* und drücken damit die Nachfolge der biblischen Könige durch die christlichen aus, während vor der Salbung die Karolinger höchstens ermahnt werden, in ihren Taten den biblischen Helden nachzueifern... Der Gegensatz der Worte *sicut Moyses* und *novus Moyses* kennzeichnet die verschiedene Situation vor und nach der Salbung..."(Das Alte Testament S.6 mit Anm.25). - Die Fruchtbarkeit solcher Vorstellungen im Mittelalter hat J. Spörl in großem Rahmen dargestellt und gedeutet, Das Alte und das Neue im Mittelalter. Studien zum Problem des mittelalterlichen Fortschrittsbewußtseins: HJb 50(1930)297-341 und 498-524, bes. 313-314. Hierher gehört auch die 'Herrschertypik' aus der etwas gezwungenen Konstruktion von W. Kölmel, Typik.

22) Hier ist nicht der streng logische Begriff der Analogie gemeint(vgl. dazu R. M. McInerny, The logic of analogy. An inter-

Der Verwendung vor allem im iudizialen Genus entspricht der historische Präzedenzfall, der einen Anspruch oder eine Behauptung stützen soll. Er ist nur auf die historische Faktizität als solche gestützt und kann nicht stillschweigend ein Enthymema voraussetzen, so daß deshalb die entsprechende Forderung nach Aufzählung möglichst zahlreicher Beispiele gilt[23]. - Prä-

---

pretation of St. Thomas, The Hague 1961), der sicherlich bei den Publizisten nicht vorausgesetzt werden kann, sondern das Ergebnis des von W. Kluxen beschriebenen Popularisierungsprozesses: "Aber auch die Bedeutung 'Analogieschluß' wird damit verbunden; so schreibt Quintilian der 'analogia' die Kraft zu, 'Zweifelhaftes auf etwas Ähnliches, das nicht in Frage steht, zu beziehen, um Ungewisses durch Gewisses zu beweisen'...Dieser - noch immer technisch-wissenschaftliche - Begriff ist gänzlich unmathematisch geworden und besagt nicht viel mehr als 'Entsprechung' ja 'Ähnlichkeit', bei der man nicht mehr an Proportionalität zu denken braucht. Aber in dieser unstrengen....Bedeutung ist der Terminus ununterbrochen in Gebrauch geblieben" (Historisches Wörterbuch der Philosophie, hrsg. J. Ritter, I, Darmstadt 1971, Sp.219). - Über Heranziehung solcher Analogiefälle zur Entscheidung schwieriger Fragen vgl. H. Kornhardt, Exemplum S.59/60, über die Bewertung eines in seiner Qualität an sich fraglichen 'exemplum' aufgrund der besonderen 'auctoritas' des Beteiligten vgl. H. Kornhardt, Exemplum S.70-74. Schon Christus hat Analogiefälle aus dem Alten Testament für seine Lehre herangezogen(vgl. L. Buisson, Die Entstehung des Kirchenrechts:ZRG KA 52,1966,S.38 ff.); allgemein über die Betrachtung biblischer Handlungen als normengebende Analogiefälle - seit Augustin grundlegende exegetische Methode - vgl. L. Buisson, Potestas, bes. S.26-43. - Dieser Art entspricht die von J. A. Mosher, The Exemplum S.8 definierte Verwendung:"to give a proof or confirmation of the truth of an assertion".

23) Über das 'enthymema' als unvollkommenen Syllogismus bis zu dem von Quintilian geschilderten Grad *enthymema tantum intellegi contentum sit* vgl. H. Lausberg, Handbuch S.199. Forderung nach großer Zahl K. Alewell, Παράδειγμα S.17. Ausführlich über die Bedeutung von Präzedenzfällen für die Fragen des römischen Staats- und Sakralrechts H. Kornhardt, Exemplum S.67/68 und 77. Hierher gehört auch W. Kölmels "eine Art Judizialtypik" (Typik S.291). - Über Präzedenzfälle für Unglück in der lateinischen Dichtung des 12. und 13. Jahrhunderts vgl. K. Francke, Schulpoesie S.49. - J. A. Mosher definiert eine entsprechende Verwendung: "to furnish a concrete illustration of the result of obeying or disobeying some religious or moral law (The Exemplum S.8); z.T. gehört auch sein drittes 'purpose' hierher: "to give proof or confirmation of the truth of an assertion" (The Exemplum S.8).

zedenzfälle werden auch unter dem Einfluß oder zur Vorspiegelung von besonderem Affekt zu generalisierender historischer Argumentation verdichtet, die bündig und ohne jeden Beleg die betreffende Erscheinung der Gegenwart als dem gesamten für sie belangvollen Geschichtsabschnitt entsprechend oder widersprechend bezeichnet. Ihre vielfach mit ganz denselben wenigen Vokabeln wie *novum, inauditum* oder *antiquum, vetus* getroffenen Aussagen sind unbedingt und uneingeschränkt, die starke Erregung drückt sich häufig in pleonastischen Wortballungen aus[24].

Eine Differenzierung anderer Art ergibt sich aus dem mehr oder weniger direkten Bezug des als Argument angeführten historischen Sachverhalts zu der behandelten Frage. In verschieden starker Übertragung ergibt sich ein fließender Übergang von Vergleich, Bild und Allegorie. Die entschiedene Ausprägung erscheint als allegorische und typologische Beweisführung. Die eine verweist vertikal aus dem historischen Faktum heraus auf einen höheren Sinn, die andere horizontal als Realprophetie auf einen bestimmten anderen historischen Punkt[25]. Beide beruhen

---

24) Diese Art historischer Beweisführung ist von J. Spörl in seiner grundlegenden Untersuchung in die großen geistesgeschichtlichen Zusammenhänge eingeordnet worden (Das Alte, passim). Darauf aufbauend hat W.Freund, Modernus und andere Zeitbegriffe des Mittelalters, Münster 1957, die Bedeutung des dafür wichtigen Terminus *modernus* im Zusammenhang mit der Frage nach dem Gegenwartsbewußtsein der mittelalterlichen Autoren untersucht, dabei auch seine Verwendung für diese Argumentationsweise im Investiturstreit behandelt (S.65/66) und bereits, wenn auch mehr beiläufig, ihren Affektgehalt vermerkt. - Über Bevorzugung alter 'exempla' und Verurteilung von Neuerungen bereits in der römischen Antike vgl. H. Kornhardt, Exemplum S.22/23,26, 66,70,73,77 und 87.

25) Zum gleitenden Übergang von Vergleich-Bild-Metapher-Allegorie vgl. G. Assfahl, Vergleich und Metapher bei Quintilian, Stuttgart 1932, S.2/3, zur möglichen Unsicherheit bei ihrer Funktionsbestimmung S.141 ff., wo Veranschaulichung, Argumentation und Kritik voneinander geschieden werden. - Die Unter-

aber auf der eindeutigen Anerkennung der Faktizität des als Ausgangspunkt dienendem historischen Sachverhalts. Wenn sie auch als Idealtyp klar voneinander unterscheidbar sind, verfließen sie doch in ihrer Anwendung - häufig untrennbar - ineinander und sollen auch entsprechend dem einheitlichen mittelalterlichen Sprachgebrauch in dieser Untersuchung als allegorische Argumentation grundsätzlich zusammengefaßt werden[26].

Weitere Unterscheidungsmerkmale ergeben die reziprok proportionalen Faktoren Intensität und Extensität der Betrachtung und die ihnen jeweils zugeordneten des verschiedenen sprachlichen Umfangs und Einsatzes rhetorischer Wirkungsmittel[27]. Manche Be-

---

schiede zwischen Allegorie und Typologie hat klar herausgearbeitet E. Auerbach, Figura: Archivum Romanicum 22(1938)436-489 und 'Typologische Motive in der mittelalterlichen Literatur', Krefeld [2]1964. Vgl. dazu auch F. Dornseiff, Literarische Verwendung S.221-224. Über die typologischen Vorstellungen in der Bibel und ihre Umprägung durch die Patristik vgl. A. C. Charity, Events and their afterlife. The dialectics of christian typology in the Bibel and Dante, Cambridge 1966, S.79/80,148-164, bes. S.163/164. Vgl. auch S.109, wo er die typologische Deutung von Personen und Dingen als Mißverständnis der Patristik hervorhebt, da nach dem richtigen Verständnis der Schrift in erster Linie Ereignisse typologische Bedeutung besitzen.

26) H. Crouzel, La distinction de la "typologie" et de l'"allegorie": Bulletin de la littérature ecclésiastique 65(1964)161-174, legt dar, daß beide Vorstellungen aus jeder Religiosität immanentem Symbolismus resultieren und daß bereits bei Origenes beide untrennbar miteinander verbunden sind. H. De Lubac, "Typologie" et "allégorisme": Recherches de Science religieuse 34 (1947)180-226, zeigt, daß im Mittelalter der Begriff allegorisch allgemein zur Bezeichnung aller nicht litteral-historischen Auffassungen im vierfachen Schriftsinn verwandt worden ist, daß man häufig nur die historische und die allegorische Auffassung voneinander unterschieden hat und daß für letztere die Überzeugung von der buchstäblichen Realität des in der Bibel Berichteten als 'factum' Voraussetzung war.

27) Vgl. über die verschiedenen Ausführlichkeitsgrade der - als Oberbegriff für das 'exemplum' geltenden - 'similitudo' im Verhältnis "zum illustrierten Gegenstand", d.h., weiter gefaßt, zur zu beweisenden These H. Lausberg, Handbuch S.421. - Über die Entwicklung des 'exemplum' zu einem liebevoll ausgearbeiteten literarischen Genre, die allerdings erst zu Beginn des 13.

weisführungen sind sehr unbestimmt gehalten, weisen aber doch - oft in Kombination gleich mehrerer Diäresen - durch Differenzierung der an sich allgemeinen Umschreibung der historischen Gegebenheiten auf zugrunde liegende Einzelbeweise hin. Bei solch allgemeinen Summen aus zwar erahnbaren, aber nicht identifizierbaren Fakten ist zu überlegen, warum der Autor auf eine detailliertere Argumentation verzichtet hat, obwohl in vielen Fällen, wie parallele Beweisführungen in anderen Streitschriften zeigen, durchaus wirkungsvolle Einzelbelege zur Hand waren. - Intensiver ist die Betrachtung, wenn der Publizist zahlreiche historische Beispiele nebeneinanderstellt, so zwar individuelle Fälle andeutet, aber nicht durch eigentliche Darstellung, sondern durch mechanische Summierung des - gleichartigen - Beweisstoffes beeindrucken will[28]. - Den Übergang zu intensiver Betrachtung von einzelnen Fällen bilden Gruppen von nur wenigen Beispielen, die breiter ausgeführt sind[29]. - In verschiedener Funktion gegenüber diesen beiden Faktoren treten Quellenverweise auf.

Sind auf diese Weise Wirkungsfaktoren und Gestaltung der historischen Beweisführung charakterisiert worden, besteht der nächste Schritt darin, in noch weiter geführtem Vergleich mit der im Ansatz ähnlichen anderen Streitschrift ein Urteil über das inhaltliche Ausmaß der historischen Beweisführung, die re-

---

Jahrhunderts einsetzt, vgl. F. C. Tubach, Exempla in the Decline: Traditio 18(1962)407-417, der die vor dieser Zäsur gestalteten wegen ihrer erzählerisch kargen Typik als 'protoexempla' disqualifiziert.

28) Über die vor allem für die für Entscheidung von Rechtsfragen angeführten Präzedenzfälle geltende Forderung der rhetorischen Theorie nach möglichst vielen Beispielen vgl. K. Alewell, Παράδειγμα S.9 und S.17 und H. Kornhardt, Exemplum S.24 und 83 (besonders die dort gegebene Charakterisierung).

29) Über die eventuelle Bedingtheit der knappen Erzählform vieler 'exempla' durch den Ursprung in der römischen 'laudatio funebris' vgl. H. Kornhardt, Exemplum S.19, vgl. auch S.86.

lative Bedeutung ihrer sachlichen Substanz zu gewinnen. Darauf folgt in schriftimmanenter Betrachtung eine durch das Gliederungsschema ermöglichte Art Statistik, die die Bedeutung der historischen Beweisführung neben den anderen Argumentationsarten für die Schrift insgesamt und, um zu diesem Ergebnis zu kommen, für jeden einzelnen Gliederungspunkt klären soll. Das Verhältnis zwischen sachlichem Reichtum und logischer Relevanz ergibt einen Eindruck von der wirklichen Bedeutung der historischen Beweisführung für die betreffende Streitschrift.

Dieses Ergebnis und die Erkenntnisse über die Gestaltung der geschichtlichen Argumentation stellen einen Beitrag zu einer differenzierteren Betrachtung der publizistischen Methodik in den Auseinandersetzungen des Investiturstreites dar und sind geeignet, bisherige Forschungsmeinungen über Bedeutung und Charakter der behandelten Streitschriften zu berichtigen oder zu präzisieren.

1. Kapitel

Historische Beweisführung als Medium der Gewissenserforschung. Zum *Liber contra Wibertum* von Anselm von Lucca.

Den *Liber contra Wibertum* hat Bischof Anselm II. von Lucca (1073 - 1086) verfaßt, einer der wichtigsten Mitkämpfer Gregors VII. und einer der drei von ihm als mögliche Nachfolger Designierten[1]. Er hat dadurch in der für die Reformpartei äußerst kritischen Lage 1085/86 nach dem Tode Gregors VII. als ihr offizieller Sprecher den Gegenpapst Clemens III. (Wibert von Ravenna) zum Rücktritt zu bewegen versucht[2]. In ähnlicher

---

1) Veraltet, unergiebig und weithin nur eine Paraphrase der panegyrischen Biographien des heiligen Bischofs: A.Guerra, Compendio di storia ecclesiastica Lucchese, hrsg. P. Guidi, Lucca 1924, S.150-164. Einen anschaulichen, allerdings ebenfalls veralteten Überblick über die Biographie bietet P. Richard, Anselm de Lucques le jeune, in: Dict. d'Hist. et de Géogr. eccl. III, Paris 1924, Spp.489-491; eine instruktive Zusammenfassung auch bei E. Voosen, Papauté et Pouvoir Civil à l'époque de Grégoire VII. Contribution à l'histoire du droit public, Gembloux 1927, S.82/83. Zu einem besonderen Aspekt vgl. G. B. Borino, Il monacato e l'investitura di Anselmo vescovo di Lucca,in: Studi Gregoriani V, Rom 1956, S.360-374.

2) Ed. E. Bernheim, MG Ldl I, 1891, p.517-528. Über Zeit und Umstände der Abfassung vgl. K. Panzer, Wido von Ferrara De scismate Hildebrandi. Ein Beitrag zur Geschichte des Investiturstreites, Leipzig 1880, S.39 ff. Vgl. allgemein: C. Mirbt, Publizistik S.38-40 et passim; A. Fauser, Publizisten S.28-31. - In der Forschung stand die politische und kirchenrechtliche Wirksamkeit Anselms stets im Vordergrund, so daß es keine eingehendere Untersuchung über seine Streitschrift gibt. Diese Forschungslage dokumentiert exemplarisch die Monographie über Gregor VII. von H. X. Arquillière, deren V. Kapitel "L'atmosphère intellectuelle de l'époque chez les controversistes" der Streitschrift des Kanonisten Deusdedit zweieinhalb Seiten einräumt, während die sechs Zeilen über Anselm von Lucca nur auf dessen Kanonessammlung eingehen (Saint Grégoire VII. Essai sur sa conception du pouvoir pontifical, Paris 1934, S.332-335). Typisch sind Äußerungen wie die von A. Viscardi: "Più che il 'Liber contra Wibertum', è interessante la collezione dei canoni anselmiani, che è veramente l'apologia del pensiero e dell' opera di Gregorio..."(Storia letteraria d'Italia. 1.Le origini,

Weise hat 1062 eine ebenfalls führende Gestalt der - frühen - Reformbewegung, Petrus Damiani, in einer für diese gefährlichen Lage den Gegenpapst Honorius II. (Cadalus von Parma) zum Rücktritt aufgefordert[3]. Beide, Anselm und Petrus Damiani, haben einen ersten, erfolglosen Versuch kurz danach in für ihre Partei verschärfter Notlage wiederholt[4]. Angesichts dieser Ge-

---

Mailand 1939, S.123) und von A. Stickler: "...non solo era uno dei più fedeli seguaci di Gregorio VII, vero suo specchio, uno dei più fieri battaglieri per la sua causa, ma anche il teorico della riforma con la sua 'collectio canonum', che supera tutte le altre per forma, contenuto, influsso..." (Il potere coattivo materiale della Chiesa nella Riforma Gregoriana secondo Anselmo di Lucca,in:Studi Gregoriani II, Rom 1947,S.238). Zum Verhältnis zwischen kanonistischer und publizistischer Wirksamkeit vgl. auch die Bemerkung von Sägmüller, Theologische Quartalschrift 84 S.107. - So haben auch eigentlich an kanonistischen Fragen Interessierte dem *Liber* noch am meisten Beachtung geschenkt, wie C. Erdmann, Die Entstehung des Kreuzzugsgedankens, Stuttgart ^{2}1955, S.228 ff. und A.Stickler, Il potere (Vergleich zwischen *Liber* und *Collectio* S.245-264).

3) Das ungünstige Urteil von A. Fliche über die Bedeutung von Petrus Damiani innerhalb der vorgregorianischen Reformbewegung (Réf.Grég.I,S.256ff.) ist von H.-G. Krause (Papstwahldekret S. 118 ff.) und F. Kempf (Pier Damiani und das Papstwahldekret von 1059: Archivum Historiae Pontificiae 2,1964,S.73-89) gründlich revidiert worden. - Zu Cadalus verweist J. Leclercq (Saint Pierre Damien, ermite et homme d'église, Rom 1960, S.84 Anm.2: "Les faits ont étés exposés avec précision") auf F. Baix, Dict. d'Hist. et de Géogr. eccl. XI, Paris 1949, Sp.53-99. Über die für die publizistische Aktivität von Petrus Damiani besonders relevanten Aspekte s. F. Herberhold, Die Angriffe des Cadalus von Parma (Gegenpapst Honorius II.) auf Rom in den Jahren 1062 und 1063,in: Studi Gregoriani II, Rom 1947, vor allem S.483,484 und 488.

4) Zur Ausgangslage für das zweite Schreiben Anselms von Lucca vgl. K. Panzer, Wido S. 39 ff. - Über die beiden Briefe von Petrus Damiani (MPL 144, Sp.237-248 und 248-254) vgl. J. Leclercq, Pierre Damien S.84-87, der ihnen offiziellen Charakter zubilligt. Das gilt wohl auch für Anselms *Liber*. - Über die gemeinsame Überlieferung der beiden Briefe an Cadalus vgl. K. Reindel, Studien zur Überlieferung der Werke des Petrus Damiani I: DA 15(1959)S.76,81,84,87/88. Über die Chronologie der Briefe vgl. F. Neukirch, Das Leben des Petrus Damiani (Teil 1: Bis zur Ostersynode 1059)nebst einem Anhang:Damianis Schriften chronologisch geordnet, Göttingen 1875, S.101. - Allgemein zu den

meinsamkeiten erscheint es sinnvoll, bei einer Untersuchung des *Liber contra Wibertum,* der zweiten Schrift Anselms, ebenfalls die zweite Schrift des Petrus Damiani zum Vergleich heranzuziehen, auch wenn die Vergleichbarkeit durch einen Unterschied der Wirkung etwas eingeschränkt ist: Anselm erhielt im Gegensatz zu Petrus Damiani auf sein - nicht erhaltenes - erstes Schreiben eine - ebenfalls nicht erhaltene - Antwort des Gegenpapstes, auf die er sich in seinem *Liber* bezieht.

Stellungnahme zum polemischen Vorhaben

Anselm verspürt offenbar kein Bedürfnis nach allgemeiner Rechtfertigung und Begründung seines polemischen Vorhabens. Er bewegt sich mit seinen diesbezüglichen Bemerkungen ganz innerhalb seines persönlichen Verhältnisses zu Clemens III., dessen Umstände er gegenüber diesem, dem Adressaten seines Briefes, nicht zu charakterisieren braucht. Seine Rechtfertigung greift ganz persönliche Punkte auf. So verteidigt er sein offenbar von Clemens verurteiltes erstes Schreiben mit dessen unprätentiöser Kürze (*scripsi tibi pauca*), dem Schmerz, den ihm selbst die Abfassung bereitet hat (*cum multo dolore*) und der ihn dabei leitenden selbstlosen Liebe (*sincerae caritatis affectu*), sowie der Absicht, dem Adressaten intellektuelle und seelsorgerische Hilfestellung zu leisten[5]. Dessen Hilfsbedürftigkeit wird

---

Briefen von Petrus Damiani vgl. G. Foschini, Letture dall'epistolario di S. Pier Damiani, Faenza 1960, wo unter der Überschrift "Un ceffone al papa" die Übersetzung eines Auszugs aus dem 1. Brief an den Gegenpapst (S.14) und unter der Überschrift "Paragoni ed insegnamenti presi dalla natura, specie dal regno animale" die je eines Auszugs aus dem 1. und 2. (S.53) ins Italienische gegeben sind. Kurze, vielfach mißverständliche, summarisch paraphrasierende Charakterisierung des 2. Briefes mit Hinweis auch auf mehrere historische Beispiele bringt G. Meyer von Knonau, Jahrbücher des deutschen Reiches unter Heinrich IV. und Heinrich V. I, Leipzig 1890, S.261/262.

5) Ldl I, p.520,24 ff. Die Betonung der *caritas* erinnert an einen alten Topos des antiken Freundschaftsbriefes, der von den

deutlich, aber schonend gekennzeichnet, primär als eine Schwäche der Erkenntnisfähigkeit: *ut cognoscens errorem tuum redires ad cor et poenitentiam ageres delictorum tuorum.* Doch in der Antwort des Gegenpapstes ist voll geistigen Hochmuts dieses redliche Bemühen nicht ernst genommen (*verba tua iniquitas et dolus*), und Clemens hat sich der heilsamen Erkenntnis absichtlich verschlossen (*noluisti intellegere, ut bene ageres*). Diese Verhärtung hat Anselm tief getroffen[6], und der Zweck seines zweiten Schreibens ist, Clemens durch Ausmalung der zu erwartenden Strafe zu erschüttern und so zur Reue zu zwingen.

Auch Petrus Damiani bleibt mit seinen betreffenden Äußerungen innerhalb seiner Beziehung zum Adressaten des Briefes, doch wird er dabei viel weniger persönlich. Über die inneren Beweggründe für sein erstes Schreiben sagt er nichts und siedelt dessen Ziele ganz im äußerlichen Geschehen an: *Scripsi tibi nuper antequam Romam cum satellitibus Satanae fuisses aggressus, denuntians et contestans; ut te a tam cruenti moliminis intentione compesceres, ut intra mensurae suae te septa reprimeres, et nec motum divini furoris adversum te, nec mundus ad-*

Kirchenvätern aufgenommen und christlich eingefärbt worden ist (vgl. K. Thraede, Grundzüge griechisch-römischer Brieftopik, München 1970, S.125-129); für die automatisch zwischen kirchlichen Amtsträgern herrschende und in ihrem Briefwechsel auszudrückende caritas vgl. K. Thraede, Grundzüge S. 142/143, über deren rechtliche Bedeutung im Schriftverkehr unter Bischöfen vgl. R. Schneider, Brüdergemeinde und Schwurfreundschaft. Der Auflösungsprozeß des Karlingerreiches im Spiegel der caritas-Terminologie in den Verträgen der karlingischen Teilkönige des 9. Jahrhunderts, Lübeck 1964, S.78-80 und S.171.

6) Man kann diese Äußerungen durchaus ernst nehmen. Daß - menschlich sowieso wahrscheinlich -bei so bedeutenden Protagonisten, die publizistisch des Gewicht ihrer Persönlichkeit zur Überzeugung des Gegners in direkter Auseinandersetzung einsetzten, Enttäuschung und Erbitterung über die Erfolglosigkeit dieses Versuches einen zweiten Anlauf wesentlich schärfer werden lassen konnten, zeigt der Vergleich mit Petrus Damiani(vgl. unten Anm.7 und 13). Man wird sich den Unterschied des verlorenen ersten zu dem erhaltenen zweiten Brief entsprechend dem zwischen den beiden Schreiben von Petrus Damiani vorstellen dür-

versus ecclesiam in bella nefaria concitares[7]. Als unbefriedigende Reaktion des Gegenpapstes wird lediglich dessen unbeirrbar fortgesetzte Aktivität kritisiert, aber ohne besonderen, aus der Nutzlosigkeit des ersten Briefes resultierenden Nachdruck, und Petrus Damiani bezeichnet diese mangelnde Reaktion auch nicht eigentlich als Grund für sein zweites Schreiben, das er gar nicht ausdrücklich motiviert.

Das Selbstbewußtsein Anselms gegenüber Clemens III. ist un-

---

fen. - Zu dem Versuch von K. Panzer, das Schreiben Wiberts wörtlich zu rekonstruieren, vgl. die skeptischen Bemerkungen von A. Fliche, Réf. Grég. III, S.275-278.

7) MPL 144, Sp.248. Der erste Brief war verbindlicher. Dort redet Petrus Damiani Cadalus noch als Bruder an: *In multis tibi, frater, Romana pepercit ecclesia...Cave, frater, cave ne...*(MPL 144,Sp.238 und 243). Er beschwört ihn in versöhnlichem Ton: *Fac itaque, frater, iuxta vocem prophetae dicentis: 'Redite praevaricatores ad cor'. Discute, obsecro, conscientiam tuam, et prudenter examina...*(MPL 144, Sp.240), rechnet mit der Möglichkeit, *ut tu interim ad conscientiam redeas, teque...quam procul a sanctis viris sis, et ipse perpendas* (MPL 144,Sp.238), korrigiert die Schärfe seines Ausdrucks:*....praesumpsisti, vel, ut mitius loquar, acquiescere potuisti......*(MPL 144, Sp.238) und kleidet ein Argument zurückhaltend in eine Frage: *Quid tibi de cardinalibus videtur episcopis?* (MPL 144, Sp.238). Er weist auf Nachsicht hin:*....ubique tamen sedes apostolica maternae pietatis affectu tibi clementer indulsit*(MPL 144,Sp.238) und gibt am Schluß der Hoffnung Raum, daß der Gegenpapst zur Demut zurückkehren werde: *Rogandus est ergo dumtaxat omnipotens Deus, ut et ad te humilitatis revocet spiritum...*(MPL 144,Sp.246). Im zweiten Brief zeigt er rückhaltlos Feindschaft, bezeichnet Cadalus gleich zu Anfang als *Vesuvus gehennae flammas eructans* und will nur noch beweisen, daß sich der Gegenpapst völlig ins Verderben stürzt und schwerste Schuld auf sich geladen hat(vgl. auch Anm. 13). Den zweiten Brief bezeichnen auch G. Meyer von Knonau (Jahrbücher I S.261 n.41), A. Fliche(Réf.Grég. I S.345) und J. Leclercq(Pierre Damien S.86) als schärfer, ohne aber dieses Urteil zu belegen. E. Voosen charakterisiert, ohne weiter darauf einzugehen, beide Schreiben als "lettres d'une extrême violence" (Papauté S.54), obwohl sie selbst an anderer Stelle auf eine gemäßigte Äußerung im ersten Brief hinweist:"Dans une lettre à l'antipape Cadalus, il rappela que plus d'une fois, le Saint-Siège avait adouci la rigueur de ces canons en faveur de l'évèque de Parme..."(Papauté S.129).

beschränkt und durch die Erfolglosigkeit seines ersten Briefes nicht im geringsten beeinträchtigt. Sein stilistisches, kompositorisches Vermögen berührt er überhaupt nicht, erkennt es also nicht einmal durch positive Beteuerungen als bezweifelbar an. Seine argumentatorische, intellektuelle Überlegenheit sieht er durch die Erfolglosigkeit seines Briefes sogar noch bestätigt, da diese nur die charakterliche Minderwertigkeit des Adressaten beweist, die Anselm jeder Besorgnis in dieser Beziehung enthebt. Die Betrachtung am Anfang des *Liber* legt nämlich dar, daß Hochmut unfähig zu richtiger Erkenntnis mache, und dieser Satz wird mitten im Text voll und ganz auf Clemens und den Charakter seiner Antwort angewandt:*...te pro superbia in reprobum traditum sensum...dicta sanctorum patrum, quae in epistola tua posuisti, non intellexisse*[8]. So ist sich Anselm seiner Überlegenheit aus grundsätzlichen Erwägungen sicher, und der *Liber* ist angefüllt mit Wendungen, die die Absicht und das Gefühl der Befähigung ausdrücken, den Adressaten zu belehren: *cognosce, quae propria sunt...;ut cognoscens errorem tuum....; noluisti intellegere....;intellege itaque, quomodo....ut docearis, quae sit....et scias....cum competenter exponi tibi permiseris...;et alia multa, quae in consequentibus posita audies ...;quibus diligenter perspectis scies...*[9]. Die intellektuelle Hilflosigkeit des Gegenpapstes wird am Ende der Schrift noch einmal programmatisch betont, indem seine Belehrung der Gnade Gottes anempfohlen wird:*...ut cognoscas, quae sit voluntas eius*

---

8) Ldl I, p.525,13-15. Vgl. als neueste Zusammenfassung der von E. Bernheim angeregten Forschung über den superbia-Begriff W. Hempel, Übermuot diu alte... Der superbia-Gedanke und seine Rolle in der deutschen Literatur des Mittelalters, Bonn 1970. Über die inneren Beziehungen der superbia zum Teufel und zu eschatologischen Vorstellungen vgl. Hempel, Übermuot S.32-36, 67/68,96-99,102,198/199.

9) Ldl I, p.520,23; 520,24/25; 520,26; 522,38-40; 522,41-523,1; 525,12.

beneplacens et perfecta[10].

Petrus Damiani ist im Ausdruck seines Selbstbewußtseins viel zurückhaltender. Im Praescript bezeichnet er sich als *peccator monachus*, durch diese Bescheidenheitsfloskel von dem *pseudoepiscopus* Cadalus abrückend. Nur zweimal stellt er Aussagen als ganz sicher hin (....*procul dubio*....*Luce clarius constat*....), und bezieht sich dabei nicht einmal auf eigentlich umstrittene Punkte, sondern nur auf Teilelemente seiner Argumentation[11]. Nur am Schluß des Briefes übernimmt er die Rolle des Belehrenden (...*sed ut noveris*,..;*attentione tua condignam*...), aber im Vergleich mit Anselm nur in schwacher Andeutung[12]. Die Erkenntnisfähigkeit seines Gegners bezweifelt er mit keinem Wort.

Subjektivität der Ausführungen

Dem Brief Anselms fehlen die typischen Anfangs- und Schlußformeln, und er ist zunächst ganz unpersönlich gehalten. Er beginnt als sachliche Abhandlung über Art und Folgen des Hochmuts. Erst nach diesem ersten Hauptteil, der sich nur ganz zum Schluß persönlich färbt, setzt der subjektive Brief eigentlich ein. Der vorangestellte Teil, der das eigentliche Thema der Schrift - den Funktionszusammenhang von Hochmut, Erkenntnis und Schuld - formuliert, besitzt so besonderes Gewicht. - Petrus Damiani verfährt einfacher und ganz direkt. Er stellt seinem Brief die üblichen Formeln voran und befrachtet dabei die geforderten Angaben über Absender und Adressat sowie den Segenswunsch polemisch: *Petrus peccator monachus, Cadalo pseudoepis-*

---

10) Ldl I, p. 528,8.

11) MPL 144, Sp.250. Vgl. dazu unten S. 69.

12) MPL 144, Sp.253/54. - *Petrus peccator monachus* ist allerdings eine übliche Intitulatio in den Briefen von Petrus Damiani, vgl. dazu K. Reindel, Studien I S.42 et passim, allgemein über seine Einhaltung des Briefformulars S.52. Nur durch die Konfrontation mit der Bezeichnung des Cadalus bekommt auch diese Intitulatio eine polemische Färbung.

copo, quod meretur[13]. Eine Schlußformel verwendet auch er nicht.

Obwohl diese formalen Elemente fehlen, ist aber der *Liber* doch ein echter Brief. Anselm hat sich die Funktion des Briefes als "halbierter Dialog" voll zunutze gemacht[14]. Der *Liber* ist durch und durch subjektiv als Auseinandersetzung zwischen zwei bestimmten Einzelpersonen. Offensichtlich von Wibert persönlich angegriffen, hat Anselm einen Abschnitt eingefügt, der ausdrücklich seiner eigenen Rechtfertigung dient und in dem er mehrfach in der 1. Person Singular das Wort nimmt[15]. Aber auch im übrigen Teil des *Liber* rückt er seine Person dreimal auf die gleiche Weise in den Vordergrund[16]. Ein kurz zusammenfassendes Gesamturteil über Wibert am Anfang des eigentlichen Briefes fällt er ausdrücklich als eigenes, von ihm selbst zu verantwortendes:*....qui sic mihi iam nominandus es....*[17]. Nur an einer einzigen zentralen Stelle bezeichnet er die Partei, die er vertritt, objektiv: *Sanctum quippe suum...veneratur ecclesia, sed vos persequitur...*, und gleich danach noch einmal allegorisch: *...quomodo persequatur adhuc ancillam domina...*[18]. Diese unper-

---

13) MPL 144, Sp.248. Im ersten Brief hatte er Cadalus verbindlicher angesprochen: *Cadalo dicto episcopo, Petrus peccator monachus quod dignum et iustum est* (MPL 144, Sp.237).

14) So R. Hirzel, Der Dialog, I, Leipzig 1895, S.305-307 et passim. Sykutris ('Epistolographie',in: Pauly-Wissowa,Realencyclopädie der Classischen Altertumswissenschaft,V. Suppl.-Bd., Stuttgart 1931) betont mehr den Gesprächscharakter, gibt aber doch auch wieder die von R. Hirzel betonte Nähe zum Dialog zu (vgl. Sp.204).

15) Ldl I, p.527,16-27; vgl. unten das Gliederungsschema.

16) Ldl I, p.520,24; 521,31; 522,34/35.

17) Ldl I, p.520,22.

18) Ldl I, p.522,35 ff., vgl. dazu unten S. 67. Über *mater* als für die Ekklesiologie der Reformer kennzeichnendes Attribut vgl. Yves M.-J. Congar, Der Platz des Papsttums in der Kirchenfrömmigkeit der Reformer des 11. Jahrhunderts,in:Sentire Eccle-

sönlichen Bezeichnungen finden sich gerade im 1. Teil des III. Hauptteils, und zwar im umfangreichen 2. Abschnitt, in dem am häufigsten fremde, vorgeprägte Formulierungen herangezogen sind. Kurz vorher hat sich aber Anselm in deutliche und enge Beziehung zu der betreffenden Instanz gesetzt:....*et cum catholica matre nostra ecclesia persequar inimicos eius nec convertar, donec deficiant*. Etwas allgemeiner bezieht er fast immer die Sache, die er vertritt, mit auf die eigene Person, bringt sich in einem *nos* oder *noster* mit zur Geltung oder spricht wenigstens in der 1. Person Plural[19]. Nur einmal weist er sonst noch auf die objektive Instanz der *ecclesia* hin, und das nur, um sich in bedrängter Lage zu rechtfertigen. Sein enges Verhältnis zur Markgräfin Mathilde von Tuszien motiviert er nämlich unter anderem damit, daß er in dieser Hinsicht einem Befehl der Kirche folge:....*sanctae matri meae, cuius praecepto mihi commissa est*[20].

Petrus Damiani nennt zwar am Anfang seines Briefes seinen Namen als den des Absenders und verweist wie Anselm von Lucca darauf, daß er bereits einmal geschrieben habe, tritt aber nicht als Vorkämpfer bestimmter Anschauungen, sondern nur als Autor in den Vordergrund. Die siebenmalige Verwendung der 1. Person Plural präzisiert nicht seine Zugehörigkeit zu einer bestimmten Partei, sondern ist als 'pluralis modestiae' Höflich-

---

siam. Das Bewußtsein von der Kirche als gestaltende Kraft der Frömmigkeit, hrsg. J. Daniélou u. H. Vorgrimler, 1961, bes. S. 202/203.

19) Ldl I, p.521,31;521,34;524,37;525,12;525,13;525,17;525,18; 525,36;526,4;526,33;527,10;527,29. - p.522,3;522,32;525,16;525, 17;525,37;525,38;525,41;526,1;526,4;526,25;526,34;527,10. Die Wendung *de qua superius diximus* drückt nur Bescheidenheit des Autors aus (p.527,33/34).

20) Ldl I, p.527,20/21. Über die Markgräfin vgl. C. Erdmann, Kreuzzugsgedanke S.207 f. und L. Simeoni, Il contributo della contessa Matilde al papato nella lotta per le investiture, in: Studi Gregoriani I, Rom 1947, S.353-372.

keit des Autors[21]. Deutlich zeigt sich das an den schriftstellerische Entscheidungen begleitenden Floskeln:...*praebeamus exemplum....;ad finem prosequamur historiam*.... Darein fügt sich auch die 1. Person Singular:....*ut ita loquar*.... Das einzige Mal, wo er - mit dem Personalpronomen der 1. Person Plural - seine Zugehörigkeit zu einem bestimmten Kreis bezeichnet, ist dieser so weit, daß er auch den Gegner, Cadalus, mit umfaßt:... *et nos, qui sacerdotes dicimur*...[22]. Ähnlich bezeichnet auch das einmal verwendete Possessivpronomen *noster* nicht einen parteilichen Bezugspunkt, sondern allgemein menschlich das Gegenwartsbewußtsein:....*ante nostram aetatem*...[23]. Aber nicht nur der Verfasser selbst tritt nicht als Vorkämpfer seiner Partei auf, nicht einmal diese wird als handelndes Subjekt deutlich, wird auch nur an einer Stelle als zentrale Instanz vorgestellt. Wenn beides auch seinen ganz konkreten Grund darin haben wird, daß Petrus Damiani nicht auf einen mit Vorwürfen gespickten Brief seines Gegners zu antworten brauchte, so ist doch seine Zurückhaltung immer noch auffallend und bildet jedenfalls einen typischen Zug im Erscheinungsbild der Epistel.

Adressat und Schärfe der Polemik

Ganz deutlich läßt Anselm auch den Dialogpartner als bestimmte Einzelpersönlichkeit hervortreten. Nie bezeichnet er die Gegenseite objektiv, stets sieht er sie im Zusammenhang mit Clemens III. und auf ihn bezogen. Fünfzehnmal wendet er sich mit einem Imperativ der 2. Person Singular direkt und ausschließlich an ihn, zweimal mit dem allgemeineren der 2. Person

---

21) MPL 144, Sp.250,251,253,254.

22) MPL 144, Sp.250. Vgl. zu dieser Stelle unten S. 72 f.

23) MPL 144, Sp.253. Zum Gegenwartsbewußtsein bei Petrus Damiani ausführlich W. Freund, Modernus S. 58-63.

Plural[24]. Sehr häufig macht er den Bezug durch das Personal- oder Possessivpronomen der 2. Person Singular eindeutig, so daß es gar nicht mehr auffällt, wenn er Clemens III. nur so einfach anredet[25]. Hinzu kommen zahlreiche Fälle, wo der Gegenpapst in einem *vos* oder *vester* unzweideutig mit bezeichnet ist, von den vielen Malen, wo er in der 2. Person Plural stillschweigend mit einbegriffen ist, nicht zu sprechen[26]. Auch wo Anselm den objektiven Begriff der *pars* verwendet, wird dieser personal auf Clemens bezogen:...*quae nunc est in parte tua...;partem vestram ...;in parte tua quis praeficitur...*[27]. Wenn einmal die Partei personal aufgegliedert wird, steht Clemens an erster Stelle:... *te et dominum tuum H. et per vos complices vestros...*[28]. Die personale Sicht geht so weit, daß Clemens zweimal eine seine Zeit prägende Bedeutung zugemessen wird:...*cum videas tuis temporibus impleta...;abhominatio...tui temporis...*[29].

Auch Petrus Damiani wendet seinen Brief ausdrücklich an einen bestimmten Einzelnen, den er nicht nur in der Adressatio, sondern auch einmal im Text namentlich nennt: *De te autem, Cadaloe, merito dicimus...*[30]. Auch er gestaltet häufig durch Setzung des Personal- und Possessivpronomens den Bezug auf den An-

---

24) Ldl I, p.520,22;520,23;520,26;521,28;522,13;522,38;526,34; 527,28(2x);527,29;527,30(2x);527,31;527,35;528,3. - p.527,40 (2x).

25) Ldl I, p.520,20;520,23;520,25;520,26;520,27;520,36;520,38; 520,39;520,41;521,29;522, 9;522,12;522,13;522,14;522,15;522,32; 522,40;525,13;525,14;526,17;527,14;527,28;527,32;527,34;527,35; 528,4;528,5;528,7.

26) Ldl I, p.520,39;522,3;522,5;522,36;522,37;525,18;526,5;526, 8;526,9;526,11;526,13;526,14;527,25;528,2.

27) Ldl I, p.520,41;526,9;526,17.

28) Ldl I, p.520,38-39.

29) Ldl I, p.520,36;520,38.

30) MPL 144, Sp.251. Zum Vorkommen des Vokativs im Brief vgl. Sykutris, Epistolographie Sp.188.

gesprochenen sehr scharf[31]. Dieser Einzelne ist zudem - anders als bei Anselm - in seiner beherrschenden Rolle völlig unangefochten, da neben ihm keine umfassende Partei genannt und auch nicht durch ein *vos* oder *vester* seine Zugehörigkeit zu einem größeren Kreis gekennzeichnet wird. Diese sicher durch die politische Lage ermöglichte und nahegelegte Taktik - Cadalus war ja nur ephemerer Exponent römischer Adelskreise, noch ohne allgemeine Bedeutung - erspart Petrus Damiani allerdings die direkte Konfrontation der personalen mit der institutionellen Auffassung, bei der sich Anselm so eindeutig für die erstere entschieden hat. Daß Petrus Damiani dabei nicht etwa von höherer Bewertung der Rolle seines "Gesprächspartners" geleitet ist, zeigt sich daran, daß er nur einen einzigen Imperativ verwendet[32], während Anselms *Liber* ganz von dieser zwingend-direkten Art persönlicher Zuwendung geprägt ist.

Der *Liber contra Wibertum* ist von scharfer, völlig ungeschminkter Parteilichkeit. Zu Anfang des eigentlichen Briefes erklärt Anselm, daß er Clemens für den *sceleratissimus omnium* halte, und immer wieder weist er auf die "Verbrechen" des Gegenpapstes und seiner Partei hin:*....delictorum tuorum...;abhominatio nova et inaudita tui temporis...;omnes itaque gentes in comparatione vestri sceleris iustificatos credimus....;cum universo mundo, qui sceleris vestri tabe inhorruit...;crudelius... quam idolatriae scelere....;ad tam immane facinus pertrahi....; inauditum facinus....;novo sceleri...*[33]. Des öfteren betont er die *iniquitas* der Gegenpartei:*...verba tua iniquitas et dolus ....;omnium gentium iniquitatem supergressi, cum in infernum*

---

31) MPL 144, Sp.248(7x), 249(9x), 250(4x), 251(5x), 252(7x),253 (7x), 254(2x).

32) MPL 144, Sp.250. Über den Brief als Hälfte eines Gespräches vgl. Sykutris, Epistolographie Sp.189/190 und 192.

33) Ldl I, p.520,25;520,38;522,2-3;526,5;526,9-10;527,34;527, 13;527,32.

viventes descenditis...;leges iniquas statuentes omnem vobis aditum veniae interclusistis...[34]. Er zieht daraus ausdrücklich die Schlußfolgerung, daß Clemens und seine Anhänger verflucht sind:...*te...novae addicat maledictioni....;maledictionem pro benedictione accepisti...;a mandatis Domini declinantes maledicti estis...*[35].

Petrus Damiani geht glimpflicher mit seinem Briefpartner um, obwohl er ihn gleich in der Adressatio als *pseudoepiscopus* disqualifiziert. Nur einmal charakterisiert er dessen Handlungen als Verbrechen, und das nicht sehr direkt: *Et, o scelus inauditum! Pilati milites inconsutilem Domini non praesumunt scindere tunicam, et tu in duos papas catholicam partiris Ecclesiam?*[36]. Er fällt kein negatives Gesamturteil über ihn, und der apodiktischen Feststellung der Verworfenheit des Gegners durch Anselm ist es kaum vergleichbar, wenn Petrus Damiani wünscht, Cadalus möge nie geboren worden sein: *Utinam aut non nascereris, aut illico morereris...Optaremus etiam, ut tu quoque in viscera materna regressus...*[37]. Er brandmarkt nur bestimmte Eigenschaften des Gegenpapstes: die *crudelitas (Romanos certe tuos esse filios asserebas, quos tamen in ore gladii devorare non ut pater, sed tanquam crudelis vitricus decrevisti...;Tu itaque Caesareae crudelitatis instinctu...)* sowie die maßlose Herrschsucht *(Ad hoc enim te furiosa dominandi libido, et non appetendae sublimitatis praecipitavit insania...;tu regis Totilae judicaris superare tyrannidem...)*[38]. Öfter verweist er nur auf die

---

34) Ldl I, p.520,25/26;522,1-2;522,5.

35) Ldl I, p.520,38-39;522,13;526,24-25. Vgl. auch die Feststellung von A. Stickler (Il potere S.246/247,249/250), daß im *Liber* die Anschauung, die Kirche dürfe gegen ihre Feinde materielle Gewalt anwenden, schärfer und unbedingter ausgedrückt wird als in der Kanonessammlung.

36) MPL 144, Sp.249/50. Vgl. dazu unten S.68 f. und S.79.

37) MPL 144, Sp.251.

38) MPL 144, Sp.252. - Sp.251,252.

schädlichen Folgen von dessen Handlungen: *per aestum cupidinis miserorum hominum corda corrumpis...;et tu sectis Ecclesiae membris...sacramentum violas unitatis...;et ut solus emineas, totum orbem in praecipitium mergere non formidas*[39]. Häufig hebt er nicht den tatsächlichen Schaden, sondern nur schädliches Bestreben hervor: *ut te a tam cruenti moliminis intentione compesceres...;nec motum divini furoris adversum te, nec mundum adversus Ecclesiam in bella nefaria concitares...;tua vero pecunia Christianae fidei, et totius sanctae Ecclesiae nititur evertere fundamentum...;tu Christianae pietatis arcanum...verbi Dei vivi, et permanentis coeleste mysterium vexare, ac solvere niteris frementium cuneis bellatorum*[40]. Oft verweist er auch nur ganz allgemein, lehrsatzartig auf die Schädlichkeit von Handlungen, ohne diese in Bezug zur Person des Cadalus zu setzen, z. B.: *Quamlibet quippe Ecclesiam redimens, Simoniacus est; qui autem Romanam Ecclesiam ad taxationem pecuniae redigit, quid aliud, quam omnes per orbem terrarum Ecclesias, quibus illa praelata est, venaliter usurpare contendit?....et sacerdotes Dei...in superbiae se cornibus elevant, et non sacerdotalem, sed regalem, imo tyrannicam ferulam arripere super humanum genus anhelant*[41].

Auseinandersetzung mit gegnerischer Polemik

Von dem zur Schau gestellten Selbstbewußtsein und der extremen Parteilichkeit Anselms geprägt ist auch die durch die dialogische, dem Gespräch verwandte Natur des Briefes erleichterte und durch die vorausgegangene Antwort des Gegenpapstes provozierte Auseinandersetzung mit dessen Anschauungen. Es werden zwar mehrere von diesem ausgesprochene Standpunkte berührt, da-

---

39) MPL 144, Sp.248,250,251.

40) MPL 144, Sp.248,249,250 (vgl. dazu unten S.69).

41) MPL 144, Sp.250/51,252.

bei z. T. bereits durch die Ankündigung des Zitats ihre Unsinnigkeit betont (z.B.:...*sicut tu mentiris...)*, aber die vom Gegenpapst dabei verwandten Argumente kaum diskutiert[42]. Auf deren Gesamtcharakter geht Anselm einmal ein, als er mit dem schon zitierten Hinweis auf die Erkenntnisunfähigkeit des Gegners eine eigene Argumentation abschließt. Von diesen *dicta sanctorum patrum* wird nur eines greifbar, dies aber - im III. Hauptteil - gleich zweimal. Am Anfang des 2. Teils führt Anselm eine autoritative Äußerung an, die seinem Beweisziel entgegengesetzt zu sein scheint, und erkennt ihre Berechtigung voll an; *Verum quidem est, quia nec pro iusticia ferrea arma corripi concessum est..*. Durch eine Distinktion entkräftet er dann dieses Argument für den vorliegenden Zusammenhang und stützt sie durch zahlreiche Beweise. Ähnlich klingt im 1. Teil eine Formulierung, mit der er den 2. Unterabschnitt des 2. Abschnitts einleitet:...*.et scias, quomodo nec pro iusticia christianis iurgandum sit...*[43]. Auf diese fast höhnische Anspielung auf doch wohl dasselbe gegnerische Argument folgt die ausführlichste Beweisführung der ganzen Schrift, die mit dem erwähnten Gesamturteil über die vom Gegenpapst verwandten autoritativen Argumente schließt.

---

42) Das Zitat Ldl I, p.522,33. K. Panzer, Wido S.11 und 63 hat die berührten Standpunkte Wiberts kurz zusammengestellt, ohne genauere Interpretation des Wortlauts. Die Skepsis von A. Fliche (Réf.Grég.III,S.276-277) gegenüber diesen Beobachtungen von Panzer ist übertrieben.

43) Ldl I, p.525,22;522,39. Im zweiten Buch der Streitschrift Widos von Ferrara, das, wie K. Panzer wahrscheinlich gemacht hat, bis zu einem gewissen Maße auf dem Schreiben Wiberts beruht, findet sich ein ähnliches Zitat, das von Hieronymus stammen soll, aber dem Brief des Petrus Damiani an Bischof Ordericus von Fermo (MPL 144, Sp.316) entnommen ist: *Si pro fide.... nusquam corripi ferrea arma conceditur....*(Ldl I, p.554,30-31). Dieses Argument für die von ihm behaupteten Zusammenhänge ist Panzer entgangen. Er hat die Stelle bei Wido nur ganz nebenbei - als Bestandteil eines größeren Komplexes - für seine Rekonstruktion von Wiberts Brief herangezogen. Die Bedeutung gerade dieser Passage, die sich an dem zweifachen Reflex bei Anselm zeigt, ist ihm entgangen.

Petrus Damiani, der keine Antwort erhalten hat und als Reaktion auf seinen ersten Brief nur die tatsächliche - unverbesserliche - Haltung des Gegenpapstes werten kann, war nicht zu einer Auseinandersetzung mit gegnerischen Standpunkten und Argumenten veranlaßt. Er verspürte aber offensichtlich auch von sich aus keine Neigung, das Medium des Briefes zu einer solchen Auseinandersetzung zu benutzen. Sein Schreiben an den Gegenpapst enthält jedenfalls keine Spur davon.

Der Vergleich mit Petrus Damiani hat gezeigt, daß Anselms *Liber* auch in Anbetracht des durch Umstände und Ziel des publizistischen Einsatzes notwendig bedingten Gefühlsausdrucks von besonderer Leidenschaft geprägt ist. Die Parteilichkeit ist rückhaltloser, das persönliche Engagement ungehemmter, die Auseinandersetzung stärker auf die Gewissensfragen von Schuld und Irrtum konzentriert als in dem Brief von Petrus Damiani. Dieses Klima muß bei der Untersuchung der Erörterungen und Argumentationen des *Liber* im Auge behalten werden.

Aufbau der Streitschrift

Eine Untersuchung über den Aufbau des *Liber* gibt es bisher noch nicht. J. Helfenstein, auf den E. Bernheim hinweist ("Argumentum epistolae delineavit..."), bringt, abgesehen von der unkommentierten Übersetzung ausgewählter Passagen, nur eine ganz allgemeine Charakteristik in einem einzigen kurzen Satz[44]. A. Fliche hat seine Aufmerksamkeit nicht dem *Liber* an sich, sondern der teilweise nahe verwandten Streitschrift Widos von Ferrara zugewandt und untersucht, ohne Bezug auf Komposition

44) J. Helfenstein, Gregors VII. Bestrebungen S.65-68, der Hinweis Bernheims Ldl I, p.519. Ebenfalls fast nur unkommentierte Zitate bringt G. Werdermann, Heinrich IV., seine Anhänger und seine Gegner im Lichte der augustinischen und eschatologischen Geschichtsauffassung des Mittelalters, Diss. Greifswald 1913, S.92-94.

und Struktur von Anselms Brief, nur ganz grob inhaltliche Entsprechungen zu Wido[45]. So konnte bei der im Folgenden gegebenen Aufgliederung auf keine Vorarbeiten zurückgegriffen werden.

Gliederungsschema

I. HAUPTTEIL: HOCHMUT MACHT UNFÄHIG ZUR RICHTIGEN ERKENNTNIS VON SCHULD
(p.519,41 - p.520,21)

1. Teil: Hochmut gegenüber den Nächsten richtet die Erkenntnisfähigkeit nie auf sich selbst, sondern nur auf die Mitmenschen
non scrutantur sua facta, sed aliena investigant
(p.519,41 - p.520,4)

2. Teil: Hochmut gegen Gott verurteilt zu falscher Erkenntnis
bonum malum et malum bonum asserat
(p.520,4 - p.520,15)

3. Teil: Der Hochmut Clemens' III. und Heinrichs IV. zusammen hat das Weltende herangeführt
ex duobus convenientibus inmundis spiritibus plenitudo superbiae
(p.520,15 - p.520,21)

II. HAUPTTEIL: DIE SCHULD CLEMENS' III. UND SEINER PARTEI
cognosce quae propria sunt
(p.520,22 - p.522,13)

1. Teil: Seine hochmütige Verstocktheit zwingt zu harter Sprache (p.520,22 - p.520,26)

1. Abschnitt: Er hat Gregor VII., seinen Herren, gelästert
(p.520,22 - p.520,23)

---

45) Réf.Grég.III S.276/277.

2. Abschnitt: Er hat die gutgemeinte Mahnung Anselms zur Umkehr mißachtet
noluisti intellegere, ut bene ageres
(p.520,24 - p.520,26)

2. Teil: Die Schwere der zu erwartenden Strafe
(p.520,26 - p.521,41)

1. Abschnitt: Gott straft Mißachtung seiner Befehle durch die Kirche unvorstellbar hart
faciam quae nunquam in te feci
(p.520,26 - p.520,36)

2. Abschnitt: Clemens III. und seine Bundesgenossen haben mit einer solchen Strafe zu rechnen
(p.520,36 - p.521,41)

1. Unterabschnitt: Sie verfallen ihr, wenn sie die Kirche in Gegensatz zu den Geboten Gottes gebracht haben *haec cum videas tuis temporibus impleta*
(p.520,36 - p.520,40)

2. Unterabschnitt: Nachweis dieses Tatbestandes
haec sunt iudicia Dei, quae proiecistis
(p.520,40 - p.521,41)

1. Punkt: Die Kirche seiner Partei steht im Gegensatz zu Gott
adultera siquidem, quae nunc est in parte tua... sancta...ecclesia
(p.520,40 - p.521,27)

1. Unterpunkt: Sie ist der weltlichen Gewalt unterworfen *rex Babylonis possidet eam*
(p.520,40 - p.520,44)

2. Unterpunkt: Das bringt sie in Gegensatz zu Gott
non iam sponsa Christi, sed adultera
(p.520,44 - p.521,27)

2. Punkt: Clemens III. hat sich das Papsttum unrechtmäßig angemaßt *ascendisse ut furem*
(p.521,28 - p.521,41)

3. Teil: Möglichkeit der Gnade
aditum veniae
(p.521,41 - p.522,13)

1. Abschnitt: Die Schuld ist über alle Maßen hoch
omnium gentium iniquitatem supergressi
(p.521,41 - p.522,5)

2. Abschnitt: Nur durch Rückkehr zur Einheit mit der wahren Kirche können Clemens III. und seine Anhänger Gnade erlangen
nisi ad unitatem matris ecclesiae...redeatis
(p.522,5 - p.522,13)

1. Unterabschnitt: Simonie und Amtsanmaßung trennen von der Kirche, die die Binde-und Lösegewalt besitzt
(p.522,6 - p.522,9)

2. Unterabschnitt: Die Partei Clemens' ist durch diese Delikte von der Kirche getrennt
(p.522,9 - p.522,13)

1. Punkt: Heinrich IV. beherrscht simonistisch die Kirche *quasi ipse sit ostiarius*
(p.522,9 - p.522,12)

2. Punkt: Clemens III. hat sich sein Amt zu seinem Verderben angemaßt
maledictionem pro benedictione accepisti
(p.522,12 - p.522,13)

III. HAUPTTEIL: DIE SCHULDLOSIGKEIT DER GREGORIANER
non...nobis, si quid mali inde acciderit, imputabitur
(p.522,13 - p.527,11)

1. Teil: Ihre Anschauungen begründen keine Schuld
nos...non pseudopraedicationibus dedocere
(p.522,13 - p.525,21)

1. Abschnitt: Die Gregorianer mißachten zu Recht die Sakramente der Wibertisten
salutaribus praeceptis admoniti detestamur non sacramenta ecclesiae...sed scismaticos et sacrilegos
(p.522,13 - p.522,34)

1. Unterabschnitt: Clemens III. hat sich durch seine Amtsanmaßung von der Kirche getrennt

te ab ecclesiae radice praecisum aruisse nihilque habere potestatis ac iuris
(p.522,13 - p.522,20)

2. Unterabschnitt: Gemeinschaft mit Schismatikern bringt Verderben
obnoxios omnes culpae et poenae...qui se scismaticis...miscuerint
(p.522,20 - p.522,34)

2. Abschnitt: Sie sind zu Recht der Anschauung, daß die Wibertisten verfolgt werden müssen
(p.522,34 - p.525,12)

1. Unterabschnitt: Das Objekt der Verfolgung
(p.522,34 - p.522,37)

1. Punkt: Die Feinde der Kirche müssen bis zur völligen Vernichtung bekämpft werden
(p.522,34 - p.522,35)

2. Punkt: Schismatiker müssen trotz ihrer Teilhabe an den Sakramenten verfolgt werden
(p.522,35 - p.522,37)

2. Unterabschnitt: Die Art der Verfolgung
ut docearis, quae sit persecutio beata
(p.522,38 - p.525,12)

1. Punkt: Vorgehen gegen Leib und Leben ist gerechtfertigt *occidendi licentiam*
(p.522,39 - p.524,35)

2. Punkt: Ausplünderung ist erlaubt
de depraesatione...eorum, qui ab ecclesia praecisi sunt
(p.524,36 - p.525,12)

3. Abschnitt: Die Verkündigung dieser Anschauungen ist zu rechtfertigen
haec et his similia praedicamus
(p.525,12 - p.525,21)

1. Unterabschnitt: Sie sind sachlich richtig
nos veritatem docere
(p.525,12 - p.525,15)

2. Unterabschnitt: Sie werden aus lauteren Motiven verkündet *cum multo dolore cordis*
(p.525,16 - p.525,21)

2. Teil: Sie sind schuldlos am Tod der in den Kampf Verstrickten
nec de perditione morientium exultamus
(p.525,22 - p.527,11)

1. Abschnitt: Das Verbot, weltliche Waffen zu verwenden, gilt nicht unbedingt
ferrea arma corripi
(p.525,22 - p.525,33)

2. Abschnitt: Die Bedingungen, unter denen die Gregorianer solche Waffen verwenden
(p.525,33 - p.526,4)

1. Unterabschnitt: Ihre Friedensliebe
utinam non esset conluctatio catholicis adversus carnem et sanguinem
(p.525,33 - p.525,39)

1. Punkt: Sie wünschen, daß keine göttliche Strafe nötig wäre
(p.525,33 - p.525,36)

2. Punkt: Sie hüten sich vor Blutvergießen
(p.525,36 - p.525,37)

3. Punkt: Sie behalten Gott die Rache für ihnen zugefügtes Unrecht vor
(p.525,38 - p.525,39)

2. Unterabschnitt: Ihre Gründe, dennoch zu den Waffen zu greifen *ea tamen intentione*
(p.525,39 - p.526,4)

1. Punkt: Sie verteidigen Witwen, Waisen und die Kirche
(p.525,39 - p.525,41)

2. Punkt: Sie kämpfen dafür, daß aller Besitz den Gerechten zufällt
(p.525,41 - p.526,2)

3. Punkt: Ihr Ziel dabei ist liebevolle Bekehrung
ut...conversis...omnia in caritate distribuant
(p.526,2 - p.526,4)

3. Abschnitt: Die Wibertisten haben diese Bedingungen geschaffen
(p.526,4 - p.526,23)

1. Unterabschnitt: Der Tatbestand
(p.526,4 - p.526,20)

1. Punkt: Sie haben die ganze Welt, Kirche und Gott durch ihr Verbrechen verletzt
sceleris vestri tabe
(p.526,4 - p.526,8)

2. Punkt: Durch das Schisma quälen sie die Kirche
(p.526,8 - p.526,11)

3. Punkt: Sie haben Glieder der Kirche der Herrschaft des Kaisers unterworfen
omnia imperatoris iuri...subiecta
(p.526,11 - p.526,16)

4. Punkt: Sie üben Simonie aus
(p.526,16 - p.526,20)

2. Unterabschnitt: Die daran Beteiligten müssen verfolgt werden *persequendi sunt*
(p.526,20 - p.526,23)

4. Abschnitt: Die sich daraus ergebenden Konsequenzen sind nicht den Gregorianern anzulasten
(p.526,24 - p.527,11)

1. Unterabschnitt: Die Wibertisten laden durch Mißachtung der göttlichen Gebote alle Schuld auf sich
(p.526,24 - p.526,29)

1. Punkt: Sie zwingen die Gregorianer, sich von ihnen zu trennen
a mandatis Domini declinantes maledicti estis
(p.526,24 - p.526,29)

2. Punkt: Ihre Irrlehre ist schuld am Tod der Kämpfenden
qui...veritatis lucernam abscondit...de eius manibus pereuntium sanguinem Dominus requirit
(p.526,29 - p.526,31)

2. Unterabschnitt: Die Gregorianer werden durch Verkündigung der Wahrheit nicht schuldig
(p.526,31 - p.527,11)

1. Punkt: Es ist nicht ihre Schuld, wenn sich die Wibertisten der Wahrheit verschließen
(p.526,31 - p.526,34)

2. Punkt: Verkündigung der Wahrheit ist Pflicht
compellimur dicere veritatem
(p.526,34 - p.527,9)

3. Punkt: Daraus entstehender Schaden ist nicht Schuld der Gregorianer
(p.527,10 - p.527,11)

IV. HAUPTTEIL: DIE PERSÖNLICHE SCHULD CLEMENS' III. UND ANSELMS VON LUCCA
(p.527,12 - p.527,27)

<u>1. Teil</u>: <u>Die unbedingte Schuld Clemens' III. an seinem Gegenpapsttum</u>
(p.527,12 - p.527,15)

<u>1. Abschnitt</u>: <u>Die Behauptung Clemens' III., zur Amtsübernahme gezwungen worden zu sein</u>
(p.527,12)

<u>2. Abschnitt</u>: <u>Widerlegung dieser Entschuldigung</u>
(p.527,13 - p.527,15)

1. Unterabschnitt: Er hätte den Tod vorziehen müssen
numquid vita comite...debuisti
(p.527,13 - p.527,14)

2. Unterabschnitt: Er könnte den Akt nachträglich widerrufen *cur...nunc...non resipiscis*
(p.527,14 - p.527,15)

<u>2. Teil</u>: <u>Die menschliche Untadeligkeit Anselms v. Lucca</u>
(p.527,16 - p.527,27)

<u>1. Abschnitt</u>: <u>Die Verdächtigung seines Verhältnisses zur Markgräfin Mathilde von Tuszien als eigennützig</u>
ne...amplius circumveniam, deludam et fallam
(p.527,16 - p.527,17)

2. Abschnitt: Widerlegung dieses Vorwurfs
(p.527,17 - p.527,27)

1. Unterabschnitt: Sein Wirken bei der Markgräfin ist ein mühevoller Dienst
serviens die ac nocte
(p.527,17 - p.527,20)

1. Punkt: Er begehrt keine Vorteile von ihr
(p.527,16 - p.527,18)

2. Punkt: Er sehnt sich nach dem Jenseits
(p.527,18 - p.527,19)

3. Punkt: Der unablässige Dienst ist ihm eine Last
(p.527,19 - p.527,20)

2. Unterabschnitt: Charakterisierung seines Dienstes
custodiendo illam
(p.527,20 - p.527,21)

1. Punkt: Er bewacht die Markgräfin für Gott und die Kirche
(p.527,20)

2. Punkt: Er folgt dabei einem Befehl der Kirche
(p.527,20 - p.527,21)

3. Unterabschnitt: Bedeutung seines Dienstes
(p.527,21 - p.527,27)

1. Punkt: Seine Wache verdient göttliche Belohnung
multa mihi retributio per gratiam Dei
(p.527,21 - p.527,22)

2. Punkt: Das Verdienst der Markgräfin um die Sache Gottes
(p.527,22 - p.527,27)

1. Unterpunkt: Sie schafft sich einen unzerstörbaren Schatz im Himmel
(p.527,22 - p.527,24)

2. Unterpunkt: Sie ist bereit, die Gerechtigkeit unter Einsatz ihres Lebens zu verteidigen
(p.527,24 - p.527,25)

3. Unterpunkt: Sie wird bis zum Triumph über die Wibertisten kämpfen
(p.527,25 - p.527,27)

V. HAUPTTEIL: DER WEG ZUM HEIL FÜR CLEMENS III.
(p.527,28 - p.528,8)

1. Teil: Buße ist Voraussetzung
(p.527,28 - p.527,34)

1. Abschnitt: Notwendigkeit der Buße
si forte remittat tibi Dominus
(p.527,28 - p.527,29)

1. Unterabschnitt: Aufforderung zur Erkenntnis der Lage
(p.527,28)

2. Unterabschnitt: Empfehlung der Buße als Hilfsmittel
(p.527,28 - p.527,29)

3. Unterabschnitt: Ihr Nutzen für den Frieden der Kirche
(p.527,29)

2. Abschnitt: Ausmaß der Buße
(p.527,29 - p.527,34)

1. Unterabschnitt: Clemens III. muß sich entsprechend seiner Schuld außerordentlich demütigen
humilior et abiectior omnibus
(p.527,29 - p.527,31)

2. Unterabschnitt: Er muß Heinrich IV. die unerhörte Schuld vor Augen stellen
inauditum facinus suum
(p.527,31 - p.527,33)

3. Unterabschnitt: Beide müssen zusammen die schweren Folgen ihres Verbrechens betrauern
tecum defleat
(p.527,33 - p.527,34)

2. Teil: Der Weg zum Heil bedeutet Rückkehr zur Kirche
(p.527,35 - p.528,8)

1. Abschnitt: Er steht durch das Mitleid der Kirche offen
pro te gementem matrem
(p.527,35 - p.527,36)

2. Abschnitt: Die Notwendigkeit, diesen Weg zu beschreiten
(p.527,36 - p.528,2)

1. Unterabschnitt: Nur die Kirche kann bei Gott etwas bewirken
sola...pro errantibus fiducaliter intercedit
(p.527,36 - p.527,37)

2. Unterabschnitt: Außerhalb der Kirche ist kein Heil
extra quam quicunque...peribit
(p.527,37 - p.527,39)

3. Unterabschnitt: Die falsch empfangenen Sakramente bringen den Wibertisten nur Verderben
ad perditionem vestram magis
(p.527,39 - p.528,2)

3. Abschnitt: Die Fruchtbarkeit dieses Weges
ad pinguedinem ecclesiae
(p.528,2 - p.528,6)

1. Unterabschnitt: Gott und der Kirche ist nichts unmöglich
(p.528,2 - p.528,4)

2. Unterabschnitt: Gott wird sich über die Umkehr Clemens' III. besonders freuen
(p.528,4 - p.528,6)

4. Abschnitt: Die Wahrscheinlichkeit, daß Clemens III. diesen Weg beschreiten wird
omnipotens Deus...neminem vult perire
(p.528,6 - p.528,8)

1. Unterabschnitt: Gottes Liebe läßt die Sünder nicht zugrunde gehen
(p.528,6 - p.528,7)

2. Unterabschnitt: Seine Erleuchtung möge Clemens III. den Weg zum Heil führen
(p.528,7 - p.528,8)

3. Unterabschnitt: So wird Clemens III. Gottes Willen erkennen können
(p.528,8)

Begründung

Beim Versuch, das Gliederungsschema des *Liber* zu erkennen, fällt zunächst störend ins Auge, daß er inhaltliche Wiederholungen von erheblichem Ausmaß enthält. Auf diese weist Anselm sogar selbst hin: *Sicut enim iam dictum est....;sicut superius dictum est*[46]. Das zeigt, daß es sich dabei nicht um ein Versehen des Autors handelt, sondern um eine bewußte Vernachlässigung rein inhaltlicher Einteilungsprinzipien. Dadurch wird nahegelegt, die relevanten Gliederungseinschnitte nicht im Gehalt der Darlegungen zu suchen, sondern in ihrer verschiedenen polemischen Ausrichtung.

Tatsächlich gibt ein Wechsel in dieser Hinsicht den einzelnen Teilen des *Liber* ihren bestimmten Charakter. - Der I. Hauptteil ist eine sachliche Darlegung, die erst im letzten Satz eine persönliche Wendung bekommt: Objektiv wird über die *bonae mentes* und die *reprobi* gehandelt. Der persönliche Bezug dieser Aussagen und ihre Anwendung auf den konkreten Parteienstreit prägen die Struktur des eigentlichen Briefes: Er hält dem von Hochmut verblendeten Gegenpapst erst dessen eigene Schuld vor, erweist dann die von diesem behauptete Schuld der Gregorianer als Täuschung und fordert ihn schließlich zur Buße auf und weist ihm den Weg zum Heil. Die Behandlung der eigenen und der fremden Schuld ist dadurch noch differenziert, daß erst die jeweiligen Parteien und danach - in gleicher Reihenfolge - Clemens III. und Anselm von Lucca persönlich im Blickpunkt stehen.

Im II. Hauptteil finden sich fast nur Bezüge auf die Partei des Gegenpapstes, die von Anselm selbst vertretene Richtung wird nur ganz schwach repräsentiert durch die Zuordnung *de Gre-*

---

46) Ldl I, p.522,14;527,10. Die unpersönliche Form dieser Verweise zeigt, daß Anselm seine Person als Autor nicht in den Vordergrund rückt.

gorio patre nostro und den Plural *credimus*[47]. Andererseits wird vielfach deutlich, daß nicht Clemens allein, sondern mit ihm auch seine Anhänger angesprochen werden, z. B. *te et dominum tuum H. et per vos complices vestros...;in parte tua*[48]. Der III. Hauptteil hingegen bezieht sich gleichmäßig auf beide Parteien, besonders deutlich in der Gegenüberstellung: *Non itaque adversum nos clamat sanguis Saxonum, sed contra vos...*[49]. Der IV. Hauptteil ist gekennzeichnet durch den ausschließlichen Bezug auf bestimmte Einzelpersönlichkeiten, zunächst auf Clemens III., dann auf Anselm selbst und, mit ihm verbunden, die Markgräfin Mathilde von Tuszien.

Im V. Hauptteil wird die Seite, der sich Anselm zugehörig fühlt, nur einmal - personal - abgegrenzt[50]. Ansonsten dominiert in dieser Hinsicht die objektive Instanz der die Gnade vermittelnden Kirche, aber ganz allgemein aufgefaßt, ohne parteibildende Funktion[51]. Noch viel stärker wird aber Gott als Handlungsträger in den Vordergrund gerückt, aber auch er nicht in Bezug auf die Parteien, sondern in seiner ganz allgemeinen Rolle als Spender der Gnade gegenüber dem einzelnen Sünder. Viermal wird er als Handelnder ausdrücklich bezeichnet, dabei sind ihm einmal gleich sechs Prädikate zugeteilt[52]. Die Partei Clemens' III. wird hier nur in einem einzigen Zusammenhang erwähnt und dabei außer durch den Imperativ *nolite* und das Possessivpronomen *vestram* nur undeutlich durch die 2. Person Plu-

---

47) Ldl I, p.521,31;522,3.

48) Ldl I, p.520,38-39;520,41.

49) Ldl I, p.526,4-5.

50) Ldl I, p.527,29: *ut nos reddita pace ecclesiae voti nostri mereamur fieri compotes.*

51) Ldl I, p.527,35-39;528,3.

52) Ldl I, p.527,29;527,36;528,3-6(6x);528,6-7.

ral gekennzeichnet[53]. Ihre wichtigste Figur, Heinrich IV., erscheint nur als Objekt und Gefährte einer der Bußleistungen des Gegenpapstes. Der Bezug auf diesen persönlich und als einzelnen Sünder überwiegt völlig. Die von seelsorgerischem Bemühen gekennzeichnete Konzentration auf die Person des Gegenpapstes zeigt sich in der auffallenden Häufung von Imperativen an die 2. Person Singular gerade in diesem Schlußteil des *Liber*.

Die historische Argumentation

Indirekte historische Argumentation

Bestand

In dieser Beziehung bestehen größte Unterschiede zwischen den beiden verglichenen Briefen. Petrus Damiani, der sich nicht mit einer Antwort seines "Dialogpartners" auseinandersetzen muß, verwendet, abgesehen von Bibelworten, überhaupt keine Zitate. Er führt kein dictum aus auch nur einem Werk auch nur eines Kirchenvaters an. Ganz souverän verwendet er eine erstaunliche Menge historischen Beweismaterials, ohne daß ein legitimierendes Vorbild eines Kirchenvaters sichtbar wird[54].

Demgegenüber überrascht die Feststellung, daß Anselm trotz seines stärkeren persönlichen Einsatzes und gefühlsmäßigen Engagements zu einer großen Menge des in seinem *Liber* zur Wirkung kommenden historischen Materials keine Beziehung zu haben scheint. In seinem Brief finden sich zahlreiche indirekte historische Argumentationen. Sie sind allerdings an drei Stel-

---

53) Ldl I, p.527,39-p.528,2.

54) Kennzeichnend dafür sind zahlreiche Wendungen, die auf eigenes Quellenstudium schließen lassen (s. unten S.81 ff.). Zu den von Petrus Damiani benutzten Geschichtsquellen vgl. F. Dressler, Petrus Damiani. Leben und Werk, Rom 1954, S.186.

len - 2. Teil des II. Hauptteils und III. Hauptteil - konzentriert.

Im ersteren hat Anselm im 2. Unterabschnitt des 2. Abschnitts zwei solcher Zitate zusammengestellt. Er zitiert im 2. Unterpunkt des 1. Punktes umfangreiche Passagen aus dem 20. Brief des Ambrosius, deren letzter Satz, der sich bei diesem keineswegs wie im *Liber* unmittelbar an das dort Vorhergehende anschließt, eine rein historische Aussage darstellt, wenn auch durch das Herausreißen aus dem größeren - geschichtlichen - Argumentationszusammenhang eine sehr unklare. Am Ende dieses Unterpunktes folgt auf ein umfangreicheres Zitat aus dem 1. Brief Papst Gelasius' I. ein kürzeres aus seinem 27. Brief. Dieser Satz, aus einer ausführlichen Beweisführung herausgelöst, schließt sich innerhalb des *Liber* so gut an das Vorhergehende an, daß er sinnvoll als eigenständige autoritative Argumentation aufgrund historischen Materials demselben Beweiszweck dient[55]. - Wesentlich zahlreicher sind die Fälle im III. Hauptteil. Im 1. Teil eröffnet den 2. Unterabschnitt des 1. Abschnitts ein langes Zitat aus dem 9. Kapitel des 69. Briefes von Cyprian, in dem ausführlich historisch argumentiert wird[56]. Im 2. Unterabschnitt des 2. Abschnitts werden im 1. Punkt weitere umfangreiche indirekte historische Argumentationen angeführt: drei Stellen aus dem 185. Brief von Augustinus, das sehr ausführliche Zitat aus dem 47. und das auf andere Augustinstel-

---

55) Ldl I, p.521,3-18=MPL 16, Sp.1038-1039,1041-1042,1043; Ldl I, p.521,23-26 und 26-27=ed. A. Thiel (Epistolae Romanorum pontificum genuinae, I, Braunsberg 1868) p.293 und p.430. E. Bernheim war, irregeführt durch die Angabe Anselms *et paulo post* der Meinung, auch die zweite Stelle stamme aus dem ersten Brief, fand aber keine passende Phrase, sondern verwies mit non ad verbum(p.521 n.6) auf einen anklingenden Satz mit einem entscheidenden Unterschied: *Imperatores Christiani subdere debent exsecutiones suas ecclesiasticis praesulibus, non praeferre*(ed. A. Thiel p.293; der richtige Verweis bei Thaner in seiner Ausgabe von Anselms *Collectio canonum* p.335). Dieser Satz hat normativen und keinen historischen Charakter.

56) Ldl I, p.522,20-31=ed. G. Hartel (CSEL III) p.758.

len folgende aus dem 189. Brief. Dieses - bei Anselm ununterbrochen fortlaufend - ist aus zwei verschiedenen Stellen zusammengesetzt, deren erste ausschließlich historische Argumentation enthält[57]. Den Abschluß dieses Punktes bildet ein umfangreiches Zitat aus der *Expositio psalmi 118* von Ambrosius, der anläßlich des Verses 58 unter anderem auch historisch argumentiert, und daran schließt sich als Beginn des 2. Punktes eine ebenfalls geschichtlich argumentierende Passage aus dem 189. Brief von Augustinus[58]. Zwei weitere Fälle finden sich im 3. Abschnitt des 2. Teils. Der 4. Punkt des 1.Unterabschnitts enthält ein Pauluszitat, das historisch argumentiert, der 2. Unterabschnitt eine zweifelhafte, z. T. von Ambrosius stammende Passage, deren gewichtigster Teil, der ihre zwingende Kraft bewirkende Befehl und die Verbindung zum historischen Fall, allerdings nicht vom Kirchenvater stammt, wohl aber die Anspielung auf den geschichtlichen Tatbestand selbst[59].

---

57) Ldl I, p.523,1-22=Ep. 185 c.2 § 11,c.5 § 19, c.6 § 22, ed. A. Goldbacher (CSEL LVII) p.9-10,p.17,p.21; Ldl I, p.523,22-36= Ep. 47 § 5, ed. A. Goldbacher (CSEL XXXIIII,2)p.135/136; Ldl I, p.524,6-9/9-12=Ep. 189 § 4 und § 6, ed. A. Goldbacher (CSEL LVII) p.133 und p.135. - Zur Stellung der ep.185 innerhalb der Auseinandersetzung Augustins mit den Donatisten vgl. E. L. Grasmück, Coercitio. Staat und Kirche im Donatistenstreit, Bonn 1964, S.235 f.

58) Ldl I, p.524,30-35=ed. M. Petschenig (CSEL LXII) p.165; Ldl I, p.524,37-p.525,3=Ep. 185 c.9 §§ 36 u. 37, ed. A. Goldbacher (CSEL LVII)p.32-33. Bei der Augustinstelle handelt es sich um einen Fall von besonders indirekter historischer Beweisführung. Der Kirchenvater führt selbst ein Zitat aus dem Buch der Weisheit an(Sap.10,19), das an sich schon historische Beweisführung darstellt und aus einer Reihe anderer historischer Beweise herausgenommen ist. Anselm zitiert hier also nicht nur eine 'auctoritas', die sich auf einen historischen Gedankengang stützt, sondern bei diesem handelt es sich auch bereits um eine in einem autoritativen Text formulierte geschichtliche Beweisführung.

59) Ldl I, p.526,16-17=Hebr. 5,4; - Ldl I,p.526,20-23. Wido von Ferrara bringt diese Stelle als Zitat von Ambrosius (Ldl I, p.544,9-12), aber E. Bernheim hat bei dem Kirchenvater keine entsprechende Stelle gefunden und bezweifelt diese Herkunft,

Blickrichtung und Gestaltung der indirekten historischen Argumentation.

Zweimal sind historische und autoritative Beweisführung grammatisch-formal miteinander verbunden. - Bei dem einen Fall handelt es sich um zwei Passagen - eine erste geschichtliche und eine zweite normative - von gleichem Umfang, deren enger Zusammenschluß durch Augustinus sich daraus erklärt, daß es Zitate aus nahe verwandten Teilen der Heiligen Schrift sind. Unter dieser gemeinsamen Eigenschaft faßt dieser sie ausdrücklich als Gesamtargumentation zusammen: *Si autem consideramus quod scriptum est in libro Sapientiae...item quod legitur in Proverbiis...tunc videbimus...*[60]. Die Identität des Beweiszieles und der Herkunft läßt die Verschiedenheit der Argumentationsweise verblassen. - Den zweiten Fall enthält das 9. Kapitel des 69. Briefes von Cyprian[61]. Dieser wertet erst ein historisches Beispiel aus und fügt dann eine Drohung des Propheten Hosea an. Deren autoritativer Charakter wird durch den Hinweis betont, daß sie vom Heiligen Geist eingegeben worden ist, der Prophet nur dessen Sprachrohr war:...*per Osee prophetam Spiritus sanctus contestatur et dicit...* Die Verbindungsformel zwischen beiden Argumenten drückt Parallelität des Gedankenganges und Gleichrangigkeit aus:...*sicut etiam...* Auf die parallele Funk-

---

der Herausgeber der Streitschrift Widos, E. Dümmler, verweist lediglich auf die entsprechende Bemerkung Bernheims (Ldl I, p. 526 n.22 und p.544 n.1). Doch gerade der historische Bestandteil findet sich tatsächlich bei Ambrosius = *Expositio Evangelii secundum Lucan* IV § 54, ed. M. Adriaen (Corpus Christianorum Series Latina XIV)p.125. - Die unklaren und mißverständlichen Äußerungen von J. Funkenstein über den *Liber* leiden unter anderem darunter, daß zwischen Zitiertem und vom Publizisten selbst konzipierten Argumenten nicht unterschieden wird (Das Alte Testament S.43/44).

60) Ldl I, p.524,38-p.525,2. Es handelt sich um die Bibelstellen Sap.10,19 und Prov.13,22. Diese Argumentation ist von M. Hackelsperger ohne Kommentar zitiert(Bibel S.96).

61) Ldl I, p.522,20-31.

tion des Beispiels und des Prophetenwortes weisen auch die analogen Eingangsworte des jeweiligen Fazits hin: *Quo exemplo ostenditur et probatur...;docens scilicet et ostendens....* Die Besonderheit des exemplum gegenüber dem dictum zeigt sich innerhalb dieser Betonung der analogen Funktion in der Voranstellung des auf sinnliche Wahrnehmung zielenden *ostendere* im ersten und in der des die abstrakte Lehre betonenden *docere* im zweiten Fall.

Einmal wird nachdrücklich die Verschiedenheit von Zeitumständen hervorgehoben[62]. Gegenüber der Ansicht der Gegner, die kirchlichen Behörden dürften von den weltlichen Gewalten keine Gesetze gegen Schismatiker erwirken, und ihrer historischen Begründung, auch die Apostel hätten dies nicht von den weltlichen Machthabern verlangt, wird ebenso knapp wie klar die grundsätzliche Forderung für historische Argumentation gestellt: *Quod autem dicunt...non considerant aliud fuisse tunc tempus, et omnia suis temporibus agi.* Eine durch Relativsatz erweiterte rhetorische Frage verweist dann darauf, daß *tunc* die Herrscher noch nicht dem Herren dienten: *Quis enim tunc in Christum crediderat imperator, qui ei pro pietate contra impietatem leges ferendo serviret...* Dieser Zeitunterschied wird anhand von Worten aus dem 2. Psalm auch noch positiv umrissen:*...quando adhuc propheticum complebatur: 'Quare fremuerunt gentes' et reliqua? Nondum autem agebatur quod paulo post in eodem psalmo subditur: 'Servite Domino in timore'...* Haltung und Taten der Kaiser zur Zeit der Apostel oder die andersgearteten Verhältnisse zur Zeit dieser Polemik - Anfang des 5. Jahrhunderts - werden allerdings nicht durch Andeutung irgendwelcher bestimmter historischer Fakten konkretisiert.

---

62) Ldl I, p.523,12-18=Augustin ep.185 c.5 § 19. Zur Hervorhebung des entscheidenden Zeitwandels von heidnischer zu christlicher Herrschaft durch Augustin in der Auseinandersetzung mit den Donatisten vgl. E. L. Grasmück, Coercitio S.202,216,236.

Die übrigen Argumentationen setzen ungebrochene historische Kontinuität voraus. - Sie bietet die Grundlage für zwei sehr unterschiedliche allegorische Beweisführungen. Diese Argumentationsweise reflektierend und nuanciert anwendend, rechtfertigt Augustin eine von der Kirche durchgeführte Verfolgung[63]. Scharf wird zunächst die Frage gestellt, ob es überhaupt berechtigt ist, den betreffenden gegenwärtigen Fall - die Verfolgung von Schismatikern durch die Kirche - mit dem gemeinten historischen - der Züchtigung der Magd und Konkubine Hagar durch Abrahams legitime Ehefrau, wie sie im 1. Buch Mosis berichtet wird, - allegorisch zu identifizieren; und diese Berechtigung wird durch ein Pauluswort autoritativ begründet. Auf diese Begründung ist formal der wichtigste Teil der Argumentation ausgerichtet. Er besteht aus der Aufforderung an die Diskussionsgegner, den Apostel über die typologische Bedeutung der Sara zu befragen, und aus der Antwort auf die unterstellte Frage. Die Relevanz dieser Gleichsetzung für die Diskussion wird nur durch Nebensätze und Appositionen geklärt, die die Umstände des historischen Falls erkennen lassen. In einem zweiten Ansatz der so grundsätzlich gerechtfertigten Argumentation wird über den ersten hinaus (*si autem melius discutiamus*) gezeigt, daß die Magd der Herrin Unrecht angetan und diese der Übermütigen nur Zucht auferlegt habe, also genau besehen, Sara durch Hagar verfolgt worden sei. Demnach übe unter den typologisch gleichgesetzten Umständen nicht die Kirche eine Verfolgung aus, sondern werde eher selbst verfolgt. - Fast nur angedeutet hingegen und völlig unreflektiert ist die allegorische Verwendung einer Ide-

---

63) Ldl I, p.523,1-7=Augustin ep.185 c.2 § 11. Auf die betreffende Paulusstelle Gal.4,22 geht M. Hackelsperger nicht ein.- Es wird grundsätzlich darauf verzichtet, für die geläufigen allegorischen Deutungen Parallelen in der eigentlich exegetischen Literatur nachzuweisen und ein für allemal auf die großen Werke zur mittelalterlichen Exegese verwiesen. Vgl. z.B. den Überblick von F. Ohly, Hohelied-Studien, Wiesbaden 1958, S.1-3. - Zur allegorischen Ausdeutung des Konfliktes zwischen Sara und Hagar durch Augustin in der Auseinandersetzung mit den Donatisten vgl. E. L. Grasmück, Coercitio S.215, 233.

alfigur der Simonie, des Giezi, des Dieners des in der zweiten Hälfte des 9. Jahrhunderts v. Chr. wirkenden Propheten Elisäus, der sich unredlich an dessen Heilungswunder bereichert hatte und dafür mit dem Aussatz bestraft worden war. Mit ihm werden die Simonisten der Gegenwart gleichgesetzt, um zu beweisen, daß auch sie Verderben auf sich geladen haben: *lepram Iezi cum divitiis suis possident*[64]. Aus der Parallelität der Reichtümer wird stillschweigend Parallelität der bildlich verstandenen Strafe geschlossen.

Auch ein historischer Idealfall im eigentlichen Sinne wird verwendet: Als Maßstab dafür, wer Anspruch auf ein geistliches Amt erheben darf, dient die Figur Aarons, des älteren Bruders von Moses, dem erblich das oberste Priestertum übertragen worden ist. Die Umstände seiner Berufung werden ganz knapp umrissen: *qui vocatus est a Deo.* Die allgemeine Anwendung ist - ebenso kurz - vorausgeschickt: *Nemo assumit sibi honorem, nisi...*[65]. Weitere Angaben, um die exemplarische Bedeutung dieser Figur für den angesprochenen Fragenkreis zu belegen, erscheinen offensichtlich als unnötig.

Historische Analogiefälle werden mehrfach herangezogen und unterschiedlich ausgestaltet. - Einer wird mit Hilfe einer Hypothese konstruiert, um zu beweisen, daß man an den unbeabsichtigten negativen Folgen einer berechtigten Handlung nicht Schuld ist. Als Ausgangslage werden die Vorgänge, über die Act. Apost. 23,17 ff. berichtet wird, kurz charakterisiert, wobei die Nachricht des Apostels Paulus nur als ungerichtete Informa-

---

64) Ldl I, p.526,21=*Expositio Evangelii secundum Lucan* IV § 54. M. Hackelsperger verweist auf Stellen im *Liber gratissimus* von Petrus Damiani und im *Liber ad Gebehardum* Manegolds von Lautenbach (Bibel S.102/103).

65) Ldl I, p.526,16-17=Hebr.5,4. M. Hackelsperger verweist auf Placidus von Nonantula und auf die Kanonessammlung Anselms(Bibel S.61).

tion und ihr Ergebnis rein faktisch, ohne inneren Zusammenhang mit ihr dargestellt werden:...*quoniam apostolus Paulus sategit, ut in tribuni noticiam perferretur insidias sibi a quibusdam perditis parari, et ob hoc deductores accepit armatos*... Daran schließt sich der in einer rhetorischen Frage mündende Irrealis: *Si in illa arma scelerati homines incidissent, Paulus in effusione sanguinis eorum suum crimen agnosceret?*[66]. Durch diese Hypothese ist ein besonders wirkungsvoller Analogiefall entstanden, der - in dieser Prädikatisierung über den Wortlaut der Quelle hinausgehend - den Tod von *scelerati homines* mit der Frage nach einem *crimen* des Apostels verbindet.

Die Aussagekraft der übrigen beruht nicht auf einer solchen Konstruktion und ist mit unterschiedlicher Intensität herausgearbeitet. Einer ist gerade nur angedeutet: *Ideo iusti tulerunt spolia impiorum*[67]. Aus der Quelle dieses lapidaren Satzes - dem Buch der Weisheit - geht hervor, daß er sich auf den Auszug des Volkes Israel aus Ägypten und seinen Triumph über die Verfolger bezieht. Nur durch den Verweis auf diesen Kontext wird er ein wirksames historisches Argument. Der argumentatorische Wert dieses durch den Vorgang des Beute-Machens analogen geschichtlichen Sachverhalts liegt in der durch den biblischen Text gesicherten Bewertung der Handelnden als *iusti* und der Betroffenen als *impii*, wodurch das positive Urteil über eine solche Handlungsweise gegen jeden Zweifel gesichert scheint.

Kurz, aber dennoch mit stärkstem Nachdruck ist ein weiterer

---

66) Ldl I, p.523,32-35=Augustin ep.47 § 5. M. Hackelsperger weist auf die Verwendung dieser Augustinstelle bei Wido von Ferrara im gleichen Sinne hin (Bibel S.93). Zur Verwendung des Paulus-Beispiels durch Augustin in der Auseinandersetzung mit den Donatisten vgl. E. L. Grasmück, Coercitio S.202,203,206, 236, auch L. Buisson, Potestas S.39.

67) Ldl I, p.524,39-p.525,1=Augustinus ep.185 c.9=Sap.10,19. M. Hackelsperger hat auf diese neben anderen die Schädigung der Schismatiker rechtfertigenden Bibelstellen hingewiesen, den ganzen Abschnitt Ldl I, p.524,36-p.525,3 ohne Kommentar zitiert und nur noch auf die Parallele bei Wido von Ferrara hingewiesen (Bibel S.96).

Analogiefall zur Geltung gebracht, der beweisen soll, daß die Kirche zu einer Verfolgung berechtigt ist. Zunächst hebt eine rhetorische Frage die Bedeutung der gegnerischen Argumente hervor: *Ubi est quod isti clamare consuerunt?* Dabei verweist die finite Verbform auf die Beliebtheit dieser Argumentation, der Infinitiv auf ihren emotionalen Nachdruck. Darauf wird die historische Behauptung der Gegner als Hendiadyoin in zwei kurzen rhetorischen Fragen mitgeteilt: *Cui vim Christus intulit? Quem coegit?* Es wird dadurch besondere Spannung erzeugt, daß die zweite Frage noch kürzer ist als die erste. Die Ansicht der Gegner wird sodann - die Frage aufnehmend - durch ein historisches Beispiel widerlegt, durch die Bekehrung des Apostels Paulus. Zunächst werden die Gegner auf ihn, die eine, passive, Hauptperson hingewiesen: *Ecce habent Paulum apostolum.* Dann wird ihnen in aller Kürze, aber durch Aufgliederung auf zwei parallel gebaute Aussagen doch voller Gewicht, seine Bedeutung in diesem Zusammenhang klargemacht: *Agnoscant in eo prius cogentem Christum et postea docentem, prius ferientem et postea consolantem*[68]. - Die Kürze hebt hier den Eindruck, läßt das Widerspiel von Argument und Gegenargument dramatisch hervortreten.

Umfangreich genug, um alle relevanten Einzelheiten erkennen zu lassen, ist die Darlegung eines anderen Analogiefalls. Um zu beweisen, daß *est iniusta misericordia*, wird verwiesen auf die Schuld Sauls, des ersten Königs in Israel (1012 - 1004 v. Chr.), seinen Sieg über die Amalektiter unter dem König Agag nicht gebührend ausgenutzt zu haben. Die Haltung Sauls wird nur knapp geschildert:...*miseratus est Agag hostium regem*... Größerer Nachdruck liegt auf den die Bewertung dieser Tat bezeugen-

---

68) Ldl I, p.523,19-22=Augustinus ep.185 c.6 § 22. M. Hackelsperger verweist zu diesem augustinischen Gedankengang lediglich auf eine Äußerung von H. v. Eicken, ohne seine Verwendung in der Publizistik nachzuweisen (Bibel S.94). Zur Verwertung des Beispiels Christi, der gegen Paulus Gewalt angewandt hat, durch Augustin in der Auseinandersetzung mit den Donatisten vgl. E. L. Grasmück, Coercitio S.215

den Umständen, die ihren argumentatorischen Wert ausmachen: Nachgestellt ist die Tatsache, daß Saul gegen einen ausdrücklichen Befehl Gottes verstoßen hat (...*quem prohibebat sententia divina servari*), und als Einsatz des Beispiels wird betont, daß seine Handlung von Gott als Schuld bewertet worden ist (*quia Saul propterea contraxit offensam...*)[69].

Nachdrücklich hervorgehoben ist die Bedeutung eines weiteren Analogiefalls. Die zu beweisende Anschauung wird ihm - in größerer Nähe zum historischen Sachverhalt gefaßt - vorausgeschickt und zusätzlich an seinem Ende - stärker in Bezug auf die gegenwärtige Fragestellung formuliert - noch einmal definiert: *Invenimus in tali facinore non solum duces et auctores sed et participes poenis destinari, nisi se a communione malorum separaverint..;obnoxios omnes culpae et poenae futuros qui se scismaticis contra praepositos et sacerdotes irreligiosa temeritate miscuerint...* Dieser zweiten Formulierung voraus geht ein Verweis auf die Aussagekraft des historischen Sachverhalts, besonders nachdrücklich durch die Doppelung der Verben: *Quo exemplo ostenditur et probatur...* Das Beispiel selbst besteht aus zwei Teilen. Der erste, als Ablativus absolutus an das vorausgehende Fazit angeschlossen, stellt einen konkreten Befehl Gottes in einer bestimmten Situation dar: *praecipiente per Moysen Domino: 'Separamini a tabernaculis hominum istorum durissimorum et nolite tangere ab omnibus, quae sunt eorum, ne simul pereatis in peccato eorum'.* Der zweite Teil schildert die sich aus der Nichtbefolgung dieses Befehls ergebende Handlung Gottes. Der die Verbindung herstellende Satz charakterisiert die Strafe als Erfüllung der angedeuteten Drohung: *Et quae comminatus Dominus per Moysen fuerat implevit...* Darauf werden die entsprechenden historischen Fakten genannt, wobei die *durissimi homines isti* als die Brüder Abiram und Dathan und der Levit Korach identifiziert werden, die sich gegen Moses und Aaron

---

69) Ldl I, p.524,30-33=Ambrosius, *Expositio Evangelii secundum Lucan* IV § 54.

aufgelehnt haben: *ut quisque se a Chore et Dathan et Abiron non separasset, poenas statim pro impia communione persolveret*[70].

Auch der präiudizierende Charakter historischer Ereignisse wird mehrfach für Argumentationen ausgewertet.

Unter den im Zitat aus dem Buch Hesekiel mitgeteilten Worten Gottes sind Äußerungen enthalten, die generalisierender geschichtlicher Beweisführung zumindest nahe kommen. Gott stellt seine eigenen Handlungen in die historische Dimension, indem er die Härte der von ihm angedrohten Strafe durch Verneinung irgendwelcher Präzedenzfälle - nicht nur in der Vergangenheit, sondern auch für die Zukunft - ausmalt:...*et faciam in te quae non feci et quibus similis ultra non faciam.* Über rein illustrativen Charakter hinaus haben diese Worte zumindest implizit auch noch die Funktion, die Ungeheuerlichkeit der provozierenden Straftat zu erweisen. Deren Ausmaß und Gewicht betont jedenfalls die so vorbereitete, unmittelbar anschließende und den Satz beendende Begründung Gottes für seine Handlungsweise:... *propter omnes abominationes tuas*[71].

Auf einen näher bestimmten Teilzeitraum beziehen sich zwei ansonsten auch sehr allgemein gehaltene Argumentationen. - Zum Beweis, daß sich die weltlichen Machthaber kein Verfügungsrecht über die Kirchen anmaßen dürfen, wird ganz knapp die Zurückhaltung der Priester charakterisiert, die diese von Alters her gegenüber der Möglichkeit, weltliche Herrschaft auszuüben, bewiesen haben: *Veteri iure a sacerdotibus donata imperia, non usurpata.* Die Zeitbestimmung deutet an, daß Beispiele aus dem Alten

---

70) Ldl I, p.522,20-28=Cyprian ep.69 c.9. Über die Verwendung Cyprians in den Streitschriften des Investiturstreits allgemein vgl. B. Schütte, Studien zum 'Liber de unitate ecclesiae conservanda' S.16-20; neuerdings ausführlich, vor allem durch Heranziehen auch der Kanonistik Z. Zafarana, Ricerche sul "Liber de unitate ecclesiae conservanda":Studi Medievali serie terza 7 (1966)667-690, kurzer Hinweis auf diese Stelle S.674 Anm.36.

71) Ldl I, p.520,34-35. Bei M. Hackelsperger ist diese Bibelstelle nicht verzeichnet.

Testament gemeint sind, und da sie mit keiner Einschränkung versehen ist, muß man an eine größere Zahl davon denken, ohne daß aber auch nur eines deutlich wird[72]. - Dem gleichen Beweisziel dient der Hinweis auf die historische Haltung der christlichen Herrscher gegenüber der Kirche: *Obsequi solere principes christianos decretis ecclesiae, non suam praeponere potestatem*[73]. Dabei weist das Verbum *solere* nachdrücklich auf eine Vielzahl von Fällen hin, was ganz natürlich erscheint, da diese Äußerung vom Ende des 5. Jahrhunderts immerhin den Erfahrungszeitraum von rund 150 Jahren umfaßt - der Leser aus dem 11. Jahrhundert wird ihn sich unwillkürlich bis zu seiner Gegenwart verlängert haben. Trotz ihrer Kürze ist diese historische Andeutung eine gleichberechtigte Argumentation, die sogar besondere Bedeutung besitzt, da sie die Behandlung des ganzen Fragenkomplexes abschließt.

Mehrere Präzedenzfälle sind auch einmal kunstvoll zu einer Reihe zusammengefügt. Ihre Summe wird vorausgeschickt: *Noli existimare neminem Deo placere posse qui armis bellicis ministrat.* Darauf folgt die in zwei gleichgewichtige Teile gegliederte Reihe von drei Beispielen, die anaphorisch durch die Zuzählungswendung *in his erat* - im summarischen zweiten zu *in his* verkürzt - zusammengeschlossen sind. Zuerst wird der jüdische König David (um 1000 v. Chr.) genannt, seine Bedeutung durch das Prädikat *sanctus* und einen Relativsatz mit zwar unbestimmter, aber gewichtiger Aussage hervorgehoben:...*cui Dominus tam magnum perhibuit testimonium.* Daran schließt sich der allgemeine Hinweis auf *plurimi illius temporis viri* an. Durch diesen Wechsel von der Darstellung eines wichtigen Einzelfalls zur summarischen Anfügung zahlreicher anderer ist ein deutlicher

---

72) Ldl I, p.521,17-18. Bei Migne ist zu dieser Stelle auf die Salbung Sauls durch Samuel und Salomos durch Nathan verwiesen (MPL 16, Sp.1043 Anm.31), doch ist das eine - wenn auch wahrscheinliche - reine Vermutung.

73) Ldl I, p.521,26-27=Gelasius I. ep.27, vgl. oben Anm.55.

Abschluß gesetzt: Die Betrachtung des alttestamentlichen - *ille tempus* - Bereiches ist beendet. Als zweiter Teil der Argumentation wird ausführlicher auf eine Figur aus dem Neuen Testament hingewiesen, den Hauptmann von Kapharnaum, der Offizier und zugleich von vorbildlicher Frömmigkeit war: *in his erat ille centurio, qui Domino dixit:'Non sum dignus, ut intres sub tectum meum'*[74].

Quellenangaben

Bei zwei Analogiefällen ist die Quelle exakt angegeben. Als Zeugnis für das Verhalten Sauls gegenüber Agag wird eine Gruppe von Büchern des Alten Testaments benannt, dabei durch die Anrede des Lesers das Quellenstudium als intendierter Vorgang vor Augen gestellt: *in libro regnorum legis.* - Wesentlich für das Verständnis des betreffenden historischen Beispiels ist der andere genaue Verweis - auf ein einzelnes Buch des Alten Testaments: *quod scriptum est in libro Sapientiae*[75]. Erst durch die Lektüre dieses Kontextes wird die Bedeutung des kargen Zitats daraus klar.

Unklar und von fraglicher Intention sind die beiden übrigen Angaben. Das zur Klärung der Zeitunterschiede herangezogene Zitat aus dem 2. Psalm wird der Bedeutung nach als *propheticum* charakterisiert. Die nachfolgende genauere Angabe *quod paulo post in eodem psalmo subditur* bezieht sich auf eine an die Herrscher gerichtete normative Forderung, klärt aber auch rückwirkend die Identität des ersten Zitats. - Fraglich ist die Absicht, einen Quellenverweis zu geben, bei der letzten entsprechenden Äußerung. Bei Darstellung des Analogiefalls der Aufleh-

---

74) Ldl I, p.524,6-9=Augustinus ep.189 § 4. Der erste Teil dieser Argumentation ist bei M. Hackelsperger mit der Bemerkung "bei Augustin" zitiert, die neutestamentlichen Bestandteile werden bei Bonizo von Sutri nachgewiesen, ohne daß dabei auf das Vorbild Augustins hingewiesen würde (Bibel S.98/99).

75) Ldl I, p.524,31;p.524,39 - vgl. dazu oben S.53.

nung von Abiram, Dathan und Korach gegen Moses wird dieser zweimal als Sprachrohr Gottes bezeichnet: *praecipiente per Moysen Domino....;quae comminatus Dominus per Moysen fuerat....*[76]. Das läßt erkennen, daß die Quelle für diesen Bericht eines der Bücher Mosis sein muß, doch bleibt das ganz dem Leser überlassen.

Inhaltreichtum

Um den von der historischen Argumentation umfaßten Bereich und die Intensität seiner Betrachtung anzudeuten, soll als etwas grobes, aber doch signifikantes Indiz noch einmal der Kreis der Persönlichkeiten zusammenfassend überblickt werden, die für geschichtliche Beweisführung namhaft gemacht worden sind. Nur ein Name aus der Zeit der Patriarchen ist zur Wirkung gebracht: Sara, die legitime Gattin Abrahams. Die meisten bezeichnen Figuren aus dem Vorgang der israelitischen Landnahme in Palästina: Moses, sein Bruder Aaron, der Levit Korach und die Brüder Abiram und Dathan. Zwei Herrscher des ersten jüdischen Königreiches sind genannt: Saul und David, sowie ein Kriegsgegner Sauls, der Amalektiter-König Agag. Die Wirksamkeit der jüdischen Propheten ist nur durch den Namen des Giezi, des Dieners des Propheten Elisäus, vergegenwärtigt. Aus dem Bereich des Neuen Testaments sind einmal Christus und zweimal Paulus Handlungsträger eines historischen Beispiels. Über diesen Bereich hinaus ist kein Name genannt[77].

---

76) Ldl I, p.523,16/17 - vgl. oben S.55; p.522,22/24

77) Zur geistesgeschichtlichen Rechtfertigung eines solchen personalistischen Geschichtsrasters sei wenigstens ein Beleg, das Urteil von Sägmüller angeführt:"Nun galt aber Konstantin d. G., gemäß der Sucht historisch wenig gebildeter Zeiten, die Entwicklung einer ganzen Periode auf einen Mann zurückzuführen, durch seine Schenkung als der Begründer des Reichtums der Kirche und daher auch..."(Theologische Quartalschrift 84,S. 91. - Sara:p.523,3,5,6. Moses:p.522,22,24. Aaron:p.526,17. Korach, Abiram, Dathan:p.522,25. Saul:p.524,32. David:p.524,7.

Unter den indirekten historischen Argumentationen, die von verschiedenen Autoren zu verschiedenen Zeiten in verschiedenen Situationen und zu verschiedenem Zweck formuliert worden sind, finden sich also - wie natürlich - alle möglichen unterschiedlichen Spielarten. Sie sind sowohl mit Beweisführungen anderer Art gekoppelt als auch separat verwandt. Die Erkenntnis historischen Wandels, aber noch mehr die Vorstellung geschichtlicher Kontinuität bilden ihre Grundlage. Die Ereignisse werden allegorisch in Bezug gesetzt, als idealtypische Verkörperungen aufgefaßt, auf ihre Faktizität Ansprüche und Berechtigungen gegründet. Ihre Stringenz wird mit unterschiedlichem semantischen und rhetorischen Aufwand betont oder vorausgesetzt; z. T. sind Quellenverweise gegeben, die mitunter sehr genau sind. Materiell ist vor allem - mit wechselnder Intensität - die biblische Geschichte herangezogen. Angesichts dieser Vielfalt stellt sich die Frage, ob die von Anselm selbständig verwandten geschichtlichen Beweisführungen von einheitlicherem Charakter sind. Sie läßt sich durch einen Vergleich mit dem in der gleichen Epoche in ähnlicher Situation zu ähnlichem Zweck schreibenden Petrus Damiani beantworten.

Agag:p.524,32. Giezi:p.526,21. Christus:p.523,20/21. Paulus:p. 523,21;p.523,32/34. - Diese nach moderner, grob chronologischer und staatlich-politischer Sicht getroffene Einteilung entspricht keiner bestimmten der verschiedenen mittelalterlichen Periodisierungen des alttestamentlichen Geschichtsraumes, setzt aber nur auch dort gebräuchliche Zäsuren. So erscheinen die Patriarchen und die jüdischen Könige z.B. auch bei Richard von St. Victor als "religiös-politische Ordnungsreihen (successiones)", und eine mit Moses beginnende Periode(bis David oder Salomon) ist bei vielen Anhängern der Sechstagewerk-Einteilung gebräuchlich. Die Sonderbetrachtung der Propheten findet in der Ratlosigkeit des Mittelalters ihre Berechtigung, diese dem Periodisierungsschema einzupassen. Vgl. dazu den instruktiven Überblick von M. Bernards, Geschichtsperiodisches Denken in der Theologie des 12. Jahrhunderts:Kölner Domblatt 26/27(1967),bes. S.119-122.

Direkte historische Argumentation

Überschneidung zwischen historischer und anderer Betrachtungsweise

Petrus Damiani verwendet in seinem zweiten Brief an den Gegenpapst keinerlei Mischformen. Seine historischen Argumentationen sind klar von denen anderer Art unterschieden.

Im Gegensatz dazu überschneiden sich in Anselms *Liber* viermal historische und autoritative Betrachtungsweise.

Zweimal gibt die Reaktion Cyprians auf das im Jahre 251 in Rom ausbrechende Novatianische Schisma Anlaß dazu. So enthält ein Zitat aus dem 8. Kapitel seines 55. Briefes zwei verschiedene Elemente: zunächst einen Bericht über bestimmte Vorgänge und dann ein Urteil darüber, wie sie zu bewerten seien. Der Bericht zählt die Umstände auf, die die Wahl von Papst Cornelius (März 251 - Juni 253) rechtsgültig gemacht haben; ihr Gewicht wird durch besondere Ausdrucksmittel hervorgehoben, so die einhellige Zustimmung der Geistlichkeit durch eine Correctio:...*de clericorum pene omnium et, ut verius dicam, omnino omnium testimonio*... Dieser Bericht wirkt wie ein historisches Beispiel, das Urteil über die Vorgänge hingegen als allgemeine autoritative Äußerung. Den historischen Charakter hat Anselm erkannt, aber wohl nicht geschätzt. Das geht daraus hervor, daß er den Namen des Vorgängers von Cornelius, Fabianus, durch den Papst Alexanders II., des Vorgängers von Gregor VII., ersetzt, wodurch das ganze Zitat unmittelbar als auf dessen Wahl bezogene autoritative Äußerung aufgefaßt werden kann[78]. Daß er diese Änderung bewußt, in Erkenntnis des eigentlich historischen Charakters, vorgenommen hat, stellt sein Einleitungssatz außer

78) Ldl I, p.521,32-41. Vgl. zu der vor allem auch in der Kanonistik wirksamen Bedeutung dieser Stelle Z. Zafarana, Ricerche S.679 Anm.67.

Zweifel: *Ut enim de beato Gregorio patre nostro dicam quae de Cornelio scripsit beatus Cyprianus.*

Ähnlich steht am Anfang eines Zitats aus dem 69. Brief Cyprians eine autoritative ekklesiologische Äußerung. Doch diese ist kurz und erscheint nur als Grundlage der den größten Raum einnehmenden Lösung der aktuellen Frage nach dem Ort der wahren Kirche angesichts der seit 251 bestehenden Spaltung zwischen Papst Cornelius und seinem Rivalen Novatian (251 - 257/60), der eine konkurrierende Gegenkirche gegen die die Rechtmäßigkeit des Cornelius billigende gegründet hat: *Ecclesia una est, quae intus et foris esse non potest. Si enim apud Novatianum est, apud Cornelium non fuit. Si vero apud Cornelium fuit, qui Fabiano episcopo legitima ordinatione successit, Novatianus in ecclesia non est nec episcopus computari potest.* So wirken der Tatbestand eines bestimmten Schismas und seine Bewertung durch einen Zeitgenossen mit dem zugrunde liegenden allgemeinen Grundsatz und dessen Konkretisierung in dieser Bewertung zusammen. Ob Anselm die historischen Gesichtspunkte bewußt mit zur Wirkung bringen wollte, ist fraglich. Allerdings hätte er auch die ekklesiologische Aussage allein zitieren können und hat doch wohl auf die Parallelität des klar bewerteten historischen Schismas mit dem zwischen Gregor VII. und Wibert Wert gelegt. Andererseits schließt er, ohne einen Unterschied anzumerken, mit *Et paulo post* eine weitere Stelle aus diesem Brief an, die primär autoritativen Charakter besitzt. Sie gehört allerdings bereits in einen neuen Gedankengang[79].

Zwei zu einer Gruppe zusammengefaßte Zitate aus Briefen Gregors des Großen lassen lediglich historische Sachverhalte erkennen, die im Sinne des Beweiszweckes wirksam sind. Bestimmte militärische Führer, die drei namentlich genannten magistri militum Velox, Mauritius und Vitalianus werden in bestimmter Situation zu bestimmten Handlungen militätischer Taktik aufgefor-

---

79) Ldl I, p.522,17-20=Cyprian ep.69 c.3, ed. G. Hartel(CSEL III)p.752.

dert. Der Papst verlangt im Herbst 591 von Velox, daß er sich mit den magistri militum Martius und Vitalianus über die strategische Lage beraten und mit den Truppen, die er ihm sende, dem langobardischen Herzog Ariulf von Spoleto, ob sich dessen Einfall nun gegen Rom oder Ravenna richten werde, unbedingt in den Rücken fallen solle. Im Juli 592 weist der Papst Mauritius und Vitalianus an, bei einem Zug Ariulfs gegen Rom dessen eigenes Gebiet nach Kräften zu plündern. - Doch wenn diesen Zitaten an sich auch ein allgemeiner Gehalt fehlt, so hat Anselm sie offensichtlich dennoch nicht als historische, sondern als autoritative Argumente verwerten wollen. Sie schließen eine lange Reihe solcher Zitate ab und werden in keiner Weise als etwas Besonderes von ihnen abgesetzt. Fugenlos wird von einer Augustinstelle übergeleitet: *Item beatus Gregorius...* Im Schlußsatz werden sie mit den anderen zusammen als *dicta sanctorum patrum* gekennzeichnet[80].

Der Rechtfertigung des Kampfes gegen die Anhänger Wiberts dient eine Anspielung auf die im Buch der Weisheit 10,19 geschilderten Vorgänge:*...ut...spolia impiorum tollant iusti*. Der dort mit dem Perfekt *tulerunt* gegebene historische Bericht über die Erfolge des Volkes Israel beim Auszug aus Ägypten ist allerdings - ohne Änderung des Vokabelbestandes - zu einer normativen Zielvorstellung umgeprägt. Der somit autoritative Charakter des Arguments wird deutlicher, wenn man bedenkt, daß die betreffende Bibelstelle kurz vorher von Augustinus innerhalb einer Äußerung zu einer der hier behandelten inhärenten Fragestellung zitiert worden ist und Anselm mit seinen Worten demnach in erster Linie an dieses dictum des Kirchenvaters erinnert. Zudem hat er den bei Augustinus noch erhaltenen histori-

---

80) Ldl I, p.525,3-12=Gregorii I. Registr. II,7 und 33, ed. P. Ewald und L. M. Hartmann (MG Epistolae I,1891) p.106 und p.129/130. Vgl. L. M. Hartmann, Geschichte Italiens im Mittelalter, II.Band I. Hälfte, Gotha 1900, S.101-104 und E. H. Fischer, Gregor der Große und Byzanz. Ein Beitrag zur Geschichte der päpstlichen Politik:ZRG KA 36(1950), bes. S.93/94.

schen Charakter dieses Zitats der auch im Original finalen Konstruktion des - bei Augustinus folgenden, bei Anselm vorhergehenden - zweiten im gleichen Zusammenhang verwendeten Bibelzitats angepaßt, so daß sie bei ihm eine Einheit autoritativen Charakters bilden[81].

Allegorische historische Argumentation

Allegorische Beweisführung, die durch dieselbe typologische Gleichsetzung und durch Auswertung des gleichen historischen Sachverhalts zusammenhängt, füllt drei aufeinanderfolgende Gliederungseinheiten von Anselms *Liber* aus[82]. Grundlage ist die Identifizierung von Jerusalem als *sancta ecclesia* und *filia regis David* und Ausgangspunkt die dritte Eroberung und die Zerstörung der Stadt durch den neubabylonischen König Nebukadnezar II. im Jahre 587 v. Chr. Anselm ist sich der Wirkung dieser Argumentation so sicher, daß er weder die typologische Identität noch die Umstände des historischen Faktums irgendwie belegt. - Zunächst liegt das Gewicht ganz auf dem geschichtlichen Bestandteil der Gleichung, ohne daß aber die konkreten Fakten deutlich werden. Aus der vom Propheten Hesekiel (zwischen 598 und 571 v. Chr.) verkündeten Prophezeihung des endgültigen Un-

---

81) Ldl I, p.526,1-2, vgl. Augustinus ep.185 c.9, zitiert Ldl I, p.524,38-p.525,1. Bei M. Hackelsperger ist nur das Augustinzitat vermerkt (Bibel S.96).

82) Ldl I, p.520,26-44=1. Abschnitt des 2. Teils des II. Hauptteils, 1. Unterabschnitt des 2. Abschnitts des 2. Teils, 1. Unterpunkt des 1. Punktes des 2. Unterabschnitts des 2. Abschnitts. - Über die Vorstellung von Erwählung und Verwerfung im Alten Testament und ihre theologische Relevanz vgl. Th. C. Vriezen, Die Erwählung Israels nach dem Alten Testament, Zürich 1953, bes. S.98-116 und L. Morris, The Biblical Doctrine of Judgment, London 1960, bes. S.21-24 und S.60 mit Anm.1. Zu der im zitierten Text bereits anklingenden und darauf noch weiter ausgeführten ekklesiologischen Vorstellung Anselms, die typisch für die Reformer ist, vgl. G. Tellenbach, Libertas. Kirche und Weltordnung im Zeitalter des Investiturstreites, 1936, bes. S. 157/158 mit Anm. 7.

tergangs der Stadt, werden nur Worte Gottes zitiert, die eine Strafe für bestimmte Vergehen ankünden. Darin charakterisiert Gott die Vorgeschichte seines Verhältnisses zu dem das auserwählte Volk symbolisierenden Jerusalem (*Ista est Ierusalem, in medio gentium posui eam et in circuitu eius terras*), sowie zweimal die die Strafe auslösende Mißachtung seiner Befehle (*et contempsit iudicia mea...;in praeceptis meis non ambulastis...*) und malt dann die bevorstehende Ahndung aus. Die diesem Zitat vorhergehende Identifizierung der historischen Situation Jerusalems mit der Lage des Gegenpapstes und der ihm anhängenden Kirche besitzt emotionalen Appellcharakter, ist aber sachlich unklar und tritt durch ihre Kürze neben der geschichtlichen Strafandrohung völlig zurück:...*audi interea quae Dominus contra te per prophetam clamat...* - Bei der folgenden zweiten Auswertung wird der historische Bestandteil nur noch einmal angedeutet, so daß die Identifizierung der vergangenen mit der gegenwärtigen Situation und die auswertende Folgerung - Gleichheit der zu erwartenden Strafe - sprachlich dasselbe Gewicht besitzen: *Haec itaque cum videas tuis temporibus impleta et veritas dicat: 'Faciam quae nunquam in te feci, et quibus similia ultra non faciam'...tibi etiam necesse est, si vis salvus esse, inauditum iudicium asscribas: 'Ista est mater Ierusalem', et reliqua.* - Schließlich wird die typologische Identität der beiden Situationen in Bezug auf Subjekt und Prädikat - Täter und Vergehen - verdeutlicht: *Adultera siquidem, quae nunc est in parte tua, olim videbatur Ierusalem, sancta videlicet ecclesia, filia regis David.* Kennzeichnend dabei für Anselms Sicherheit ist das nebenher hingeworfene *videlicet.* Hinsichtlich des Prädikats wird die Gleichung noch weitergeführt und die Strafe für die Kirche als bereits vorweggenommen hingestellt: *Sed, pro dolor! corrupta est a fratre suo et constuprata usque ad verticem. Omnis decor eius recessit ab ea, facta est quasi vidua domina gentium, quia rex Babylonis possidet eam.* Dabei ist mit den dem Propheten Jeremias (Wirksamkeit zwischen 627 und 586 v. Chr.) zugeschriebenen Klagen über Unglück und Fall der Stadt eine Anspielung auf die Schändung Thamars, der Tochter

Davids, durch ihren Halbbruder Amnon verbunden, doch wird dieser historische Sachverhalt ebensowenig klar wie die dem Propheten zugeschriebene Rolle, auf diese historischen Akteure überhaupt nicht hingewiesen, und der nicht als bestimmter Herrscher identifizierte *rex Babylonis* besitzt eschatologische Bezüge, die an das Ende des I. Hauptteils erinnern.

Allegorisch ausgedeutet wird auch der Effekt der Passion Christi für die dafür verantwortlich gemachten historischen Persönlichkeiten, den Prokurator Judäas (26 - 36/37) Pontius Pilatus und den Tetrarchen von Galiläa Herodes Antipas (4 v. Chr. - 40). Der Nutzen, den die Wibertisten aus dem Empfang der Sakramente ziehen, wird ihm gleichgesetzt. Diese Identifizierung vollziehen kurze, jeweils an den Anfang gestellte Demonstrativ-Adverbien (*sicut* und *sic*) sowie syntaktischer Parallelismus. Die Wirkung der kurzen Argumentation ist durch stilistische Mittel verstärkt. Das Leiden Christi wird mit einer Diärese durch zwei attributive Partizipien ausgedrückt, denen die zwei Bezugsobjekte gegenüberstehen: *Sicut profuit Pilato et Herodi vinctus et flagellatus Christus*.... Das Gleichgewicht zu dieser ersten Schilderung stellt in der zweiten das Hendiadyoin her, das die negativen Wirkungen für die Wibertisten ausmalt: *sic ad impietatem et perditionem vestram magis officiunt sacramenta eius*[83]. So liegt besonderer Nachdruck einmal auf dem Verderben, das die Anhänger des Gegenpapstes auf sich geladen haben, zum anderen auf dem Leiden Christi. Die Assoziation wird nahegelegt, daß auch die Wibertisten - symbolisch verstanden - solche Leiden verursacht haben.

Direkt durch Augustinus - indirekt Paulus - angeregt, hat Anselm die Figur der zürnenden Sara allegorisch verwertet. Doch während der Kirchenvater beweisen will, daß die Kirche allgemein zu einer Verfolgung berechtigt ist, so Anselm speziell,

---

83) Ldl I, p.528,1-2. Über den Anteil des Herodes Antipas und des Pontius Pilatus an der Verurteilung Christi vgl. V. E. Harlow, The destroyer of Jesus. The Story of Herod Antipas Tetrarch of Galilee, Oklahoma City 1953, S.218-231.

daß sie auch Schismatiker, obwohl diese die Sakramente der Kirche empfangen haben, verfolgen darf. Auf die Identifizierung beider Situationen verwendet er zunächst keine Mühe: an die Äußerung, die Kirche verfolge die Schismatiker, wird mit *ut* die Verfolgung der nur als *ancilla* gekennzeichneten Hagar durch Sara angeknüpft und dadurch als entsprechend bewertet. Die Tat der allein durch den Namen identifizierten Sara wird lediglich durch Subjekt und Objekt gekennzeichnet; das Prädikat muß aus dem Vorhergehenden ergänzt werden. Ein kurzer Relativsatz führt dann doch einen Zug - die Bedeutung der Verfolgten - näher aus, der, ohne daß das gesagt würde, die Identifizierbarkeit beider Fälle belegen und zugleich die Aussagekraft für das Beweisziel beleuchten soll: *quae tamen de semine Abrahae concepit et peperit.* Stillschweigend wird die illegitime Empfängnis und Geburt eines Kindes *de semine Abrahae* gleichgesetzt mit dem Empfang der Sakramente durch die Schismatiker. Nur auf Nutzbarmachung für die gegenwärtigen Vorgänge aus und bar jeder weiteren Angabe über das historische Beispiel ist der darauf folgende Satz: *Intellege itaque, quomodo persequatur adhuc ancillam domina, ut docearis, quae sit persecutio beata...*[84]. Durch das Temporal-Adverb *adhuc* wird die Verfolgung der Schismatiker in der Gegenwart noch einmal gleichgesetzt mit den alttestamentlichen Begebenheiten.

Daß außerhalb der Kirche kein Heil erlangt werden kann, beweist Anselm allegorisch durch Verweis auf das anläßlich des Auszugs der Israeliten aus Ägypten von Gott erlassene Gebot, das Opferlamm in einem Hause zu verzehren und nichts davon hinaus zu bringen: *In una domo comedetur, nec efferetis de carnibus ejus foras...* Dabei wird das *extra ecclesiam* Stehen identifiziert mit dem Verzehren des Lamms außerhalb des einen Hauses:...*extra quam* (sc. ecclesiam) *quicunque agnum comederit,*

---

84) Ldl I, p.522,37-39. M. Hackelsperger zitiert lediglich die später von Anselm angeführte augustinische Argumentation. Zur Bedeutung der Termini *domina* und *ancilla* für die Ekklesiologie Gregors VII. vgl. Congar, Der Platz S.215.

profanus est, de cuius carnibus lex efferri foras prohibet[85]. Die historischen Begleitumstände des betreffenden Gebotes werden nicht einmal angedeutet und die vorgenommene Identifizierung nicht begründet, nicht einmal kommentiert.

Die Vorliebe Anselms für diese Art historischer Beweisführung und die Selbstverständlichkeit, mit der er sie anwendet, treten durch einen Vergleich mit Petrus Damiani noch stärker hervor.

Dieser verwendet sie nur an einer einzigen Stelle seines Briefes, und er verläßt sich nicht auf die Kraft nur eines solcher Argumente, sondern hat sich veranlaßt gesehen, mehrere, die einander stützen, zu einer eindrucksvollen Beweisführung zusammenzuschließen[86]. Die vier so verwerteten historischen Beispiele bilden durch die ihnen gemeinsame Form eine Einheit. Als erstes werden - beim dritten allerdings nur mit Einschränkung - jeweils die Subjekte der Handlung genannt - die an der Kreuzigung Christi beteiligten römischen Soldaten, die mit den Juden kämpfenden Herrscher der Stadtstaaten der Philister und

---

85) Ldl I, p.527,37-39. Die zugrunde liegende Bibelstelle ist nicht, wie E. Bernheim angab, Exod.12,3 sondern, wie der anklingende Wortlaut zeigt, Exod.12,46. Auf eine ganz andere Verwendung dieser Stelle weist M. Hackelsperger hin (Bibel S.78).

86) MPL 144, Sp.249/250. Auf eine gleichgerichtete Verwendung der Figur Ozas weist M. Hackelsperger hin (Bibel S.60). - Durch die Namensähnlichkeit kann Oza leicht mit König Ozias von Juda (789-736 v.Chr.) verwechselt werden, da auf diesen im gleichen Zusammenhang - Polemik gegen die Simonie - und - bei nur allgemeiner Fassung - mit ähnlichen Worten hingewiesen wird: Er hat sich widerrechtlich Priesterfunktionen angemaßt. So hat auch E. Dümmler anläßlich einer von Wido von Ferrara angeführten Argumentation, die dieser Ambrosius zuweist (das wäre die einzige indirekte historische Beweisführung, die Wido innerhalb des 1. Buches nicht mit Anselm gemein hat; vgl. dazu unten Anm. 107), auf 2. Paral. 26,18-21 hingewiesen, wo die Anmaßung des Königs und seine Bestrafung durch Aussatz geschildert wird, obwohl Widos Text mit deutlichem Anklang an die Argumentation von Petrus Damiani sehr klar auf die Formulierungen des biblischen Berichts über die sofortige Bestrafung des Fuhrmanns mit dem Tode hinweist (Ldl I, p.548,1-2; vgl. 1. Paral. 13,10).

der die Bundeslade aus dem Philisterland zurücktransportierende Fuhrmann Oza: *Pilati milites...Illi...Philistinorum principes.. Oza...* Die Verwertung der ersten drei Beispiele beginnt dann jeweils mit der Anrede *et tu* oder *tu*. Beim letzten verdeutlicht sich - zugleich wird der subjektive Bezug aufgegeben - die allen zugrunde liegende Form voll zu einem den historischen Sachverhalt umfassenden Konditionalsatz und einer auf die Beurteilung der gegenwärtigen Lage zielenden Frage: *Si Oza moritur, quia humerum supponit, ne arca Domini corruat; quid illi merito fiet, qui se super Ecclesiam Christi, ut in ejus ruina ipse sublimis videatur, exaltat?* - Die allegorische Deutung sieht Petrus Damiani offensichtlich nicht über allen Zweifel erhaben. Ihr Objekt hebt er stark hervor, dessen Verschiedenheit trennt innerhalb der durch die Form gewährleisteten Einheit zwei Teile scharf voneinander. Der betreffende Einschnitt wird dadurch angezeigt, daß am Anfang des dritten Beispiels das nunmehr andere Objekt der Deutung - nicht mehr der gekreuzigte Christus, sondern die israelitische Bundeslade - gewichtig dem Subjekt der Handlung vorangestellt ist: *Captam bello arcam Dei Israel Philistinorum principes...* In beiden Fällen ist der allegorische Bezug durch ausdrückliche Reflektion abgesichert. Im ersten wird durch die zur Schau gestellte Sicherheit über die Identität die Möglichkeit von Zweifel in Rechnung gestellt:...*Ecclesiae...quae procul dubio corpus eius est* (sc. Christi), im zweiten die Erwartung einer einfachen Identifizierung getäuscht und klargemacht, daß das Objekt der Gegenwart zwar vergleichbar sei, aber auf einer höheren Stufe stehe, so daß ein 'argumentum a minore' zum Vorschein kommt:...*Christianae pietatis arcanum, et non lapidearum tabularum, sed verbi Dei vivi, et permanentis coeleste mysterium...*

Historische Idealfälle

Anselm räumt dieser Beweisführung wenig Platz ein, verwendet aber doch zwei solcher Beispiele.

Die verderbliche Weise, wie Clemens III. zum Papsttum gelangt ist, illustriert er, indem er als positives Gegenbild auf Aaron verweist, den Typ des von Gott zweifelsfrei zum höchsten Priestertum Berufenen. Negative Schilderung und Konfrontation mit der Geschichte sind gleich knapp: *Tu vero aliunde ascendisti, et non vocatus a Deo tamquam Aaron...* Anselm nennt nur den Namen der historischen Persönlichkeit und bringt die damit verbundenen für die behandelte Frage relevanten Umstände mit drei Worten auf eine denkbar kurze Formel. Der historische Bezug ist eindeutig, die argumentatorische Wirkung jedoch durch keinerlei Kommentar hervorgehoben. Das konnte in diesem Fall allerdings überflüssig erscheinen, da dieselbe Figur mit fast denselben Worten von Paulus zu einer ähnlichen Argumentation herangezogen worden ist und Anselm diese Äußerung später zitiert, so daß zu diesem charakterisierenden historischen Beispiel Anselms verstärkend die Autorität des Apostels hinzukommt[87].

Gerade nur angedeutet hat Anselm den zweiten Idealfall. Um die Bedeutung der Markgräfin Mathilde von Tuszien für den Kampf gegen die Schismatiker zu betonen, spielt er auf die jüdische Heldin Judith an, die, wahrscheinlich um 350 v. Chr., den feindlichen Feldherrn Holofernes im Lager von Bethulia durch Kriegslist getötet hat. Die Beziehung stellt er her, indem er das Ziel der Markgräfin mit fast denselben Worten bezeichnet, mit denen Judith in ihrem Lobgesang ihre Tat beschreibt:... *donec tradat Dominus inimicum suum in manu feminae*[88].

---

87) Ldl I, p.522,12-13; das Pauluszitat p.526,16/17. M. Hakkelsperger verweist auf die Verwendung dieses Zitats in Anselms Kanonessammlung (Bibel S.61 Anm.39).

88) Ldl I, p.527,26-27=Judith 16,7. Über die Vorschrift, bekannte Idealfälle nur verschleiert ins Spiel zu bringen vgl. K. Alewell, Παράδειγμα S.95, über entsprechende Anschauungen in der hochmittelalterlichen Poetik vgl. K. Francke, Schulpoesie S.20. Zu dem Lob des Kampfeswillens der Markgräfin vgl. C. Erdmann, Kreuzzugsgedanke S.207, der auf häufigere Vergleiche mit Deborah und Jael hinweist.

Gerade durch ihre Ähnlichkeit mit diesem sind zwei von Petrus Damiani verwendete historische Idealfälle geeignet, die Unterschiede der Anwendung hervortreten zu lassen. - Die militärische Aktivität des Gegenpapstes glossiert er durch Vergleich mit dem offensichtlich als Typ des siegreichen Feldherrn aufgefaßten Judas Makkabäus (von ca. 165 v. Chr. bis 160 v. Chr. Kampf für einen vom syrischen Diadochenreich unabhängigen jüdischen Staat) - und auch er vergegenwärtigt die gemeinte historische Figur durch ein Bibelzitat: *Et de praeliis Judae narrabant omnes gentes.* Im Gegensatz zu Anselm aber schickt er dem Zitat eine Erklärung des Bezugs und des Modus dieser historischen Argumentation voraus und läßt sie damit als solche deutlich werden:*...ut de te per similitudinem illud dici possit...*[89]. - Die Simonie des Gegenpapstes versinnbildlicht er durch einen Vergleich mit deren Idealfigur, dem samaritanischen Zauberer Simon aus dem Urchristentum. Auch dessen Rolle kennzeichnet er durch ein Bibelzitat, die Verdammungssentenz des Apostels Petrus gegen ihn: *Pecunia tua tecum sit in perditionem.* Doch der Bezug dieser Schriftstelle auf Cadalus wird begründet, Simon als dessen magister bezeichnet und nur der Wunsch geäußert, das Urteil des Apostels auch auf den Gegenpapst beziehen zu dürfen: *ut quod magistro tuo dictum legitur, tibi quoque merito diceretur...*[90].

Unübersehbar wird aber der Unterschied, wenn man die zahlreichen weiteren historischen Beispiele dieser Art betrachtet, die Petrus Damiani verwendet. Schon das des Judas Makkabäus steht nicht für sich allein, sondern ist das letzte einer drei-

---

89) MPL 144, Sp.252. Über das volkstümliche Bild von Judas Makkabäus seit dem späten 11. Jahrhundert vgl. H. Rall, Zeitgeschichtliche Züge S.271, über seine Auffassung bei Gerhoch von Reichersberg vgl. W. Kölmel, Typik S.287, allgemein über die Makkabäer als Beispiele S.283.

90) MPL 144, Sp.249; Apg.8,20. Vgl. M. Hackelsperger, Bibel S. 58 Anm.21 und S.121/125, der aber eine solche charakterisierende Verwendung der Figur Simons nicht vermerkt.

teiligen Reihe, in der der Gegenpapst zuerst in Beziehung zur *tyrannis* des Ostgotenkönigs Totila bei der Eroberung von Rom im Jahre 550 und darauf zur *crudelitas* von Julius Cäsar im Bürgerkrieg mit Pompejus gesetzt wird. Zwei weitere Reihen verbinden je zwei solcher Beispiele. Die eine soll das Verderben beleuchten, das die Geburt des Gegenpapstes über die Welt gebracht habe, und verweist auf die Trauer des Volkes beim Tode von Kaiser Augustus im Jahre 14, die so weit ging, daß man wünschte, der Kaiser möge, um diesen Schmerz zu ersparen, gar nicht erst geboren worden sein, und auf ein Ereignis aus der Belagerung der spanischen Stadt Sagunt durch die Karthager 220 v. Chr. - das ominöse Zurückschrecken eines Säuglings vor der Geburt, das den bevorstehenden Fall der Stadt ankündigte. Die andere soll die Herrschsucht des Gegenpapstes hervortreten lassen und schildert zu diesem Zweck, daß Kaiser Diokletian im Jahre 305 freiwillig abgetreten ist und sich in beschauliches Privatleben zurückgezogen hat, sowie daß Kaiser Constantius I. (293 - 306) von sich aus auf einen Teil seines Herrschaftsbereiches und seiner Befugnisse verzichtet habe[91].

Ideale Verkörperungen positiver Eigenschaften hat Petrus Damiani häufig besonders wirkungsvoll als 'argumentum a minore' verwendet. So wird die ausführlich geschilderte Zurückhaltung des jüdischen Königs David beim Antritt der ihm von Gott verliehenen Herrschaft mit der im Gegenpapst verkörperten Machtgier von Geistlichen konfrontiert: *David ergo rex in regno sibi*

---

91) MPL 144, Sp.252,251,251/252. Die bei der Belagerung Roms durch Totila geschilderte Hungersnot ließe auf die erste 545/46 schließen, doch weisen die Nennung der *Porta Ostiensis* und der Hinweis auf das Trompetenblasen auf die überraschende Eroberung im Jahre 550 hin. - Zur *crudelitas* Cäsars vgl. K. Forstner, Das Bild Cäsars im Geschichtsdenken des früheren Mittelalters,Diss. Wien 1953. Er weist aber nur auf das durch die Amtsanmaßung begründete negative Urteil von Eutrop hin und bringt für das Mittelalter kein Beispiel für ein negatives Urteil über Cäsar, sondern stellt nur summarisch fest, daß durch Einfluß Eutrops "...im Mittelalter einzelne Hinweise auf Cäsars tyrannisches Handeln sich finden..."(S.20).

divinitus tradito, non modo regnare, sed ne quidem habitare praesumit, nisi divinae jussionis adhuc renovetur imperium; et nos, qui sacerdotes dicimur, alienas Ecclesias praedonum atque raptorum more pervadimus, easque mundo stupente, Deo prohibente...venali commercio redimere festinamus. Noch stärkere Wirkung läßt sich aus der Herrschaftsentsagung der heidnischen römischen Herrscher gewinnen. Sie wird in zwei Stufen zur Geltung gebracht. Die erste bezieht sich allgemein auf die Ausübung der Regierungsgewalt: *Reges ergo gentium propter curarum ingruentium taedium amplioris regiminis jura contemnunt, imperialium dignitatum apices fugiunt; et sacerdotes Dei, qui hoc specialiter praedicare debuerant, in superbiae se cornibus elevant, et non sacerdotalem, sed regalem, imo tyrannicam ferulam arripere super humanum genus anhelant.* Die zweite faßt den besonders sinnfälligen Aspekt der Waffenanwendung: *Illi concessa ordini suo arma deponunt, ut quietis otio perfruantur: isti constipati legionibus armatorum, velut hostium castra, Christi Ecclesias impetunt, et gladio corruentium sanguine, tanquam brutorum animalium pinguedine saginantur*[92].

Wie sorgfältig Petrus Damiani solche Beispiele ausgestaltet, soll exemplarisch an seiner Schilderung des Lebensabends von Kaiser Diokletian gezeigt werden. In einem ersten Teil hat er den historischen Gesamtvorgang unter Einschaltung eines Quellenverweises klar umrissen. Dabei stellt der parallelisierende Aufbau dem einstigen *imperator* den nachmaligen *privatus* gegenüber, und der Akt der Herrschaftsentsagung wird ähnlich bildhaft geschildert wie die spätere ländliche Lebensweise:...*regalis fastigii insigne deposuit...in amoena virentis hortuli cultura permansit...* Zwischen beide Schilderungen ist die Angabe

---

92) MPL 144, Sp.250,252. Zur Verwendung Davids für ähnliche Idealfälle im Briefwechsel von Petrus Damiani mit Kaiser Heinrich III. vgl. K. Schnith, Recht und Friede. Zum Königsgedanken im Umkreis Heinrichs III.:HJb 81(1962)S.46/47. - Über die Möglichkeit der Argumentation ex maioribus ad minora und der ex minoribus ad maiora vgl. K. Alewell, Παράδειγμα S.30/31.

des Ortes seiner Zurückgezogenheit und ihrer Dauer eingeschoben. Diese wird nicht nur absolut bestimmt, sondern auch in Beziehung zur Lebenszeit des Kaisers gesetzt. Danach wird als zweiter Teil des Beispiels die für den Bestand dieser Idylle entscheidende Krisis beschrieben. Dabei spricht der Kaiser in direkter Rede seine tiefe Befriedigung über die in dem bescheidenen Rahmen zu erzielenden Erfolge aus. Seine Haltung zum *imperium*, das wieder zu übernehmen er *obnixe* gebeten wird, verdeutlicht Petrus Damiani sowohl in objektiver Charakterisierung (*tanquam pestem aliquam perhorrescens*),als auch subjektiv in der Selbstaussage des Kaisers:...*hanc sarcinam*... Die Glaubwürdigkeit stützen die Namen der diese Krise hervorrufenden Kaiser Herculius(= Maximian: 285 - 305) und Galerius (293 - 311) und ein nochmaliger Quellenverweis[93].

Historische Analogiefälle

Anselm verwendet zwei Analogiefälle, allerdings für dasselbe Beweisziel und im Rahmen eines einzigen Satzgefüges. Daß die Gregorianer nicht Schuld an dem Übel sind, das durch ihre Verkündigung der Wahrheit entsteht, erweist er durch die Wirksamkeit zweier Persönlichkeiten von besonders hoher Autorität - Christus und Paulus -, die beide, indem sie die Wahrheit verkündeten, für viele zum Verderben geworden sind. Die Beweisführung ist ganz in die persönliche Beziehung zum Gegenpapst hineingestellt: Die historischen Tatsachen werden in zwei kurzen Konditionalsätzen vergegenwärtigt, die mit einer persönlichen Anrede Wibert ein bestimmtes Urteil darüber unterstellen, und darauf wird mit einem direkten Imperativ von ihm verlangt, die Handlungsweise der Gregorianer analog zu beurteilen. Sowohl die Wirksamkeit Christi als auch die des Apostels werden durch Aufteilung auf mehrere Aussagen über das Mindestmaß hinaus verdeutlicht. Die Verstocktheit gegenüber der Verkündigung wird im

93) MPL 144, Sp.251.

ersten, gewichtigeren und ausführlicher dargestellten Fall sowohl in ihren negativen Folgen als auch deren ausdrücklicher Begründung vergegenwärtigt:...*causa perditionis eorum, ad quos missus est, et vocem eius non audierunt...* Die Erfolglosigkeit der apostolischen Mission wird durch zweifache Diärese - in Bezug auf die Betroffenen und auf ihre Verhärtung - verbal zwar kürzer, sachlich aber noch reicher vor Augen geführt:...*stultitiam gentium et scandalum Iudeorum...* Darüber hinaus werden noch Aspekte, die dieser historischen Argumentation besonderes Gewicht verleihen, implizit durch deren Aufbau hervorgehoben. Die Formulierungen für die Anmaßung, die es jeweils bedeuten würde, Christus oder Paulus die Schuld an den betreffenden Folgen zuzumessen, sind durch chiastisches Zusammenrücken kompakt in den Mittelpunkt gestellt:...*dicere non praesumis, nec Paulo audes asscribere...* Parallel jeweils am Anfang der drei Sätze und damit aufeinander verweisend stehen die beiden Hauptfiguren der historischen Beispiele und - in der Schlußfolgerung aus dem geschichtlichen Material - die gregorianische Partei:....*a nostra quoque detractione linguam compesce, qui compellimur dicere veritatem*[94]. - Das Besondere dieser Beispielreihe besteht in dem ganz offensichtlichen Bemühen, möglichst große Beweiskraft in möglichst knappem sprachlichen Ausdruck einzufangen. Sie erweist sich als ein wesentliches Kennzeichen des *Liber* angesichts der Tatsache, daß Petrus Damiani überhaupt keine Analogiefälle verwendet.

Historische Präzedenzfälle

Anselm hat keine Reihe von Präzedenzfällen zusammengestellt, ja, nicht einmal einen einzelnen verwandt. Dadurch unterschei-

94) Ldl I, p.526,31-34. M. Hackelsperger verweist auf die parallele Argumentation bei Wido von Ferrara (Bibel S.95). - Wido führt die Beispiele als Augustinzitat an, doch ist eine solche Äußerung des Kirchenvaters nicht nachgewiesen(vgl. Ldl I, p.546 n.3).

det er sich sehr deutlich von Petrus Damiani.

Dieser hat mehrfach Präzedenzfälle angeführt, um Cadalus die zu erwartende Strafe vor Augen zu stellen. Judas Ischarioth erweist durch die der der erhaltenen Silberstücke entsprechende Zahl der gegen ihn ausgestoßenen Verfluchungen, daß das Strafmaß dem Gewicht der Straftat entspricht, das jämmerliche Schicksal des Gegenpapstes Johannes' XVI. im Jahre 998 zeigt, wie der simonistische Erwerb des Papstamtes bestraft wird, und der hypothetische Präzedenzfall, der durch die Annahme entsteht, daß sich die heidnische Weltstadt Ninive auf die Mahnung des Propheten Jonas (Mitte des 8. Jahrhunderts v. Chr.) hin dauerhaft gebessert habe, soll offensichtlich beweisen, daß der Gegenpapst durch rechtzeitige Umkehr der Strafe entgehen könne[95].

Neben diesen Einzelfällen steht aber auch eine geschlossene Reihe von vier Beispielen, die dem reiche Finanzmittel ausnutzenden Gegenpapst dartun sollen, daß der Besitz von 'Gold' - auf die Dauer gesehen - verderblich sei. Zu diesem Zweck wird verwiesen auf König Ptolomäus XIII. von Ägypten, der 47 v. Chr. im Kampf mit Cäsar den Tod im Nil fand, auf das Ende des römischen Kaisers Nero im Jahre 68, die Geistesverwirrung des byzantinischen Kaisers Justin II. (565 - 578) und auf den Tod des Westgotenkönigs Alarich I. im Jahre 410 und seine Bestattung im Flußbett des Busento[96].

---

95) MPL 144, Sp.251(M. Hackelsperger verweist lediglich auf die Verwendung des Judas Ischarioth als Idealfigur der Simonie: Bibel S.103/104), 253/254(über die mit der Wendung *de proxima tibi, atque contigua regione praebeamus exemplum* ausgedrückte Absicht nach Verwendung eines dem Adressaten örtlich und zeitlich nahe stehenden 'exemplum' vgl. K. Alewell, Παράδειγμα S.33), 248.

96) MPL 144, Sp.249. Zu Nero vgl. den Überblick von R. Konrad, Kaiser Nero in der Vorstellung des Mittelalters, in: Festiva Lanx. Studien zum mittelalterlichen Geistesleben Johannes Spörl dargebracht aus Anlaß seines sechzigsten Geburtstages, hrsg. K. Schnith, München 1966, S.1-15.

Einen Eindruck von der Sorgfalt, mit der Petrus Damiani die Wirkung dieser historischen Sachverhalte sichert, vermittelt seine Schilderung vom Ende Ptolomäus' XIII. Innerhalb einer - gleich durch die ersten Worte ausgedrückten - rhetorischen Frage nach dem Nutzen des Goldes für ihn wird der König durch Namen, Rang und Herrschaftsgebiet genau bezeichnet, werden als objektive Ursache seines Untergangs die Seeschlacht, als subjektive seine den Kampf veranlassende Treulosigkeit und Hochmütigkeit gegenüber Julius Cäsar genannt und das Elend seines Todes durch die Schilderung hervorgehoben, wie er, ein Opfer der Wellen, unbeachtet und unbewacht am Strande liegt, pointiert durch den in einem Relativsatz hinzugefügten Hinweis - erst jetzt wird die Frage nach dem Gold verständlich -, daß seine unter den übrigen Leichen nur wegen seines goldenen Panzers erkannt worden sei. Fast als eine wirkliche Antwort auf diese lange, durch den Begriff des Goldes an Anfang und Ende zusammengeschlossene "Frage" wird noch ausdrücklich die Moral gezogen, wobei das stilistische Gleichgewicht zwischen den mit leichter Differenzierung parallel gebauten antithetischen Wendungen *sub pannoso tegmine vivere* und *in purpura vel auro perire* diesen besonderen Nachdruck verleiht.

Der Verzicht auf historische Präzedenzfälle hat sich also durch den Vergleich mit Petrus Damiani als signifikant für Anselm erwiesen. Doch negiert dieser ihre Beweiskraft durchaus nicht, sieht sie aber nicht in einzelnen geschichtlichen Sachverhalten repräsentiert, sondern in der verallgemeinernden Verdichtung zur Vorstellung völlig ungebrochener geschichtlicher Kontinuität. Diese Art historischer Beweisführung verwendet er mit großem Nachdruck zur Verdeutlichung der Schuld und ihrer Folgen.

Sie dient ihm dazu, Wibert das Ausmaß der für ihn und seine Partei zu erwartenden Strafe vor Augen zu stellen. Dessen schändliche Handlungsweise konfrontiert er schroff mit dem gesamten bisherigen Geschichtsverlauf und folgert daraus, daß es auch für den darauf folgenden Fluch keine historische Parallele gebe: *Quandoquidem abhominatio nova et inaudita tui temporis te ...novae addicat maledictioni...* Auch in der umgreifenden Folgerung aus dieser und der vorausgehenden allegorischen Argumentation wird diese Art historischer Beweisführung - in der gleichen Gliederungseinheit also nochmals - angewandt: *tibi etiam necesse est, si vis salvus esse, inauditum iudicium asscribas..* So sind in dieser Gliederungseinheit von besonders emotionalem Charakter sowohl die *abhominatio* als auch das Begriffspaar *maledictio/iudicium* durch die beiden Attribute *novus* und *inauditus* zweifach in Kontrast zur bisherigen Geschichte gesetzt. Dabei bindet die vorausgehende Zusammenstellung beider Ausdrücke auch die später vereinzelt genannten zur Einheit zusammen, und diese machen rückwirkend auf die Ausdruckskraft je des einzelnen Begriffs auch in der Vereinigung aufmerksam[97].

Im Schlußteil des *Liber* wird auf diese Weise die Schuld Heinrichs IV. als ungeheuerlich erwiesen. Dabei scheint das gebräuchliche Attribut *inauditum* offensichtlich zu abgegriffen, um allein den rechten Eindruck zu erzielen. Seine allumfassende Aussage wird zusätzlich explizit formuliert:...*aliis omnibus generationibus inauditum facinus suum...* Parallel dazu werden die aus diesem *facinus* entstandenen *calamitates totius orbis, illam praecipue...* durch generalisierende historische Beweisführung als gerechte Strafe gekennzeichnet:...*quae novo sceleri nova iusto Dei iudicio successit.* Hier wird allein durch doppelten Gebrauch der Vokabel *novus* - als Attribut des Verbrechens wie der dadurch hervorgerufenen *calamitas* - in direkter Konfrontation große Wirkung erzielt[98].

---

97) Ldl I, p.520,38-40. Biblische Vorbilder für die Verwendung des Prädikats *inauditum* in gleichem Zusammenhang: Est.16,13 und 2. Mac. 4,13.

98) Ldl I, p.527,32-34. Diese Beweisführung läßt ebenso wie die Auswertung der Drohung Hesekiels gegen Jerusalem erkennen, daß das Urteil von J. Funkenstein nicht haltbar ist: "Anselms Beweisführung dreht sich nur um den innerkirchlichen Konflikt, nicht um das Problem Staat und Kirche"(Das Alte Testament S.43).

Daß die kompakte - innerhalb zweier Gliederungseinheiten je zweimal - Verwendung dieser Art historischer Beweisführung ein Charakteristikum des *Liber* darstellt, zeigt der Vergleich mit Petrus Damiani.

Er verwendet sie in seinem Brief nur einmal, ebenfalls um dem Gegenpapst das Ausmaß seiner Schuld vor Augen zu führen. Doch hat er eine relativ schwache Formulierung gewählt: *Et, o scelus inauditum!* Mehr Mühe verwendet er nicht darauf, den implizierten historischen Gedankengang zu verdeutlichen, die dadurch ansprechbaren Gefühle seiner Leser zu aktivieren. Diese Beweisführung stellt sich sogar nur als beiläufige Einleitungsfloskel dar gegenüber der unmittelbar anschließenden ausführlichen Reihe von vier für denselben Beweiszweck allegorisch ausgewerteten Beispielen[99].

---

99) MPL 144, Sp.249/250. - Auch im ersten, erheblich längeren Brief verwendet Petrus Damiani diese Argumentationsweise wenig, nur zweimal. Das erste Mal verurteilt er die Anmaßung des Gegenpapstes, als Fremder ohne Wissen der Betroffenen Bischof von Rom zu werden:...*ut alienus episcopus, propria sede contempta, ignorante Deo, nesciente Petro, nesciente Romana Ecclesia, super Romanam constituatur Ecclesiam?* Voller Pathos ist vorher diesen Fakten die ganze bisherige Geschichte entgegengestellt: *O tragoedia omnibus ante nos saeculis inaudita!* Die historische Dimension ist allerdings zum Schaden ihrer speziellen Wirkung vorher als nur ein Teilaspekt der vom Gegenpapst heraufbeschworenen Tragik bezeichnet: *O coelum! o terra! cum quibus scilicet et omnia turbanda sunt elementa.* Und als theatralisch erweist diese Passage der Einführungssatz: *Itaque libet exclamare...* (MPL 144, Sp.243). - Ebenfalls nicht ganz ernst ist die ironische Glossierung des von Cadalus bewirkten Doppelpapsttums durch dessen unerhörte Auswirkungen für die Grammatik, die in der schon alternden Welt noch dazulernen muß: *ita tu grammaticorum regulis novum aliquid addidisti, ut in declinatione jam pueri dicant papae paparum. Per te itaque senex iam mundus addiscit, quod hactenus ignoravit*(MPL 144, Sp.243). - Der Satz *et quae fuerant eatenus inaudita, jam per ora remigeruli populi trita vulgantur*(MPL 144, Sp.244) stellt keine historische Argumentation sondern einen Teil der Andeutung dar, daß die Fehler des Gegenpapstes bei minderem Ehrgeiz hätten verborgen bleiben können, nun aber das Tagesgespräch aller Volksschichten bilden.

Quellenangaben

Genauere Verweise hat Anselm nur Argumentationen beigegeben, bei denen man bezweifeln kann, daß er sie als historische konzipiert hat. So hat er das Zitat aus dem 55. Brief Cyprians über die Wahl von Papst Cornelius durch den Namen des Absenders, der ihm besondere Autorität verleiht, näher bestimmt:... *quae...scripsit beatus Cyprianus...* Vielleicht bedeutet die Verwendung des Verbums *scribere* einen gewissen Hinweis auf den epistolographischen Charakter der - historisch betrachtet - Quelle. - Dafür spricht die Einleitung der zweiten aus einem - dem 69. - Brief Cyprians entnommenen ambivalenten Beweisführung. Sie identifiziert, ebenfalls unter Verwendung des Ausdrucks *scribere,* die Quelle durch Angabe des Adressaten deutlicher als Brief: *Sicut enim beatus Cyprianus dicit scribens Magno presbytero...*[100]. - Weniger klar ist der Hinweis auf den literarischen Charakter der Briefe Gregors des Großen, die zwei weiteren Argumentationen aus dem Grenzbereich zwischen autoritativer und historischer Betrachtungsweise zugrunde liegen. Sie werden aber doch deutlich genug durch Absender und Adressat identifiziert:...*beatus Gregorius Veloci magistro militum... Item Maurino et Vitaliano...*[101].

Verweise auf Quellen für von Anselm gestaltete genuin historische Beweisführungen sind sehr selten und von fragwürdiger Natur. So ist es fraglich, ob die Einleitung der umfangreichen allegorischen Verwertung der Drohung Gottes aus dem Buch Hese-

---

100) Ldl I, p.521,32;p.522,16/17. Daß Anselm durch das Verbum *scribere* Briefzitate mit auch historischem Quellencharakter kennzeichnet, macht ein Blick auf die rein autoritativen wahrscheinlich. Diese Zitate werden, wenn die Aussageform überhaupt charakterisiert wird, mit *dicit* oder *inquit* angekündigt. Paulus: p.520,7(Rom.),p.520,20/21(2.Thess.),p.525,24/25(1.Cor.),p. 526,16(Hebr.). Ambrosius:p.521,3(ep.20). Gelasius I.:p.521,22/ 23(ep. ad episc. orient.). Augustinus:p.523,1(ep.185),p.524,37 (ep.185).

101) Ldl I, p.523,3/9.

kiel als Quellenverweis zu werten ist:...*quae Dominus...per prophetam clamat...* Der wenig später folgende Hinweis auf die gleiche Quelle betont vor allem deren - für die gesamte Heilige Schrift geltend - sakrosankten Charakter:...*cum...veritas dicat...* - Auch bei der einzigen noch folgenden Angabe ist die Intention fraglich. Es ist denkbar, das das Buch Exodus mit der Charakterisierung *lex* gemeint ist; eine allgemeinere Auffassung liegt aber näher[102].

Den auffallendsten Gegensatz zu dieser Zurückhaltung Anselms bildet bei Petrus Damiani eine Gruppe von Verweisen, die eine klare Konzeption von zugleich narrativer und überlieferungstreuer Historiographie verraten und sich alle auf das *Breviarium ab urbe condita* von Eutrop mit der Fortsetzung und den Zusätzen von Paulus Diaconus beziehen.

Vor dem Bericht über die Belagerung Sagunts wird sogar der Verfasser der zugrunde liegenden Darstellung namhaft gemacht, zugleich das erzählerische Element hervorgehoben: *Narrat Eutropius, quia...* Dieses betont auch die Quellenangabe für die Schilderung der Eroberung Roms durch Totila. Zudem macht sie auf die Zugehörigkeit des Zeugnisses zur historiographischen Gattung und seine Bedeutung aufmerksam. Sie ist ebenfalls an den Anfang des Beispiels gestellt, nur durch Voranstellung einiger Wörter mit diesem verschränkt: *Ille namque, sicut nota narrat historia...* Ebenso mit dem Anfang des Berichts - über den Tod Alarichs - verbunden, hebt ein weiterer Verweis gleichfalls den historiographischen Charakter der Quelle, zugleich aber noch ihre besondere Glaubwürdigkeit hervor: *Gothorum dux Alaricus, ut authentica testatur historia...* Ebenfalls durch vorhergehende Identifizierung der Hauptfigur in das Beispiel - der Lebensabend Diokletians - hineingenommen ist ein weiterer Verweis, der das Alter der Überlieferung und wiederum das schriftstellerische Genus betont: *Plane Diocletianus imperator,*

---

102) Ldl I, p.520,26/27-36/37;p.527,39.

sicut Historiarum tradit antiquitas... Dieser Bericht stimmt am wenigsten von allen mit dem Wortlaut der Quelle überein, was auch Petrus Damiani dadurch zu erkennen gibt, daß er den zweiten Teil, die in direkter Rede wiedergegebene Aussage des Kaisers, durch ein *fertur* besonders auf eine ganz unbestimmte Überlieferung zurückführt. Noch ein weiteres Mal ist auf Eutrop verwiesen, dabei Genus und Überlieferungsabsicht betonend:...*ut historiae tradunt...* Dieser Verweis ist aber weiter in das Beispiel - das Ende Neros - hineingerückt. Dadurch wird angedeutet, daß er vor allem für den unmittelbaren Kontext - die besondere *luxuria* des Kaisers - gilt, deren Charakterisierung wörtlich aus der Quelle übernommen, der Rest hingegen frei gestaltet ist[103].

Nicht so augenfällig, aber eigentlich noch aussagekräftiger ist der Unterschied zu Anselm, der sich durch genaue Quellenangaben für aus dem Alten Testament entnommene historische Argumentationen ergibt. Für die Aussagen über Michäus benennt Petrus Damiani das betreffende Bibelbuch als Grundlage und ruft allgemein die Vorstellung von Quellenlektüre wach: *sicut in libro Iudicum legitur...* Für die Drohung des Propheten Nahum weist er sogar den Standort innerhalb des Buches nach:...*propheta Nahum...in ipso libri sui principio...* Die prophetischen Aussagen über die Bestrafung des Judas Ischarioth werden mit noch größerer Akribie durch Versanfang und Versende identifiziert:...*in psalmo, quem adversus eum Propheta descripsit. Quae scilicet maledictiones ab eo versiculo incipiunt, ubi dictum est: 'Constitue super eum peccatorem' illic autem desinunt, ubi*

---

103) Eutropi Breviarium ab urbe condita cum versionibus Graecis et Pauli Landolfique additamentis, ed. H. Droysen, MG AA II, 1879. - MPL 144, Sp.251; vgl. AA II, p.50 mit den Auszügen aus Plinius. - MPL 144, Sp.252; vgl. AA II, p.224. - MPL 144, Sp. 249; vgl. AA II, p.194/195. - MPL 144, Sp.251; vgl. AA II, p. 168 und 170. - MPL 144, Sp.249; vgl. AA II, p.124, wo auf die Ankündigung der *inusitata luxuria* die von Petrus Damiani fast wörtlich zitierte Wendung folgt: *retibus aureis piscaretur, quae blattinis funibus extrahebat.*

subjunctum est: 'Operiantur sicut diploide confusione sua'... - Aber nicht einmal für die ganz allgemeine Andeutung einer Quellengrundlage - für die Bemerkung über Simon den Magier - *legitur* bietet Anselm von Lucca eine Parallele[104].

Inhaltreichtum

Auch Bereich und Intensität der von Anselm selbständig herangezogenen Argumentationen sollen durch einen zusammenfassenden Überblick über die genannten Persönlichkeiten angedeutet werden. Aus der Patriarchenzeit hat er neben Sara auch den Namen ihres Gatten Abraham zur Geltung gebracht. Der Vorgang der israelitischen Landnahme ist durch Aaron personal präsent. David ist als einziger jüdischer König namhaft gemacht. Breit repräsentiert sind die Ereignisse des Neuen Testaments: Christus steht zweimal, der Apostel Paulus, der römische Prokurator Judäas Pontius Pilatus und der Tetrarch von Galiläa Herodes Antipas je einmal im Mittelpunkt historischer Argumentation. Vier Päpste sind genannt, drei aus der Antike: Fabianus (236 - 250), Cornelius sowie der römische Gegenbischof Novatian; aus dem Beginn des Mittelalters Gregor der Große (590 - 604). Mit dessen Wirksamkeit verbunden, werden die byzantinischen 'magistri militum' Martius, Vitalianus, Velox und Mauricius sowie der langobardische Herzog von Spoleto Ariulf namentlich angeführt[105].

---

104) MPL 144, Sp.249,248,251,249.

105) Sara und Abraham: Ldl I, p.522,37. Aaron: p.522,12/13.- David: p.520,41/42. Christus: p.526,31; 528,1. Paulus: p.526, 32. Pilatus, Herodes: p.528,1. Fabian: p.522,19. Cornelius: p. 521,31;p.522,18. Novatian: p.522,18/19. Gregor: p.525,3. Ariulf: p.525,8. Martius: p.525,6. Vitalianus: p.525,9. Velox: p. 525,3. Mauricius: p.525,9. Zu der Identifizierbarkeit dieser Offiziere vgl. Registr. Gregor. I. Bd. I, ed. P. Ewald, p.105/ 106 und 129. - Mit dieser grob schematischen Einordnung Gregors d. Gr. ist keine Stellungnahme zu dem Problem der Epochengrenze zwischen Antike und Mittelalter beabsichtigt. Zu den vielschichtigen Problemen, die eine Bewertung des großen Papstes in

Petrus Damiani hat weder die Patriarchenzeit, noch die der Landnahme personal vergegenwärtigt. Das erste jüdische Königreich bringt er hingegen zu breiter Wirkung durch dreimalige Nennung Sauls und viermalige Davids sowie durch Oza, der in dessen Regierungszeit die Bundeslade transportierte. Von israelitischen Priestern und Propheten figurieren Michäus aus der Richterzeit, Samuel aus der Sauls und Davids, Jonas und Nahum (Wirksamkeit zwischen 663 und 612 v. Chr.). Die Neubegründung eines unabhängigen jüdischen Reiches in der Diadochenzeit verkörpert der Hasmonäer Judas Makkabäus. Die neutestamentlichen Ereignisse sind durch dreimalige Nennung Christi sowie durch die des Judas Ischarioth, Pontius Pilatus und der zwielichtigen Idealfigur der Simonie, Simon des Magiers, repräsentiert. Aus der antiken heidnischen Geschichte begegnen die Namen des karthagischen Politikers und Feldherrn Hannibal (221 - 183 v. Chr.), des Triumvirn Pompeius(106 - 48 v. Chr.), des Julius Cäsar (100 - 44 v. Chr.) - mit diesem verbunden des Königs Ptolomäus XIII. von Ägypten - der römischen Kaiser Augustus (31 v. Chr. - 14 n. Chr.), Nero (54 - 68), Diokletian (284 - 305), Maximian, je dreimal des Constantius I. und Galerius sowie - auch noch diesem Geschichtsbereich zugehörig - Konstantin I. (306 - 337). Als christlicher antiker Kaiser wird Justin II., noch als Herrscher aus dieser Zeit werden der Westgotenkönig Alarich I. (391 - 410) und der Ostgotenkönig Totila (541 - 552) genannt. Aus dem Mittelalter führt Petrus Damiani Papst Gregor V. (996 - 999) und Kaiser Otto III. (983 - 1002) namentlich an[106].

---

seinen Beziehungen zu beiden Epochen aufwirft, sei nur auf die Betrachtung von J. Spörl verwiesen, Gregor der Große und die Antike,in:Christliche Verwirklichung. Romano Guardini zum fünfzigsten Geburtstag dargebracht von seinen Freunden und Schülern, Rothenfels am Main, 1935, S.198-211.

106) Saul: MPL 144, Sp.250. David: Sp.250. Oza: Sp.250. Michäus: Sp.249. Samuel: Sp.250. Jonas: Sp.248. Nahum: Sp.248. Judas Makk.: Sp.252. Christus: Sp.249,250,251. Judas Isch.: Sp. 251. Pilatus: Sp.249. Simon: Sp.249. Hannibal: Sp.251. Pompe-

Als kennzeichnend für Anselm erweist sich demnach die Berücksichtigung der frühen jüdischen Geschichte. Negativ charakterisiert ist sein *Liber* durch fast völlige Vernachlässigung der jüdischen Reichsgeschichte und die gänzliche der israelitischen Propheten. - Wenn man bedenkt, daß die Persönlichkeiten aus der auf den neutestamentlichen Bereich folgenden Zeit allesamt in Argumentationen genannt sind, deren historische Auffassung durch Anselm fraglich ist, ergibt sich durch Vergleich mit dem Reichtum des betreffenden Materials in eigentlich historischen Beweisführungen bei Petrus Damiani als weiteres negatives Charakteristikum des *Liber* Desinteresse an der außerbiblischen Geschichte.

Das Verhältnis zwischen direkter und indirekter historischer Argumentation

Die von Anselm selbständig verwendete geschichtliche Beweisführung weist in Wirkungsweise und Ausgestaltung starke gemeinsame Züge auf. Sein Blick ist auf historische Kontinuität beschränkt. Dabei zeigt er eine ausgesprochene Vorliebe für allegorische Argumente. Analogie- und Idealfälle verwendet er, Präzedenzfälle hingegen nicht. Die diesen zugrunde liegende Anschauung verdichtet er jedoch gerne zu generalisierender historischer Argumentation. Er formuliert keine ausführlichen Einzelbeispiele oder umfangreiche Reihen, sondern beschränkt sich auf lapidare Kürze, verzichtet auch auf Quellenverweise. Doch innerhalb dieses stilistischen Rahmens ist er um größtmögliche Wirkung und Ausdruckskraft bemüht. Inhaltlich bevorzugt er biblisches Material, und es ist vielleicht kein Zufall, daß

---

ius: Sp.252. Cäsar: Sp.249,252(2x). Ptolomäus: Sp.249. Augustus: Sp.251. Nero: Sp.249. Diokletian: Sp.251. Maximian: Sp. 251. Constantius: Sp.252. Galerius: Sp.251,252. Constantin - rein dynastisch zur Identifizierung seines Vaters genannt: Sp. 252. Justin: Sp.249. Alarich: Sp.249(2x). Totila: Sp.252. Gregor V.: Sp.253. Otto III.: Sp.253.

drei von den vier Argumentationen, deren autoritativen Charakter er zuungunsten des historischen betont hat, nicht aus diesem Bereich entnommen sind[107].

---

107) Die Eigenart Anselms gegenüber Zitaten und indirekter historischer Argumentation läßt sich durch einen Blick auf das erste Buch von *De scismate Hildebrandi* von Wido von Ferrara noch klarer hervorheben (ed. R. Wilmans und E. Dümmler, Ldl I, p.532-550). Es stellt nach allgemeiner Ansicht den gelungenen Versuch eines Antigregorianers dar, die Sache Gregors VII. möglichst glaubwürdig zu vertreten, so daß man seine Argumentationsweise als typisch für die Auffassung der Reformer ansehen darf (vgl. dazu E. Bernheim, Über den Traktat S.284, K. Panzer, Wido S.1/2 und 23-38, A. Fliche, Guy de Ferrare. Étude sur la polémique religieuse en Italie à la fin du XIe siècle: Annales de la Faculté de lettres de Bordeaux et des Univ. du Midi, Bulletin italien 16(1916)S.123 und 139 und Bulletin italien 17 (1917)S.115, A. Fauser, Publizisten S.113-115, W. Freund, Modernus S.64, H.-G. Krause, Papstwahldekret S.199 ff. bes. S.205 Anm.162). Dabei deckt sich seine Verwendung indirekter historischer Argumentationen fast völlig mit der Anselms - er hat lediglich eine zusätzliche, die im *Liber* nicht enthalten ist(vgl. oben Anm. 86) -, was sich z.T. aus der Benutzung von Anselms *Liber*, z.T. aus der Verwertung einer Vorlage erklärt, die unabhängig voneinander Anselm und Kardinal Deusdedit je für ihre Kanonessammlung benutzt haben (vgl. K. Panzer, Wido S.3-10 und die Korrektur durch A. Fliche, Bulletin italien 16, 1916, S.131 ff.; über das Verhältnis der beiden Kanonessammlungen zueinander vgl. auch E. Perels, Die Briefe Papst Nikolaus' I.: NA 39, 1914, S.78-86. Zu Deusdedit vgl. den kurzen Überblick bei E. Voosen, Papauté S.83/84). Andere Fassung durch Wido wird man aus seinem Bemühen erklären dürfen, eine in den Augen der Gregorianer möglichst glaubwürdige und überzeugende, "normale" Argumentation zu formulieren, wovon sich Anselms dann als Besonderheit abhebt. - So hat Wido auch von diesen vier Argumentationen drei stärker historisch gefaßt. Er zitiert lediglich Cyprians Wahlbericht und hebt die Bedeutung des so verselbständigten historischen Falls durch eigenen nachdrücklichen Kommentar hervor; daß er das Zitat nicht von Anselm übernommen hat liegt nahe, da es - allerdings in ganz anderem Umfang - auch in der Kanonessammlung des Kardinals Deusdedit vorkommt (Ldl I, p.534,10-15;Kardinal Deusdedit, Kanonessammlung, ed. V. Wolf von Glanvell, Paderborn 1905, p.154). - Aus dem 69. Brief Cyprians hat Wido die Bibelstelle über das historische Beispiel herausgelöst und unabhängig als eigene historische Argumentation verwandt, auch hier nicht von Anselm abhängig, da Deusdedit das Cyprianzitat ebenfalls anführt(Ldl I, p.547,15-17;Deusdedit, ed. V. W. von Glanvell, p.160-161). - Das historisch berichtende Zitat Sap. 10,19 hat Wido selbständig im unveränderten

Angesichts dieser ausgeprägten Eigenart stellt sich die Frage, ob Anselm sich nicht doch ein Urteil über den sehr unterschiedlichen Charakter der in den *Liber* eingefügten indirekten historischen Argumente gebildet, Teile in der vorliegenden Fassung innerlich bejaht, anderen dagegen ablehnend oder indifferent gegenübergestanden hat. Diese hätte er dann nur deshalb in seine Streitschrift mit aufgenommen, weil er sie für mit den daraus gewonnenen autoritativen Urteilen für untrennbar verbunden hielt. Tatsächlich lassen sich Anzeichen sowohl ablehnender als auch billigender Haltung gegenüber diesem historischen Beweismaterial feststellen.

Übereinstimmung

Man kann grundsätzlich annehmen, daß Anselm alle die indirekten historischen Argumentationen innerlich bejaht, die den von ihm selbst verwendeten Arten entsprechen. Doch lassen sich sogar gegenüber einzelnen von ihnen positive Zeichen von Übereinstimmung feststellen.

So hat er eine von Ambrosius formulierte allegorische Beweisführung übernommen, ohne auf ihren Charakter als Zitat hinzuweisen, sie sich also völlig zu eigen gemacht. Neben der auch von Anselm bevorzugten Blickrichtung wird ihn die äußerst knappe Fassung dieser Argumentation dazu veranlaßt haben, sie in seine Darlegungen völlig bruchlos mit einzuordnen[108].

Die Übereinstimmung mit Teilen der indirekten historischen Argumentation zeigt sich besonders klar bei dem Idealfall der

---

Wortlaut verwandt (Ldl I, p.544,23-25). - Nur die Befehle Gregors d. Gr. im Kampf mit den Langobarden hat Wido genauso dokumentiert; auch hier ist er unabhängig von Anselm, da Deusdedit noch weit umfangreichere Passagen aus den beiden Briefen Gregors zitiert und Einleitungs- und Verbindungsworte bei Wido andere Fassung haben (Ldl I, p.542,24-33;Deusdedit, ed. V. W. von Glanvell, p.450-451).

108) Ldl I, p.526,21-22. Vgl. Anm.59.

Berufung Aarons zum höchsten Priestertum. Anselms selbständig als Argument verwandte Formulierung *vocatus a Deo tamquam Aaron* entspricht wörtlich derjenigen des Apostels Paulus in einem von Anselm zitierten autoritativen Ausspruch: ...*qui vocatus est a Deo tamquam Aaron*. Der freiwillige Anschluß an die Formulierung des Apostels läßt darauf schließen, daß Anselm diese vorbildlich fand, wohl auch wegen ihrer Kürze[109].

Einen innerhalb einer Äußerung Augustins verwandten historischen Analogiefall hat Anselm offensichtlich für ein wirkungsvolles Argument gehalten, da er ihn selbständig ebenfalls verwendet. Allerdings ist er einen anderen Weg gegangen und hat dabei den historischen Charakter weitgehend verwischt[110].

Die in dem Zitat aus dem Buch Hesekiel enthaltene Andeutung generalisierender historischer Argumentation paßt auffallend gut zu der im gleichen Zusammenhang von Anselm selbständig verwandten, die z. T. genau das gleiche Beweisziel hat. Daß er bei seinen betreffenden Formulierungen den entsprechenden Bibeltext vor Augen hatte, läßt sich sogar durch eine stilistische Entsprechung positiv nachweisen: Sowohl bei Hesekiel als auch von Anselm wird der betreffende Tatbestand als *abhominatio* bezeich-

---

109) Ldl I, p.522,12/13 und p.526,16/17.

110) Ldl I, p.524,39-p.525,1 und p.526,2. Vgl. S.63. Die grundsätzliche Verstärkung des historischen Aspekts durch Wido zeigt sich gegenüber einem von beiden Publizisten verwandten Zitat aus dem 185. Brief Augustins. Der dort gegebene Hinweis des Kirchenvaters auf die Entscheidungen der römischen Staatsgewalt zu seiner Zeit gegen die Donatisten führt Anselm im Zusammenhang mit dem weiteren Kontext an, der dann Augustins historische Rechtfertigung dieser Maßnahmen enthält. Wido hat den Hinweis Augustins verselbständigt zu einem besonderen Argument, das neben dem durch das erkennbare Urteil des Kirchenvaters gegebenen autoritativen Element sowie juristischen Aspekten auch den Charakter eines Präzedenzfalles besitzt: *Illud quoque non minus videbitur excusabile, quod rebus suis a laicis nudabantur, si patris Augustini verba sollicite perpendamus. 'Quicquid', ait, 'a parte Donati possidebatur, christiani imperatores legibus religiosis de ipsis aecclesiis ad catholicam transferri iusserunt'.* (Ldl I, p.544,20-23; vgl. Ldl I, p.524,36-38).

net[111]. - Auch eine deutlicher mit historischen Präzedenzfällen operierende Argumentation hat Anselm offensichtlich gebilligt. Sonst hätte er nicht den Satz aus dem 20. Brief des Ambrosius, der einen historischen Gedankengang dieser Art enthält, aus dem Kontext herausgerissen und als Fremdkörper einem ebenfalls zitierten ganz anderen Teil dieses Briefes noch angefügt. Doch auch hier verleugnet Anselm seine Eigenart nicht, denn diese Beweisführung ist so kurz und vor allem so allgemein gehalten, daß sie in die Nähe generalisierender geschichtlicher Argumentation rückt[112].

Ablehnung

Man muß entsprechend auch grundsätzlich annehmen, daß Anselm allen den geschichtlichen Beweisführungen indifferent oder ablehnend gegenüberstand, die den von ihm selbständig verwendeten nicht entsprechen. Auch dafür lassen sich in speziellen Fällen

---

111) Ldl I, p.520,35 und 38. Vgl. oben S.56,65 und 78.

112) Ldl I, p.521,17-18. Vgl. oben S.47 u.56. In der Kanonessammlung des Kardinals Deusdedit steht dieser Satz im originalen Kontext, von der Stelle, wo er bei Anselm willkürlich angefügt ist, entfernt, nachdem dazwischen mehrfach Auslassungen angemerkt worden sind (ed. V. W. von Glanvell, p.512/513). Deshalb kann nicht die von beiden Kanonisten benutzte Vorlage für die Fassung im *Liber* verantwortlich gemacht werden, sondern diese ist wahrscheinlich einer bewußten Entscheidung Anselms zu verdanken. - Wido von Ferrara hat diese Argumentation offensichtlich aus dem *Liber* übernommen, wie die völlig sinnentleerende Entstellung zeigt, die eine Kenntnis des Kontextes ausschließt (Ldl I, p.537,31-32). - Das gleiche gilt in abgeschwächtem Maße für die Präzedenzfälle zusammenfassende Äußerung von Papst Gelasius I., die Anselm - aus dem Kontext heraus richtig - im A.c.I. zitiert (Ldl I,p.521,26/27;vgl.oben S. 57). Daß seine Vorlage auch den übrigen Text enthalten hat, zeigt das ausführliche Zitat bei Deusdedit (ed. V. W. von Glanvell,p. 424). Demnach darf man auch in diesem Fall eine bewußte Entscheidung Anselms voraussetzen. - Wido hatte offensichtlich nur den *Liber* vor Augen und zitiert - wie Anselm - nur den einen Satz, allerdings als normalen Hauptsatz, wohl weil für ihn der Grund für den A.c.I. nicht mehr ersichtlich war(Ldl I, p.538,1-2).

konkrete Anhaltspunkte finden.

Ein solches Anzeichen stellt die allegorische Verwendung der Figur der zürnenden Sara durch Anselm dar, die sich von der innerhalb eines zitierten autoritativen Ausspruchs mitgeteilten Augustins durch ihre Knappheit unterscheidet. Es ist jedenfalls beachtenswert, daß Anselm, kurz bevor er die nachdrückliche Darstellung des Kirchenvaters anführt, dasselbe historische Beispiel selbständig und in anderer Weise darlegt und ausnutzt, ohne die implizierte Konkurrenz zu scheuen[113].

Die Annahme, daß entsprechende Beweisführungen Augustins Anselm zu lang erscheinen, wird noch durch eine andere Beobachtung gestützt. Die Reihe von historischen Präzedenzfällen, mit der der Kirchenvater belegt, daß auch Kriegführende Gott gefallen, weist drittens auf den Hauptmann von Kapharnaum hin. Dieses Beispiel vergegenwärtigt Augustin durch ein umfangreiches Bibelzitat. Von diesem bringt Anselm jedoch nur den ersten Satz, der im Sinne des Beweiszieles noch gar nichts aussagt. Bei Augustin folgen zudem auf dieses Zitat noch zwei ausführliche Beispiele - der fromme Hauptmann Cornelius aus Cäsarea, der durch einen Engel aufgefordert wurde, sich von Petrus belehren zu lassen, und die Anfrage von Soldaten an Johannes den Täufer, was sie tun sollten, sowie dessen Antwort. Die Kürzung des Zitats und das Auslassen der beiden folgenden Beispiele durch Anselm lassen vermuten, daß ihm der Kirchenvater mit seiner Häufung von Präzedenzfällen zu viel des Guten getan zu haben schien[114].

---

113) Vgl. oben S.51 und 66 f.

114) Ldl I, p.524,6-9. Vgl. Augustinus ep. 189 § 4. Wahrscheinlich hat Wido diese Argumentation direkt von Anselm übernommen, da er auch nur die drei Beispiele - das neutestamentliche gleich verkürzt - anführt. Doch hat er Anselms Fassung mißbilligt und durch eine Umstellung wohl die Wirkung der Argumentation stärken wollen: Bei ihm steht am Anfang das von Anselm verstümmelte Beispiel aus dem Neuen Testament und die Reihe wird beschlossen durch den ausweitenden Hinweis auf die "meisten Männer" der alttestamentlichen Zeit. Diese Umstellung deu-

Die Bedeutung der historischen Argumentation

Wenn man die Bedeutung geschichtlicher Beweisführung für die einzelnen Gliederungsabschnitte und damit für den Gesamtzusammenhang der Schrift betrachtet, fällt zunächst auf, daß in sehr vielen Einheiten des Gedankengangs überhaupt nicht argumentiert wird: Es wird nichts bewiesen, sondern nur etwas ausgesagt. Besondere Bedeutung besitzen solche Passagen naturgemäß in größerer Ferne von der Auseinandersetzung mit den eigentlichen, mehr abstrakten Standpunkten des Gegners, d. h. am allgemeinen Anfang und ganz persönlich gefärbten Ende der Schrift. Dementsprechend bilden sie auch nur dort ganze Teile - je den 1. des I., II. und IV. Hauptteils. Dazu paßt, daß auch ihre innerhalb der übrigen Teile auf der nächst unteren Ebene sehr deutlich zum Ausdruck kommende Bedeutung sich vor allem im IV. und V. Hauptteil erweist, wo sie sich fünfmal, davon viermal im V., d. h. letzten, Hauptteil, zu ganzen Abschnitten zusammenschließen[115]. Auch in den restlichen Abschnitten gibt es doch noch eine große Zahl von gar keine Argumentation enthaltenden Unterabschnitten. Auch diese ist am Ende des *Liber* besonders

---

tet vielleicht darauf hin, daß Wido - die umfangreiche Reihe Augustins vor Augen - nicht so zurückhaltend verfahren wäre wie Anselm(vgl. Ldl I, p.542,17-21). Das läßt sich durch Widos Verfahren gegenüber dem Hinweis Augustins auf das Ersuchen des Apostels Paulus um den Schutz der römischen Staatsgewalt erhärten. Das bei Anselm angefügte Urteil des Kirchenvaters hat er abgetrennt und an anderer Stelle verwendet und an diesen ersten noch zwei weitere Analogiefälle als Äußerungen Augustins angefügt - so daß eine dreiteilige Reihe entsteht -, die Anselm beide zusammen völlig getrennt vom ersten als eigene Argumentation anführt (vgl. Ldl I, p.546,14-19; p.546,8-10 und p.523,31-36;p.526,31-33). Daß Wido diese nicht aus Anselms *Liber* übernommen hat, wird u.a. durch die unterschiedliche stilistische Formung nahegelegt: Bei Wido bilden die beiden Beispiele zwei unabhängige, gleichgeordnete rhetorische Fragen.

115) Im IV. Hauptteil der 1. Abschnitt des 2. Teils; im V. Hauptteil der 1. Abschnitt des 1. Teils sowie der 1., 3. und 4. Abschnitt des 2. Teils. Dazu kommt noch im II. Hauptteil der 1. Abschnitt des 3. Teils.

groß[116]. Diesen Beobachtungen entspricht die komplementäre Feststellung, daß der umfangreiche III. Hauptteil, der die spezielle Auseinandersetzung mit den allgemeinen Standpunkten des Gegenpapstes enthält, keine bedeutenderen Gliederungseinheiten ohne Beweisführung enthält als einzelne Punkte[117].

Man muß daraus schließen, daß Anselm, unabhängig vom Zwang einer Auseinandersetzung mit ganz bestimmten Anschauungen seines Gegners, bei der freien Darlegung seiner eigenen Ansichten wie bei seiner persönlichen Rechtfertigung und der verantwortlichen Beurteilung von Gewissensfragen nur wenig das Bedürfnis nach expliziter, umständlich ausgearbeiteter Argumentation besitzt.

Den wenigen Beweisen, die er in solchen Passagen des *Liber* dennoch verwendet, muß man demnach besondere Bedeutung zumessen. Es ist also bemerkenswert, daß sich hier nicht nur die von ihm selbst formulierten historischen Beweise häufen, sondern daß darüber hinaus sich gerade in diesen Teilen des *Liber* gewichtige Gliederungseinheiten finden, die ausschließlich geschichtlich argumentieren bzw. Argumente verwenden, die auch Beziehungen zum geschichtlichen Bereich haben. Die beiden Abschnitte, die ganz auf solcher Beweisführung beruhen, finden sich im II. und V. Hauptteil[118], von den vier entsprechenden Unterabschnitten entfallen drei auf diese Teile des *Liber*, nur

---

116) Unterabschnitte: im 1. Teil des III. Hauptteils der 1. Unterabschnitt des 3. Abschnitts, im 2. Teil des IV. Hauptteils der 1. und 2. Unterabschnitt des 2. Abschnitts, im 2. Teil des V. Hauptteils der 1. Unterabschnitt des 2. Abschnitts.

117) Im 2. Abschnitt des 1. Teils der 1. Punkt des 1. Unterabschnitts, im 3. Abschnitt des 1. Teils der 1. Unterabschnitt (die einzige Ausnahme!),im 2. Abschnitt des 2. Teils der 1. und 2. Punkt des 1. Unterabschnitts und der 1. und 3. Punkt des 2. Unterabschnitts, im 3. Abschnitt des 2. Teils der 1. und 2. Punkt des 1. Unterabschnitts, im 4. Abschnitt der 2. Punkt des 1. Unterabschnitts.

118) 1. Abschnitt des 2. Teils;2. Abschnitt des 1. Teils.

einer befindet sich im III. Hauptteil[119]. Von den fünf Punkten dieser Art entfallen zwei auf den II. Hauptteil, und die drei im III. Hauptteil finden sich in dessen zweitem Teil, der auch keine abstrakte Frage, sondern die Schuld an dem sehr konkreten Blutvergießen unter den Sachsen behandelt[120]. Sonst bietet der *Liber* nur noch zwei Unterpunkte mit ausschließlich historischer Argumentation, bezeichnenderweise im II. und IV. Hauptteil[121].

Ganz allgemein für die Bedeutung historischer Beweisführung in Anselms Streitschrift spricht es, daß Gliederungseinheiten, die gänzlich unter Verzicht auf historische Gesichtspunkte argumentieren, selten sind und wenig Gewicht besitzen. Dem bisherigen Eindruck widerspricht es, daß gerade im I. Hauptteil zwei ganze Teile, der 2. und 3., diesen Charakter aufweisen, so daß er insgesamt keine geschichtlichen Argumente enthält. Doch werden die bisherigen Ergebnisse - bei Betrachtung des ganzen *Liber* - auch von diesem Gesichtspunkt her bestätigt: Weder der IV. noch der V. Hauptteil weisen auch nur eine einzige Gliederungseinheit auf, die unter völliger Vernachlässigung geschichtlicher Aspekte argumentiert. Sie werden auch durch die Feststellung gestützt, daß den einzigen geschlossenen Abschnitt dieser Art der III. Hauptteil bietet, und zwar hat dieser 1. Abschnitt des 2. Teils den Zweck, eine bestimmte von Wibert angeführte 'auctoritas' zu entkräften. Die zwei entsprechenden

---

119) Im 2. Teil des II. Hauptteils der 1. Unterabschnitt des 2. Abschnitts;im 2. Teil des III. Hauptteils der 2. Unterabschnitt des 3. Abschnitts; im 2. Teil des V. Hauptteils der 2. und 3. Unterabschnitt des 2. Abschnitts.

120) Je einer im 2. (2. Punkt des 2. Unterabschnitts des 2.Abschnitts) und 3. Teil (2. Punkt des 2.Unterabschnitts des 2.Abschnitts) des II. Hauptteils;einer im 1. Teil(2.Punkt des 1.Unterabschnitts des 2.Abschnitts) und je einer im 3. Abschnitt(4. Punkt des 1.Unterabschnitts) und im 4. Abschnitt(1.Punkt des 2. Unterabschnitts) des 2. Teils des III. Hauptteils.

121) Im 2. Abschnitt des 2. Teils vom 2. Unterabschnitt der 1. Unterpunkt des 1. Punktes; im 2. Abschnitt des 2. Teils vom 3. Unterabschnitt der 3. Unterpunkt des 2. Punktes.

Unterabschnitte finden sich im 3. Teil des II. und im 1. des III. Hauptteils[122], ein Punkt im 3. Teil des II. Hauptteils, fünf im 2. Teil des III. Hauptteils[123]

Man wird zusammenfassend sagen können, daß die historische Beweisführung nicht nur objektiv im *Liber* eine erhebliche Bedeutung besitzt, sondern daß sich sogar eine gewisse Vorliebe Anselms für sie erkennen läßt.

Zusammenfassung

Wenn man diese Vorliebe Anselms für geschichtliche Beweisführung und seine ausgeprägte Eigenart bei ihrer Verwendung bedenkt, den auffallenden polemischen und argumentatorischen Unterschied zwischen dem III. Hauptteil einerseits und Anfang und Ende des *Liber* andererseits in Betracht zieht, sowie die Tatsache, daß dieser deutlich abgesonderte III. Hauptteil expressis verbis die Antwort auf bestimmte Argumentationen des Gegners darstellt, dann drängt sich die Vermutung auf, daß der verblüffende Kontrast zwischen subjektiv-emotionaler Färbung und der von seelsorgerischem Verantwortungsbewußtsein geprägten Zielsetzung einerseits und dem Verzicht auf eigene Verwertung größerer Mengen des - auf diese Weise indirekt - zur Wirkung gelangenden historischen Materials andererseits sich aus dem Anselms eigener Neigung widersprechenden Zwang der Polemik erklärt. Wibert hatte offensichtlich vor allem zahlreiche *dicta sanctorum patrum* zitiert[124] und Anselm dadurch gezwungen, eben-

---

122) 1. Unterabschnitt des 2. Abschnitts; 2. Unterabschnitt des 3. Abschnitts.

123) Vom 2. Abschnitt der 1. Punkt des 2. Unterabschnitts;im 2. Abschnitt der 3. Punkt des 1. Unterabschnitts, im 3. Abschnitt der 3. Punkt des 1. Unterabschnitts und im 4. Abschnitt der 1. Punkt des 1. Unterabschnitts sowie der 2. und 3. Punkt des 2. Unterabschnitts.

124) Vgl. Ldl I, p.525,14. - Wibert gebraucht in seinem Dekret

falls eine Menge solcher Zitate aus den Werken der Kirchenväter anzuführen. Von sich aus hätte er wohl, wie die übrigen Teile des *Liber* zeigen, an 'auctoritates' nur Worte der Heiligen Schrift zitiert. Es ist demnach die Vermutung erlaubt, daß der erste Brief Anselms, der nicht als Reaktion auf Polemik des Gegenpapstes aufzufassen ist, einen wesentlich größeren Anteil an Bibelworten und von Anselm selbständig und eigenartig geprägten historischen Argumentationen gegenüber dem Bestand an *dicta sanctorum patrum* mit indirekter historischer Argumentation enthalten habe. - Die so deutlich gewordene Eigenart der publizistischen Auseinandersetzung Anselms mit dem Gegenpapst ist ein überraschendes Ergebnis angesichts der Tatsache, daß der Bischof von Lucca als Schriftsteller vor allem durch seine umfangreiches patristisches Material zusammenfassende Kanonessammlung bekannt ist.

(ed. E. Dümmler, Ldl I, p.622-626) selbst einen ganz entsprechenden Ausdruck zur Bezeichnung seiner eigenen Argumentationsweise: *utile visum fuit hec ex dictis beati Augustini recitare* (Ldl I, p.623,3-4), was C. Mirbt als Anzeichen für die Benutzung einer Exzerptensammlung angesehen hat (Die Stellung Augustins in der Publizistik des gregorianischen Kirchenstreites, Leipzig 1888, S.65 ff.). Das erlaubt, auch die entsprechende Stelle in Anselms *Liber* als einen Reflex der Beschaffenheit von Wiberts Antwort anzusehen.

2. Kapitel

Historische Argumentation im Dienste politischer Verhandlungen? Zum *Tractatus de investitura episcoporum*

Der *Tractatus de investitura episcoporum* stammt, wie am Ende der Schrift glaubwürdig angegeben wird, aus dem Jahre 1109[1]. Der Verfasser ist nicht bekannt. E. Bernheim hat in einer gründlichen Untersuchung alles zusammengestellt, was über ihn zu erfahren ist. Er weist endgültig die unbegründete, schon früh widerlegte, aber in der Literatur bis dahin immer noch erörterte Annahme zurück, der Verfasser sei Walram von Naumburg, kann ihn aber auch nicht namhaft machen, sondern begründet nur die Vermutung, daß er in der Gegend von Lüttich wirksam war. Außerdem stand er sicher mit der königlichen Kanzlei in Verbindung. Für den Rest der Fragen gilt E. Bernheims Urteil: "Wir müssen uns somit begnügen, nicht mehr über den Verfasser zu wissen, als was sich aus dem 'Tractatus..' folgern läßt"[2]. Thematisch und zeitlich steht der Investitur-Traktat dem *Tractatus de regia potestate et sacerdotali dignitate* (1102/05) Hugos von Fleury und dem *Liber de anulo et baculo* (1110) von Rangerius von Lucca nahe. Da der *Liber* wegen der Versform eine gewisse Sonderstellung einnimmt, bietet sich demnach, um die Eigenart des Investitur-Traktats zu beleuchten, ein Vergleich

---

1) Ed. E. Bernheim, MG Ldl II, 1892, p.495-p.504. Zur Datierung vgl. J. Haller, Das Papsttum. Idee und Wirklichkeit, 2. Bd., Darmstadt 1951, S.621/622. Die Zweifel von W. Martens hinsichtlich der Abfassungszeit haben keinen Anklang gefunden (Die Besetzung des päpstlichen Stuhls unter den Kaisern Heinrich III. und Heinrich IV., Freiburg i. Br. 1886, S.289/290).

2) E. Bernheim, Über den Traktat S.290 ff. Die Zweifel von H. Schlechte an der Lütticher Herkunft sind wenig überzeugend und allzu deutlich von dem Wunsch diktiert, eine Verbindung des Traktats zu Erzbischof Bruno von Trier möglichst wahrscheinlich erscheinen zu lassen. Seine Schlußbemerkungen heben seine eigene Kritik an E. Bernheims Vermutung zudem weitgehend wieder auf: "Ob die Redaktion in Lüttich geschah, steht dahin; viel-

mit Hugo von Fleury an[3].

Das geistige Klima der Polemik

Stellungnahme zum polemischen Vorhaben

Der Investitur-Traktat läßt nichts über seine Entstehungsgründe erkennen. Nirgends wird über die Berechtigung oder Art und Weise der Abfassung reflektiert.

Diese Zurückhaltung fällt beim Vergleich mit Hugo von Fleury besonders auf. Dieser schickt seinem Werk einen voll ausgebildeten Widmungsbrief mit ausführlichen Prologbestandteilen[4] voraus, der in der Edition immerhin 43 Zeilen einnimmt. Darin gibt Hugo - wie üblich gleich nach der Salutatio - Rechenschaft über

---

leicht wurde sie von einem dortigen Kleriker niedergeschrieben"(Erzbischof Bruno von Trier. Ein Beitrag zur Geschichte der geistigen Strömungen im Investiturstreit, Engelsdorf-Leipzig, 1934, S.46-47). Auch I. Ott urteilt:"H. Schlechtes Einwände dagegen sind nicht durchschlagend" (Der Regalienbegriff im 12. Jahrhundert:ZRG KA 35, 1948, S.243 Anm.30).

3) Die Zusammengehörigkeit dieser drei Streitschriften aus der ersten Periode des Pontifikats Paschalis' II. betont C. Mirbt: "Fast alle übrigen Schriften dieser letzten Phase des Kirchenstreits sind beherrscht durch die jetzt in den Mittelpunkt tretende Investiturfrage. Ein charakteristisches Symptom dieser Wendung liegt in der Tatsache, daß bereits vor dem Jahre 1111 die einzigen uns erhaltenen Schriften, und zwar aus drei verschiedenen Ländern, an ihrer Lösung sich versuchen"(Publizistik S.73). - Edition des Traktats Hugos von Fleury von E. Sackur, MG Ldl II, 1892, p.465-p.494. Vgl. A. Becker, Studien zum Investiturproblem in Frankreich, Saarbrücken 1955, S.151-153 und vor allem N. F. Cantor, Church, Kingship, and Lay Investiture in England 1089-1135, Princeton,N.J. 1958, S.226-234.

4) p.466,18-p.467,21. Vgl. G. Simon, Untersuchungen, Archiv 5/6 S.138. Allerdings kann man nicht sagen, daß Hugo im Widmungsbrief "alle zukünftigen Leser anredet". Er wendet sich ausschließlich an zwei genau charakterisierte Leserschichten, nur ein einziger Satz kann auf "alle Leser" bezogen werden(vgl. unten S.100).

den Anlaß zur Abfassung der Schrift. Sie entspringt seinem Nachdenken (*considerans*) über den gegenwärtigen Streit in der Kirche (*discrimen discordiae, in quo sancta versatur aecclesia*), als dessen Gegenstand er das Zusammenwirken zwischen Königtum und Priesteramt erkennt: *de potestate regia et sacerdotali dignitate, quas quidem ab invicem secernunt et dividunt...* Diese Betrachtung zwingt ihn zu innerer Teilnahme (*pia cura et fraterno compunctus amore*) und hat ihn zu publizistischem Eingreifen bewogen:...*libellulum istum...condere statui.* Das Ziel wird bescheiden formuliert: ein Beitrag zur Beruhigung des Streites und Beseitigung des Irrtums. Dieser Begriff wird erst jetzt - gleichsam in Parallele zum Erkenntnisfortschritt vom vordergründigen Phänomen zu seiner Ursache - neben der nicht weiter kommentierten *contentio* eingeführt und in seiner akuten Bedeutung betont: *qui longe lateque diffunditur.* Hugo umreißt den Inhalt dieses *error* und erklärt seine Entstehung aus menschlicher Selbstüberschätzung:...*dum opinantur se scire quod nesciunt.* Er zeigt sich sicher, daß er die Streitfrage klären wird (*sicut praesens libellus declarabit*), und hofft die Gegner durch *divinis dogmatibus et verbis rationabilibus* zu überzeugen. Er stützt diese Hoffnung durch grundsätzliche Äußerungen ab, einerseits über die Schädlichkeit, andererseits die uneingeschränkte Widerlegbarkeit von Irrtum überhaupt. Den vorliegenden *error* seiner Gegner kann er sich nur aus verblendetem Haß erklären (*suo furori tantummodo satisfacere cupientes*) - angesichts seiner Schwere (*rerum ordinem, quem Deus disposuit, student pervertere*) und der daraus resultierenden Schuld (*sacrilegii crimen incurrunt, et pharisei merito nuncupantur*). Er widerlegt ihre Anschauung kurz durch Berufung auf die Person Christi und zeigt dann ihre negativen Auswirkungen:...*pax dissolvitur, et aecclesia, quam ipse Christus suo sanguine redimere dignatus est, infeliciter perturbatur.* - Nach Anlaß und Thema wendet sich Hugo der Wirkung seiner Streitschrift zu. Diese soll durch die schon in der ersten Zeile in der Inscriptio (*Henrico Anglorum regi gloriosissimo*) und in einem weiteren Anruf (*domine rex*) angedeutete Widmung an König Heinrich

I. von England verbürgt werden:...*ut auctoritatis vestrae privilegio confirmetur et corroboretur, et per loca plurima dispergatur...* Nach dieser ungewöhnlich selbstsicheren Bitte[5], für Verbreitung und quasi Vervielfältigung der Schrift zu sorgen, wird dem König nur sehr nebenbei angedeutet, er könne sie auch als unnütz vernichten: *vel si fuerit inutile, disrumpatur.* Zur Rechtfertigung dieser Dedikation beruft sich Hugo auf die literarische Tradition, dem König schmeichelnd durch Gleichsetzung mit den antiken *regibus imbutis litterarum studiis.* Die

---

5) Zur Salutatio vgl. G. Simon, Untersuchungen, Archiv 5/6 S. 143. - Über die Selbstsicherheit vgl. die ebd. S.119-121 angeführten Vergleichsstellen. G. Simon hat nicht bemerkt, wie auffallend sicher sich Hugo von Fleury seiner Sache ist - obwohl sie z.B. selbst feststellt, daß Berufung auf den guten Willen des Autors ein im Mittelalter bis zum 12. Jahrhundert seltener Rechtfertigungsgrund für die Abfassung zumindest historiographischer Werke ist (Archiv 5/6 S.147), hat sie die entsprechenden Worte Hugos nicht beachtet(vgl. Ldl II, p.467,16 ff.) - und auch nicht das bei einer Streitschrift verständliche Verlangen nach möglichst großer Öffentlichkeitswirkung bedacht, wie sie überhaupt die Streitschrift Hugos von Fleury ohne Beachtung des Gattungsunterschiedes in ihr sonst ausschließlich historiographisches Untersuchungsmaterial einordnet, veranlaßt durch die große Zahl der von ihm verfaßten Geschichtswerke. Vgl. über diese A.-D. von den Brincken, Studien zur lateinischen Weltchronistik bis in das Zeitalter Ottos von Freising, Düsseldorf 1957, S.193-195 und H. Zimmermann, Ecclesia als Objekt der Historiographie, SB Wien. Akad., 1960, S.54-57. - Das Urteil von G. Simon über die dem König zugedachte Rolle:"...erhofft Hugo offensichtlich nicht das Urteil eines Sachkenners, sondern den Schutz der Herrscherautorität für seine Werke" (Archiv 5/6 S. 117) berücksichtigt nicht die folgenden Äußerungen über die antiken *reges litterati,* die dem Herrscher doch ein literarisches Urteilsvermögen zuschreiben. Daß hier eine echte Besinnung auf die Antike vorliegt, könnte aus der Verwendung des feierlichen Ausdrucks *dedicare* geschlossen werden, der nach der Feststellung G. Simons (ebd. S.144) selten verwandt wird. Übrigens behandelt die Schrift eine für den König höchst relevante politische Frage, für die man ihm wohl kaum Sachkenntnis absprechen kann, und zum Urteil ist nicht nur er, sondern sind auch seine engsten Berater aufgerufen. G. Simon hat die Situation des Parteikampfes übersehen. Man hat den Eindruck, daß sich Hugo betont dem König und seiner curia anschließt und mit einem Gegensatz zum - damit nicht als Beurteilungsinstanz in Frage kommenden - hohen Klerus rechnet. Zu den politischen Gruppierungen um Heinrich I. vgl. N. F. Cantor, Church S.154 ff.

nochmalige Bitte an ihn und seine Berater (*et seorsum et cum viris sapientibus, qui vobiscum sunt*) um Überprüfung der Schrift auf schwache Stellen hin verfolgt nicht so sehr den Nutzen für die vertretene Sache, sondern vor allem den Schutz des Verfassers gegen Kritik. Auf eine Sicherung in dieser Hinsicht legt Hugo großen Wert. Zuerst wendet er sich seinen durch ihre verderblichen Ziele von vornherein disqualifizierten Gegnern zu: *his, qui rerum ordinem sua temeritate conantur evertere.* Sie werden seine Schrift vor allem verdammen, weil sie *ab eorum sententia deviare videtur,* daneben auch, weil sie *rem propositam explanare rusticano sermone videtur.* Das angemessene Urteil über eine Bemängelung von dieser Seite deutet er durch den Ausruf an: *Nam caecis corde plerumque sua, pro dolor! caecitas atque temeritas placet.* Er beschwört darauf die *magnificentia* seiner Gegner, nicht an seinem *rusticanum eloquium* Anstoß zu nehmen, sondern *malint veros quam disertos audire sermones*[6]. Auf die grundsätzlich geringe Berechtigung aller seiner Leser zur Kritik an der Ausführung seiner schwierigen Aufgabe weist die lapidare Verwahrung hin: *Caeterum scio, quia tucius veritas auditur quam praedicatur.* Das leitet bereits zu einer anderen Gruppe voraussichtlicher Kritiker über, den *omnes vene-*

6) Vgl. dazu G. Simon, Untersuchungen, Archiv 5/6 S.81/82, die die Passage mißversteht und in einen falschen literargeschichtlichen Zusammenhang einordnet. Hugo wertet die Beredsamkeit an sich überhaupt nicht ab, sondern verteidigt sich gegenüber seinen Parteigegnern - durchaus nicht bei allen Lesern -, für die dieser deutlich als solcher zugegebene Mangel einen Anhaltspunkt für ihre übelwollende Kritik bieten könnte, damit, daß er wenigstens die richtige Meinung vertrete. Gegenüber der danach angesprochenen Eliteschicht der Kirche verteidigt er sich ganz anders, nämlich mit seinen guten Absichten. Auch hier hat G. Simon den Charakter der Streitschrift verkannt, die nicht nur mit genuin literarischer Bemängelung rechnet, sondern auch mit erbitterten Parteigegnern. Erst nachdem Hugo diese gründlich schlecht gemacht hat, drückt er seinen Wunsch aus, sie möchten auf seine wahren Worte hören. - Im Gegensatz zu der von G. Simon an der Historiographie erarbeiteten Feststellung beziehen sich Bescheidenheitswendungen in Streitschriften durchaus auf den Inhalt, nicht nur auf die Form.

rabiles praesules et reliquos sanctae aecclesiae praelatos et clericos simul sensatos, der von Amt und Wissen her (*in cathedris sedentes et divinae philosophiae arcana scientes*) eigentlich zum Urteil berufenen Schicht. Sie sollen ihn nicht (*Non, quaeso, ita existiment*) als *praesumptorem...aut temerarium* verurteilen, der versuche, sie *superbe...instruere,* sondern *haec pie et aequanimiter legant atque suscipiant.* Als Begründung führt Hugo seine wohlwollende Gesinnung an, in der er wünscht, daß sie imstande sein möchten, ihre Amtspflichten zu erfüllen: *Opto enim, ut et ipsi omnes venerabiles patres et domini mei cotidie proficiant in Christo Iesu domino nostro et ut aecclesiae sanctae corpus eorum temporibus ordine congruo dispositum corroboretur et firmo pacis foedere iugiter perfruatur.*

Angesichts dieses Vorspanns, der Hugos schriftstellerisches Selbstbewußtsein vielfältig spiegelt, wird die Sprödigkeit des Investitur-Traktats besonders fühlbar. Unvermittelt beginnt er mit höchst wichtigen, bereits unmittelbar zur Sache gehörigen Darlegungen.

Dieselbe Beobachtung macht man, wenn man den Schluß der beiden Streitschriften betrachtet. Hugo versichert sich am Ende seines Werkes, daß seine Leistung mehr als ausreicht und deutet an, daß, falls irgendwelche Leser sie ungenügend finden sollten, dies nur einen Mangel ihrer eigenen geistigen Qualifikation erkennen ließe:...*quae semel audisse sapienti sufficere debent*[7]. Das Ausmaß seiner Leistung verdeutlicht er durch Ausblick auf durch Vorarbeit erschlossene, aber nicht mehr ausgeschöpfte Möglichkeiten (*Plura parabam adhuc dicere*) und durch Rückblick auf die früheren Ergebnisse (*maxime cum super haec omnia multa in altero libro dixisse me recolo*). Den deutlich seinem Belieben anheimgestellten Beschluß (*non placet*) zum

---

7) Ldl II, p.494,37-40;p.504,8-10. Zum Schluß des Investitur-Traktats vgl. unten S.215 f.

Abbruch des Werkes verkündend, beleuchtet er liebevoll den Vorgang schriftstellerischer Produktion durch zwei parallele Ausdrücke:...*producere librum ac protelare sermonem*...

Der Investitur-Traktat schließt ohne jederlei Reflexion über Genese und Ausgestaltung des Vorgebrachten. Abrupt bricht er ab mit einer nicht nur formal, sondern auch sachlich in Beziehung zum ebenso unvermittelten Anfang stehenden chronologischen Bestimmung, die die Abfassungszeit fixiert.

Hugo hingegen benutzt auch noch Kompositionsfugen innerhalb seines Werkes, um die ihn bei der Abfassung leitenden Erwägungen mitzuteilen. Am Ende des ersten Buches macht er sich klar, daß seine Leser bestimmt Überdruß empfänden bei einer weiteren Ausdehnung seiner Schrift, deren Umfang er pleonastisch zur Anschauung bringt:...*quia iam noster sermo forsitan nimis in longum protrahitur, restat, ut amodo terminetur, ne prolixitate sua generet legenti fastidium*[8]. Bündig verkündet er nochmals den Abschluß: *Claudendus, inquam, est liber iste*... Er deutet die Schwierigkeit seiner Leistung an durch Hinweis auf die Mithilfe Gottes: *quem ego Dei opitulante clementia...composui*... Psychisches Agens war ihm nicht Hochmut, sondern Nächstenliebe: *non tumore superbiae, sed fraterno compunctus affectu.* Diese bewegt ihn, nochmals kurz zu erklären, wie er sich das Funktionieren der menschlichen Gesellschaft wünscht, woran er eine gedrängte Begründung fügt. Er weist sodann auf die große Sorgfalt hin (*diligenter...curavi...*), die er der Absicherung seiner Schrift gewidmet hat (...*praesentem libellum exemplis sanctae scripturae...corroborare*). So hofft er, die Möglichkeit ausge-

---

8) Ldl II, p.482,30-42. Daß Hugo hier auf seine eigene schriftstellerische Tätigkeit Termini auch der Urkundensprache anwendet, entkräftet das Argument von G. Simon, die aus einer entsprechenden Wendung im Prolog geschlossen hat, daß Hugo mit seiner Widmung lediglich "den Schutz der Herrscherautorität" erreichen will(Untersuchungen, Archiv 5/6 S.116 f.)

schlossen zu haben, daß seine schriftstellerische Mühe umsonst war: *ne forte inveniatur vacuus et inutilis labor meus*. Dadurch fühlt er sich auch zu Forderungen an seine potentiellen Leser berechtigt: *eum pio et benigno animo suscepturi...* Diejenigen, die sie erfüllen, versichert er abschließend feierlich seines Wohlwollens: *Opto proinde...ut...valeant semper in Christo Iesu domino nostro. Amen.* - Am Anfang des zweiten Buches weist er darauf hin, daß Existenz und Ausgestaltung seines Werkes abhängig sind von seinem eigenen inneren Zustand (*...alias animum applicare....cum ecce venit michi in mentem illud....et mox recaluit animus meus...*) und den darauf beruhenden subjektiven und souveränen Entscheidungen (*...deliberaveram....oportunum esse iudicavi...*). Dabei läßt er den Arbeitsaufwand, den ihn die Abfassung kostet, spüren (*...a presenti negotio quiescere...*) und rückt den Umfang seiner Produktion und seine Urheberschaft scharf ins Licht:*...finito precedenti libello...de qua iam unum librum edideram, facerem et secundum, quatinus duobus libris res una validius firmetur et corroboretur*[9].

Subjektivität der Ausführungen

Ein ähnlich starker Unterschied zeigt sich, wenn man betrachtet, in welchem Ausmaß in beiden Schriften die sachlichen Darlegungen auf die Persönlichkeit des Verfassers bezogen sind.

Hugo von Fleury, der sich in der Intitulatio des Widmungsbriefes mit einer ungewöhnlich voll klingenden Wendung[10] vorgestellt und dabei seinen Namen, Stand und Aufenthaltsort mitgeteilt hat, ist bereits im ersten Wort der Sach-Ausführungen als

---

9) Ldl II, p.483,2-7. Auch hier wieder eine Parallele zur Urkundensprache, bezogen auf Hugos eigene publizistische Arbeit.

10) Ldl II, p.466,18/19;p.467,25. Zur Intitulatio siehe die Vergleichsstellen bei G. Simon, Untersuchungen, Archiv 5/6 S. 140 ff.

selbstbewußter Sprecher zu fassen: *Scio quosdam nostris temporibus...* Es wird auch weiterhin immer wieder deutlich, daß hier eine selbstbewußte Persönlichkeit eigene Erkenntnisse und Meinungen vorträgt. Eine Grundthese der ganzen Schrift stellt der Verfasser ausdrücklich auf eigene Verantwortung auf:...*sicut existimo...*[11]. Er macht klar, daß seine eigenen geistigen Fähigkeiten Art und Maß der Darlegungen bestimmen: *Verum quia iam satis de his, sicut reor, secundum ingenii mei facultatem visus sum perorasse, restat nunc, ut...pauca subiciam,* fürchtet auch, persönlich für die vorgetragenen Anschauungen verantwortlich gemacht zu werden: *Verum nunc vereor, ne quis me redarguens dicat:'Non est tuum, frater,...increpare...*[12]. Sehr häufig schiebt er ein *inquam* ein, um zu betonen, daß er das Gewicht seiner Persönlichkeit für die betreffende Aussage einsetzt, einmal sogar in ein nicht als solches kenntlich gemachtes Zitat aus einem Brief Gregors VII., so die Autorität des Papstes durch die eigene ersetzend[13]. Des öfteren zeigt er sich als selbstbewußter Architekt der Argumentation:...*quod...contigerit, breviter intimare curabo...; A...exordium sumam...; Sed ne in singulis inmorer...; Omitto, inquam, multa alia...*[14]. Zweimal umreißt er, prononziert in der wiederholt verwendeten 1. Person Singular, seinen Standpunkt durch Verwahrung gegen Mißdeutung und Präzisierung der rechten Interpretation: *Proinde ego non astruo, ut...Sed dico quod...; Non tamen dico, ut...Nec dico, ut...nec dico, ut...sed ut...*[15]. Auch wo sich Hugo in die bescheidnere 1. Person Plural zurückzieht, kommt doch noch sehr

---

11) Ldl II, p.472,14.

12) Ldl II, p.477,15/16;p.490,36/37.

13) Ldl II, p.467,36;468,5,13;469,4,17,22,36;471,31;477,44;480,15;481,9;482,9;483,21;491,27;494,11,25,28. - p.487,24 = J.-L. 4971.

14) Ldl II, p.478,25/26;p.483,29;p.484,32/33;p.486,7.

15) Ldl II, p.482,24/25;p.493,32-38.

deutlich sein selbstbewußtes 'ego' zum Ausdruck. So läßt er z. B. in solchen Wendungen deutlich werden, daß er - aufgrund seines reichen Wissens mühelos - seine Leser belehren kann:...*decet, ut...pauca nescientibus retegamus...; operae precium est.. nostris auditoribus propalare, et...nescientibus intimare.* Der stärkste Hinweis dieser Art zeigt zugleich klar, daß dieser 'Pluralis modestiae' nur eine gewisse Ruhestellung ist, aus der die Subjektivität des Verfassers wieder voll hervorbrechen kann:...*pro modulo nostrae scientiae nostris nunc auditoribus referamus. Summatim tamen quedam perstringam, quia cuncta ad hec pertinentia generatim complecti non valeo*[16].

Im Investitur-Traktat hingegen kommt an keiner Stelle das 'ego' des Verfassers zum Vorschein. Nur mit einbezogen in die 1. Person Plural meldet sich dieser einmal zaghaft zu Wort. Dabei wird aber nur seine Zugehörigkeit zur Gemeinschaft der Christen bekundet, und auch das nur ganz blaß und nebenbei:.... *maxime propter potestates superiores, in quorum pace...tranquillam vitam agere debemus*[17]. Durch diese Zurückhaltung wird der Eindruck erweckt, als ob die unangefochtenen Ansichten der Allgemeinheit gegen einige Neuerer vertreten würden. Der Verfasser spricht unter völliger Zurückstellung der eigenen Persönlichkeit im Namen der *pusilli Christi* schlechthin. Die Sorge um ihr gefährdetes Seelenheil wird so stark betont, daß sie als der eigentliche Beweggrund zur Abfassung der Schrift erscheint: ...*unde mirum est, immo periculosum in salutem animarum...; mirum est et periculosum in Christi pusillos...; ecce oritur confusio pusillis Christi...*[18]. Es muß verhindert werden, daß sie in geistliche Unruhe versetzt werden: *Elatio...et indiscretio.. pariunt scandalum in confusione...; ne pusilli Christi scanda-*

16) Ldl II, p.488,3-5;p.491,35-36;p.483,26-28.

17) Ldl II, p.503,6/7.

18) Ldl II, p.500,8;p.500,17/18;p.499,13.

lizentur[19]. Die Sorge für ihr Heil bildet die eigentliche Aufgabe der geistlichen Würdenträger:...*ad pacem et quietem pusillorum Christi tendere debent*[20]. Die Schlußforderung, die die Gesamterörterung abschließt, wird erhoben:...*propter pusillos Christi.* Aber der Verfasser hat sich nicht nur zum unpersönlichen Sprachrohr der Befürchtungen und Forderungen der *pusilli Christi* gemacht, sie sind es letzten Endes auch, deren Anschauungen er vorträgt:...*non videtur pusillis Christi canonicum et salubre...; timent, dubitant, dolent pusilli Christi*[21].

Adressat der Polemik

Die Angriffsrichtung des Investitur-Traktats ist ganz klar. Sie wird zweimal eindeutig artikuliert:...*successores ipsius Gregorii* (sc. Gregors des Großen) *cavere debent...; Notandum autem est pontificibus Romanis et eorum civibus...*[22]. Aber auch weniger scharfe Formulierungen lassen keinen Zweifel aufkommen, welche Instanz gemeint ist. Das gilt natürlich für die bildliche Umschreibung der angesprochenen Institution als *stola Petri*[23] bei dem Hinweis, die Bischöfe des *Romanum imperium* müßten besonders rücksichtsvoll behandelt werden. Aber auch allgemeinere Formulierungen beziehen sich, genau betrachtet, vor allem

---

19) Ldl II, p.501,13/14;p.500,31/32.

20) Ldl II, p.501,27-28.

21) Ldl II, p.500,11;p.502,22. Zum Terminus *pusillus* und typischen Wortverbindungen vgl. G. Stählin, Skandalon, Gütersloh 1930, S.467. Schon P. Ewald hat die Signifikanz dieses Begriffs für den Investitur-Traktat hervorgehoben. Er erkennt allerdings nicht alle von den 7 Verwendungen:"Eine Bezeichnung, welche der Tractatus besonders liebt und in seiner kurzen Ausdehnung 4 Mal anwendet 'pusilli Christi', findet sich bei Walram gar nicht" (Walram von Naumburg. Zur Geschichte der publizistischen Literatur des XI. Jahrhunderts, Bonn 1874, S.84).

22) Ldl II, p.503,8;p.502,15.

23) Ldl II, p.500,29;ähnlich auch p.501,18.

auf die Inhaber des Papstamtes. So wird die Forderung *omnia divina et ecclesiastica ad pacem et quietem....tendere debent* an die *magistri ecclesiarum*[24] gerichtet. Da aber gerade die Päpste im Investitur-Traktat auf verschiedene Weise vor Erregung eines *scandalum*[25] gewarnt werden, wird man sich vor allem diese unter den 'Kirchenlehrern' vorstellen müssen. Auch die Schlußforderung richtet sich an einen größeren Kreis von geistlichen Funktionsträgern: *Igitur haec scandala gravia pastores animarum cavere debent...* Da vorher mehrfach von den Handlungen der Päpste eine Beunruhigung der Gläubigen befürchtet worden ist, werden auch unter den *pastores animarum* vor allem sie zu verstehen sein. Der Investitur-Traktat ist demnach voll auf das Papsttum konzentriert. Er enthält keine polemische Bezugsstelle, die nicht ausschließlich oder doch vor allem die Träger dieser Würde anspricht.

Der Traktat Hugos von Fleury ist differenzierter in seiner Angriffsrichtung, und die Ausrichtung, die in den Ausführungen zur Sache völlig überwiegt, läßt sich nicht zum Vergleich heranziehen. Hugo wendet sich dabei direkt in gezielter Aufschlüsselung an die einzelnen engeren oder umfassenderen Personenkreise, für die die Art des Verhältnisses zwischen geistlicher und weltlicher Gewalt in unterschiedlicher Weise praktische Bedeutung besaß, und stellt die sich aus seiner Auffassung ergebenden Forderungen an sie. Sehr oft richtet er sich mit seinem *debet* oder *oportet* an die Könige, die Bischöfe, alle Christen, des öfteren an die Untertanen der Könige, sowie einmal an die Menschen schlechthin, die Beamten und Ratgeber der Könige, die Untertanen der Bischöfe und die Erzbischöfe[26]. Öfter schließt

---

24) Ldl II, p.501,27.

25) Ldl II, p.500,29,32;p.502,15. Zum Begriff *scandalum* und seiner Verbindung zur *pax* vgl. G. Stählin, Skandalon S.415-417.

26) Ldl II, p.481,15;489,16;491,28;469,11,12;472,21,23;473,1,5, 10,15;474,40,42,43;475,2,3,4,7,9;476,18,24;477,22;478,20. - p.

er auch sich selbst in den dabei nicht näher charakterisierten Kreis ein, den er vor falschen Handlungen warnt und zu den richtigen anhält[27].

Unmittelbar vergleichbar ist aber die andere Abzielung, die er seinem Traktat noch gegeben hat: die Auseinandersetzung mit Vertretern bestimmter Meinungen über das Verhältnis zwischen geistlicher und weltlicher Gewalt. Sachlich dazu gehört die ausführlichere Besprechung bestimmter Maßnahmen Gregors VII., die den Schlußteil des zweiten Buches einleitet[28]. Die Identität der Diskussionsgegner bleibt formal völlig unklar. Sie werden ganz unbestimmt als *illi, hi*[29] usw. bezeichnet. Erst die Auseinandersetzung mit den Maßnahmen Gregors VII. konkretisiert diese Angriffsrichtung des Traktats schlagartig.

Hugo hat also vielfach an Stellen, wo er sich - sachlich betrachtet - kritisch auf das Papsttum bezieht, diesen Bezug völlig dunkel gelassen, während der Investitur-Traktat ihn stets deutlich genug gestaltet. Daß Hugo vor einem Angriff auf das Papsttum überhaupt zurückschreckt, kann aber nicht der Grund sein, wie seine - wenn auch auf nur eine Stelle zusammengedrängte - direkte Auseinandersetzung mit Maßnahmen Gregors VII. zeigt. Man wird demnach, ohne den eigentlichen Gründen nachzugehen, die nur eine eingehende Interpretation der Streitschrift Hugos klären kann[30], von einer im Vergleich zum Investitur-

---

472,27;477,21,23,27,31,36,43; 478,1,4,12; 479,41,42; 481,30,44; 493,14,24. - p.471,41/42;472,1;476,28,29;479,22,26; 480,6,12; 482,26,34;487,20;488,1. - p.469,34,37;470,7,37;493,24/25. - p. 480,22. - p.475,8. - p.479,44. - p.472,15.

27) Ldl II, p.493,26 ff. bis 494,3; 494,18-20.

28) Ldl II, p.490,9-23. Vgl. dazu E. Sackur, Zu den Streitschriften des Deusdedit und Hugo von Fleury:NA 16(1891)S.375.

29) Ldl II, p.466,24,32;467,6,25;482,10;485,14;494,21.

30) Wahrscheinlich stehen Elemente einer besonderen ekklesiologischen Konzeption dahinter. Man muß dabei über das Urteil von A. Fauser noch hinausgehen:"Die Ignorierung Roms ist so auffällig, daß man System dahinter sehen muß"(Publizisten S.139). Hu-

Traktat weniger konsequenten Taktik sprechen dürfen.

Schärfe der Polemik

Der eindeutigen Zuordnung der Kritik entspricht im Investitur-Traktat ein auffallendes Bemühen um ihre formale Entschärfung. Sie wird gerne durch Verwendung von Konditionalsätzen als fast hypothetisch dem Irrealen angenähert, zugleich dem Bereich persönlicher Empfindlichkeit in den abstrakter Erwägungen entzogen, da statt bestimmter Einzelfälle Verhaltenstypen oder Tatsachenkategorien gekennzeichnet werden: *Hoc evenit...quando succedentes pontifices precedentium pontificum decreta et excommunicationes inmutant et solvunt...; Si Romana iudicia non sunt retractanda, non videtur...; Si in successione quisque solvit...ecce oritur confusio...; Si Romani pontifices intendunt...; si autem...pontifex Romanus exorbitaverit et...ad voluntatem suam egerit...; Et si ab illa summa auctoritate...in-*

---

go umreißt an einer Stelle (p.479,44-p.480,21) sehr klar sein Kirchenbild, durchaus ein kurzer systematischer Abriß, in dem des Papsttums nicht gedacht wird(vgl. dazu die Bemerkung von G. Tellenbach, Libertas S.67). Man wird aber nicht mit A. Fauser und E. Sackur(Zu den Streitschriften S.372 und 374) von 'Nationalkirche' oder 'Gallikanismus', sondern zutreffender von Episkopalismus sprechen müssen. Dazu zwingt geradezu die Funktionsbestimmung und laudatio der Bischofswürde (p.477,43-p.478,18), die ebenfalls eine sehr klare ekklesiologische Aussage darstellt (die Rolle des Erzbischofs hat A. Fauser wohl überschätzt). Es begegnen aber auch widersprechende Momente. So wird die Würde des Papstes in einem - allerdings übernommenen - Text sehr hoch veranschlagt: *Et quae maior nominis christiani iniuria quam summum pontificem, id est sanctae Romanae praesulem aecclesiae, iumentorum stabularium esse* (p.486,5-7). In der historischen Beweisführung zudem spielt das Papsttum durchaus gegenüber den übrigen Gliedern der Kirche eine dominierende Rolle(vgl. dazu unten S.168,201). Bisweilen ist dem Papsttum auch eine beherrschende Stellung zugebilligt, so im Zusammenhang der konstantinischen Schenkung, bei der Bestätigung eines Konzilsbeschlusses von Nikäa durch drei Päpste und beim Investiturverbot Gregors VII., das nicht an sich, sondern dessen Inhalt lediglich kritisiert wird.

troducuntur persone contra oculos Dei...[31]. Ebenfalls hypothetische Kritik - nicht formal, aber dem Sinn nach - schließt sich an die Erinnerung, daß nicht alle Päpste würdige Nachfolger Petri sein müssen. Für den denkbaren Fall einer solchen Unwürdigkeit - so muß man sich sinngemäß ergänzen - werden die Gründe, die dazu führen - *elatio* und *indiscretio* -, und deren Folgen erörtert[32]. - Selbst an Stellen, wo es zur hinreichenden Kennzeichnung des Sachverhaltes nicht zu vermeiden war, den Namen Gregors VII. zu nennen, wird die Kritik formuliert, ohne diesen - vordergründig grammatikalisch betrachtet - eigentlich anzugreifen. Es werden Passivkonstruktionen verwendet, die lediglich das betroffene Subjekt und ganz allgemein den darauf bezüglichen Vorgang, aber nicht dessen Urheber bezeichnen; der dennoch notwendige Hinweis auf den Papst wird in die indifferente Form einer Temporalbestimmung gekleidet:...*hoc a tempore Gregorii, qui et Hildebrandus, sub absolutione inmutantur...; ut a tempore Gregorii, qui et Hildebrandus, ea solvantur*...[33]. An einer kurz auf die zweite folgenden dritten Stelle konnte auf die Nennung von Namen verzichtet werden, weil der Bezug aus dem Zusammenhang heraus eindeutig erschließbar ist. Statt dessen wird der allgemeine Begriff der 'Partei' verwendet, der nicht, wie man auf den ersten Blick anzunehmen geneigt ist, gegenwärtig nebeneinander bestehende Gruppierungen von Anhängern bestimmter Meinungen, sondern Abgrenzungen innerhalb der historischen Papstreihe bezeichnet. Diese Gruppierung ergibt sich durch die Mißachtung der Reformpäpste gegenüber den Festsetzun-

---

31) Ldl II, p.500,5-7;p.500,10/11; p.500,16-18; p.502,21/22; p. 502,24/25;p.502,28/29.

32) Ldl II, p.500,29 ff. Vgl. dazu unten S.173.

33) Ldl II, p.499,14/15;p.500,11/12. - Der Ausdruck *sub specie religionis* hat hier aber (p.500,21;502,28) - in Anbetracht des übrigen Textes - wohl keine eschatologische Bedeutung, als kennzeichnendes Attribut des Antichrist, die G. Werdermann allgemein dieser Wendung beimißt (vgl. Heinrich IV. z.B. S.14 und S.19 Anm.2).

gen ihrer Vorgänger:...*ecce oritur confusio.., cui parti potius assentiendum sit, antique an nove.* So kann der Verfasser die Haltung der älteren Päpste zu den weltlichen Gewalten loben und von der der zeitgenössischen eine negative Schilderung geben, ohne daß ihm ein direkter Angriff angelastet werden kann, denn er bezieht sich ja auf den allgemeinen Begriff der *pars*. Das erklärt den relativ scharfen Ton:...*nova autem pars, ex votis fidelium insolescens, sub specie religionis omnia trahit ad se manibus expansis...* - Die schärfsten Worte, zu denen sich der Verfasser hinreißen läßt, finden sich in zwei negativen Grundsatzerklärungen, deren Zusammenhang mit der konkreten Kritik völlig offen gelassen wird. Nach einem - in der beschriebenen Weise hypothetischen - Hinweis auf die Gefahr, die falsche Amtsführung eines Papstes hervorrufen würde, wird auf das Urteil verwiesen, das Christus über bestimmte Charaktereigenschaften bei Priestern gefällt hat: *Unde dominus Iesus ypochrisin et avariciam et cupiditatem sacerdotum in euangeliis super omnia arguit, vocans illos...*[34]. Im weiteren Verlauf dieser Ausführungen wird, anknüpfend an ein Wort Christi, durch negative Abgrenzung eine Definition des Begriffs *pacificus* gegeben: *Sunt autem pacifici, qui ex contentione, arrogantia, cupiditate, ex nimiis motibus animarum non movent, non adinveniunt commutationes contra antiqua iura propter pacem constituta*[35]. Der Bezug dieser Fehlerkataloge auf die zeitgenössischen Päpste wird aber lediglich suggeriert und völlig der Verantwortung des Lesers überlassen.

Die Kritik Hugos von Fleury am Papsttum - er macht allerdings, wie gesagt, in den meisten Fällen nicht kenntlich, daß sie sich gegen diese Instanz richtet - wirkt im Vergleich damit

---

34) Ldl II, p.502,30 ff.

35) Ldl II, p.503,4-6. Über eine ähnliche Auslegung des Matth. 5,9 genannten Begriffes *pacificus* vgl. G. Stählin, Skandalon S. 417.

äußerst scharf. Sie ist ohne jede Hemmung direkt. Zweimal wirft er den Diskussionsgegnern, deren Anschauung er als 'frivol' bezeichnet, *temeritas* vor, zweimal geistigen Hochmut, und er vergleicht sie nicht nur mit den Pharisäern, sondern setzt sie mit diesen geradezu gleich[36]. Er steigert diese Vorwürfe aber noch: Die Vertreter der anderen Meinung lassen ihrer Wut freien Lauf, wollen die Gerechtigkeit Gottes durch ihre eigene ersetzen und rebellieren gegen ihn[37]. Viermal wirft Hugo ihnen vor, daß sie die von Gott gestiftete Ordnung umstoßen wollen, am nachdrücklichsten am Ende des ersten Buches: *illi qui hanc positionem ab omnipotente Deo congruo ordine distinctam atque dispositam conantur pervertere*[38]. Ihre Wirksamkeit brandmarkt er zweimal als schlimmstes Verbrechen, an der zweiten Stelle, am Schluß des Traktats, innerhalb des Verhältnisses Schuld-Buße in mehrfacher Spiegelung:...*ne negligat agere penitenciam, et nequaquam loetali et mortiferae plagae per pudorem addat tumorem. Nichil enim est infelicius, nichil scelestius, quam de vulnere quod latere non potest non erubescere et de ligatura eius erubescere. Satagat, inquam, qui hoc scelus admisit Deo satisfacere per penetentiae dolorem et per humilitatis gemitum et per contriti cordis sacrificium, cooperantibus elemosinis*[39]. - Auch bei der direkten Auseinandersetzung mit zwei bestimmten Maßnahmen Gregors VII. läßt Hugo schroffe Ablehnung erkennen. Bezüglich der Weigerung des Papstes, die Zustimmung des 'Kaisers' zu seiner Wahl einzuholen, verweist er auf die Kritik einiger Ungenannter, deren Intensität er als zeitliches Andauern verdeutlicht: *Unde reprehendi a quibusdam solet...*[40]. Bezüglich des Dekrets

---

36) Ldl II, p.467,28. - p.466,24;467,9. - p.466,25;467,9. - p. 466,34.

37) Ldl II, p.466,32;482,11/12;485,14.

38) Ldl II, p.482,11; - 466,25;466,32/33;467,6/7.

39) Ldl II, p.466,34;494,22 ff.

40) Ldl II, p.490,9.

gegen die Laieninvestitur läßt er die Einschränkung auf einen kleineren Kreis von Kritikern fallen, behält aber die nunmehr verallgemeinernd wirkende Passivkonstruktion bei: *Reprehenditur etiam illud decretum ipsius...*[41]. In beiden Fällen gibt er zudem eine Begründung für die Angriffe, die keinerlei Distanz, sondern stärkste persönliche Anteilnahme verrät. Anläßlich des ersten Vorwurfs macht er Gregor ohne Einschränkung oder Zweifel verantwortlich für alle verderblichen Folgen des noch immer anhaltenden Zwistes, die er in düsteren Farben malt: *fiunt cotidie cedes christianorum, et loca Dei sacrata humano sanguine polluuntur et contaminantur, aecclesiae solo tenus evertuntur, et christicolae a suis domibus excluduntur, et castella et vici et ville flammis ardentibus consumuntur.* Eine der dabei verwandten Wortfügungen entspricht weitgehend dem vergleichbaren Teil einer der vorangegangenen allgemeinen Mahnungen an die Bischöfe. Dieser Gleichklang wird den Leser veranlassen sollen, auch hier die dort kausal vorangehende Handlung und das abschließende Urteil zu ergänzen: *Nam armis praesulem quemlibet contra regem vel imperatorem contendere, et sacra loca ac Deo dicata humano sanguine polluere nefarium et temerarium est*[42]. Sollen hier die Folgen der päpstlichen Handlung für sich sprechen, so fällt Hugo über das Dekret abschließend ausdrücklich ein vernichtendes Urteil: *Supervacua esse videtur.*

Hugos Kritik läßt also sowohl an allgemeiner Schärfe als auch an konkreter Zuspitzung die im Investitur-Traktat zum Ausdruck kommende weit hinter sich. Dieser erweckt vergleichsweise den Eindruck einer sehr intensiven, zugleich aber schonenden polemischen Zuwendung.

---

41) Ldl II, p.490,17/18. C. Mirbt äußert sich sehr unklar über Tenor und Modus von Hugos Polemik (vgl. Publizistik S.515).

42) Ldl II, p.490,11-13;p.471,22-24.

Auseinandersetzung mit gegnerischer Polemik

Der Investitur-Traktat legt fast nur bestimmte Ansichten dar, ohne merklich eine Diskussion der Probleme vorauszusetzen oder gar auf eine bestimmte Fixierung der entgegengesetzten Positionen Bezug zu nehmen. Nur zwei gegnerische Anschauungen - Hauptthesen der Reformbewegung, die sich ähnlich in den zeitgenössischen Kanonessammlungen finden - werden in bündiger Schärfe den Päpsten als Begründung für bestimmte Verhaltensweisen in den Mund gelegt: *Romana iudicia non sunt retractanda...; Summus pontifex a nemine iudicetur*[43]. Beide werden zwar widerlegt, aber zugleich - ihre Gültigkeit vorausgesetzt - der eigenen Argumentation nutzbar gemacht. Im übrigen stellen sie nicht das eigentliche Thema des Investitur-Traktats dar; die dafür belangvollen Anschauungen der Gegenseite werden nicht als solche definiert, sondern erscheinen nur als impliziertes Effiziens von möglichen Handlungen und Reaktionen.

Hugo von Fleury stellt klar, daß er in eine heftige Diskussion eingreift und bestimmte Anschauungen widerlegen will, die er im Prolog als *error* mehrfach in den Vordergrund rückt[44]. Er definiert diese, die er auf eine Grundthese komprimiert, auch zweimal ganz deutlich, einmal, kürzer, im Prolog: *Putant enim, quod terreni regni dispositio non a Deo, sed ab hominibus sit ordinata sive disposita. Et ideo sacerdotalem dignitatem maiestati regiae praeferunt.* Ausführlicher gibt er dieselbe These vom negativen Ursprung der königlichen Gewalt am Anfang des

---

43) Ldl II, p.500,9-10;p.502,27-28. Vgl. die Formulierungen bei Deusdedit:...*sedis apostolicae...iudicium a nemine fore retractandum....Neque presul summus a quoquam iudicetur* (Kanonessammlung, ed. V. W. von Glanvell p.479 und 74) und im *Dictatus papae: Quod sententia illius a nullo debeat retractari...Quod a nemine ipse iudicari debeat* (ed. E. Caspar, MG Epp. sel. II, 1, 1920, p.206).

44) Ldl II, p.466,23,24,28,30,31. Vgl. dazu oben S.98.

Traktats durch ein Zitat aus dem Brief Gregors VII. an Bischof Hermann von Metz von 1081 wieder, ohne diesen Ursprung allerdings anzumerken[45]. Sein ganzes Werk ist der Widerlegung dieser *frivola sententia* gewidmet. Im Verlauf seiner Ausführungen formuliert er jedoch die gegnerischen Anschauungen nicht im einzelnen ausdrücklich, sondern richtet sich nur gegen die aus ihnen abgeleiteten Handlungen und Bestrebungen. So setzt er sich nicht mit dem theoretischen Problem der Auflösbarkeit von Treueiden durch den Papst auseinander, sondern kritisiert nur allgemein entsprechende Aktionen: *Nam quidam illorum illos, qui iuramento dominis suis constricti tenentur, a sacramento fidelitatis absolvunt. Quod quam sit absurdum...*[46]. Auch gegnerische Argumente bringt er nicht als solche ins Spiel, sondern er definiert sie als allgemeinen Grundsatz, ohne einen Bezug auf Diskussionsgegner erkennen zu lassen. So wendet er sich zweimal gegen die Anschauung, das Königtum als Institution müsse wegen negativer Inhaber verachtet werden, ohne auf die ähnliche Argumentation Gregors VII. in seinem Brief an Hermann von Metz hinzuweisen: *reges legitimi propter reprobos spernendi non sunt..; nec nos movere debet, quia multi pravi et pauci boni reges inveniuntur*[47]. Eine Ausnahme macht er nur gegenüber der Seite,

---

45) Ldl II, p.466,25-27;467,25-28=Reg. VIII, 21,ed. E. Caspar, MG Epp. sel. II, 2, 1923, p.552. Vgl. allgemein zu diesem Brief J. Spörl, Gregor VII. und das Problem der Autorität,in:Reformata Reformanda, Festgabe f. H. Jedin, I, Münster 1965, S.59-73.

46) Ldl II, p.479, 16-18. Vgl. dazu auch E. Sackur, Zu den Streitschriften S.384.

47) Ldl II, p.475,17;493,26. Vgl. dazu die Äußerungen von Gregor VII.: *Perspiciat ergo diligenter, quam periculosa quamve timenda sit imperatoria vel regia dignitas, in qua paucissimi salvantur et illi, qui Deo miserante ad salutem veniunt, non aeque ut multi pauperum iudicio sancti Spiritus in sancta ecclesia clarificantur. A mundi enim principio usque ad hec nostra tempora in tota autentica scriptura non invenimus (septem) imperatores vel reges, quorum vita adeo fuerit religione praecipua et virtute signorum decorata sicut innumerabilis multitudinis seculi contemptorum, licet plures eorum credamus apud omnipotentem Deum misericordie salutem invenisse...Unde profec-*

der seine Polemik eigentlich gar nicht gilt. Den Königen legt er zwei Standpunkte, die den päpstlichen im Investitur-Traktat sehr ähnlich klingen, als direkte Rede in den Mund und widerlegt sie dann: *Nos a nemine debemus iudicari, et sub nullius sumus positi potestate...; Non...honorabiles ac sublimes increpare personas, quorum peccata Deus iudicanda suo reservavit iudicio*[48]. Angesichts der durchgängigen Parallelisierung zwischen geistlicher und weltlicher Gewalt darf man vermuten, daß versteckt auch die entsprechende päpstliche Position dadurch in Zweifel gezogen werden soll.

Aufbau der Streitschrift

Forschungsstand

Wie aus dem oben Gesagten bereits hervorgeht, enthält der Investitur-Traktat keinerlei Angaben über einen planmäßigen Aufbau und drückt keine Gedanken über die sachliche oder formale Struktur des Ganzen aus. Diese ist aber auch nicht objektiv markiert, weder logisch durch ausdrückliche Kennzeichnung einzelner Stufen des Gedankengangs, noch formal, etwa durch Einteilung in Kapitel. Andererseits fehlen aber auch Äußerungen, die ein Versagen des Formwillens vor dem Stoff fühlen lassen. Das fällt besonders auf beim Vergleich mit Hugo von Fleury, der trotz seines so wachen schriftstellerischen Bewußtseins sein Thema nicht zu bewältigen vermag ohne häufige Eingeständnisse von Wiederholungen, mühsame Wiederanknüpfung an Elemente unterbrochener Gedankengänge und umständliche Interpretation seiner

---

to valde est timendum atque ad memoriam eorum crebro revocandum, quod sicut prefati sumus, a mundi principio paucissimi per diversa terrarum regna reges sancti ex innumerabili eorum multitudine reperiuntur, cum...(Reg. VIII,21, ed. E. Caspar, p. 558/559 und 559/560).

48) Ldl II, p.490,25/26;p.490,36-38.

eigenen Äußerungen[49].

Diese Sprödigkeit des Investitur-Traktats hat W. v. Giesebrecht zu dem Urteil veranlaßt: "Das ganze macht den Eindruck ungeordneten Materials". Demgegenüber hat aber E. Bernheim, der das seitdem positive Urteil über den Investitur-Traktat geprägt und fixiert hat, den außerordentlich konsequenten Aufbau der Schrift hervorgehoben:"...denn der Traktat de investitura episcoporum zeichnet sich im Vergleich mit fast allen Streitschriften jener Zeiten gerade durch einen ungewöhnlich geordneten Gedankengang aus...Berücksichtigt man so den literarischen Standpunkt jener Zeit, so wird man finden, daß unsere Streitschrift in diesen Dingen noch einen Fortschritt gegen manche Produkte der vorhergehenden Periode zeigt, daß dieselbe ihren Zweck und Hauptgedanken keinen Augenblick aus dem Auge verliert und denselben nach allen Seiten konsequent entwickelt - auch in der äußeren Form durchaus ein in sich geschlossenes Ganzes"[50]. Trotz der seither allgemeinen Überzeugung von einem konsequenten Aufbau ist man aber zu keiner Einigung über seine konkrete Gestaltung gelangt. Die bisherigen Versuche, ihn durch Aufzeigen der Hauptgesichtspunkte kenntlich zu machen, widersprechen einander, teils in deren inhaltlicher Charakterisierung, teils durch die Zuordnung verschiedener Teile der Schrift. E. Bernheim, der die einzige Analyse gegeben hat, die Anspruch auf Vollständigkeit erheben kann, betrachtet den Investitur-Traktat als Abhandlung über drei Hauptbeweise für die Berechtigung der Laieninvestitur: 1. das *Decretum Hadriani* 2. die Geschichte 3. die "natürlichen Rechte der Krone"[51]. G. Peiser, der sich auf E. Bernheim beruft, erkennt nur zwei Hauptargumente, das forma-

---

49) Ldl II, p.468,4/5,20;470,10;472,33;475,24;481,12/13;483,18/19,37/38;487,7/8,28;490,20. - p.474,40;475,37;488,3/4;491,35. - p.468,13;481,44/45;482,24/25;493,32-38. Vgl. dazu E. Sackur, Zu den Streitschriften S.386.

50) E. Bernheim, Über den Traktat S.286/287.

51) E. Bernheim, Über den Traktat S.287-289.

le Recht und das "innere Recht der Investiturforderung"; einen selbständigen historischen Beweisteil sieht er offenbar nicht. Doch beabsichtigt er offensichtlich keine erschöpfende Analyse und setzt sich auch nicht mit E. Bernheims Gliederung auseinander[52]. A. Fauser nimmt wieder einen historischen Hauptpunkt an, lokalisiert ihn aber am Anfang der Schrift. Als zweiten Teil grenzt er einen "schonungslosen Angriff auf das gregorianische System" ab und als dritten und offenbar letzten den Nachweis der Investitur als "staatlicher Notwendigkeit"[53]. Auch er setzt sich nicht mit den abweichenden Anschauungen seiner Vorgänger auseinander.

Diese Unterschiede basieren auf dem grundlegenden methodischen Mangel, daß jeweils nur zwei oder drei z. T. sehr allgemein charakterisierte Hauptgesichtspunkte herausgestellt worden sind, unter die dann die Paraphrase einzelner ausgewählter Gedankengänge unklar subsumiert wurde. So konnte die wirkliche Funktion der herausgestellten Gesichtspunkte als tragende Elemente der Gesamtstruktur nicht erprobt werden. Grundlage für deren Beurteilung kann nur das Gliederungsschema sein, das sich beim abgrenzenden Nachvollziehen jedes - auch des kleinsten - Gedankengangs und seiner genauen Einordnung in die verschiedenen Ebenen und Stränge des Gesamtzusammenhanges ergibt.

---

52) G. Peiser, Der deutsche Investiturstreit unter König Heinrich V. bis zu dem päpstlichen Privileg vom 13. April 1111, Berlin 1883, S.51-52.

53) A. Fauser, Publizisten S.124.

Gliederungsschema

I. HAUPTTEIL: BEGRÜNDUNG DES INVESTITURRECHTS DER HERRSCHER DURCH POSITIVE PÄPSTLICHE RECHTSSATZUNGEN
(p. 498,2 - p. 501,14)

1. Teil: Charakterisierung der dieses Recht begründenden Bestimmungen
(p. 498,2 - p. 499,12)

1. Abschnitt: Das *Decretum Hadriani* für die abendländischen Kaiser
(p. 498,2 - p. 499,10)

1. Unterabschnitt: Historische Voraussetzungen
(p. 498,2 - p. 498,14)

2. Unterabschnitt: Zustandekommen und Inhalt
(p. 498,15 - p. 498,25)

3. Unterabschnitt: Rechtfertigung
(p. 498,26 - p. 499,10)

1. Punkt: Die Ausübung des den Kaisern darin verliehenen Investiturrechts durch die Herrscher hat Freiheit und Besitz der Kirchen gesichert
(p. 498,26 - p. 499,3)

2. Punkt: Die darin implizierte Priorität des Weltlichen vor dem Geistlichen ist theologisch gerechtfertigt
(p. 499,3 - p. 499,5)

3. Punkt: Es entspricht der traditionellen Haltung des Papsttums zu den Herrschern
(p. 499,5 - p. 499,10)

2. Abschnitt: Hinweis auf spätere päpstliche Bekräftigungen des Investiturrechts der Herrscher
(p. 499,11 - p. 499,12)

2. Teil: Nachweis ihrer unbedingten Verbindlichkeit
mirum est, immo periculosum in salutem animarum: quod...inmutatur
(p. 499,13 - p. 500,16)

1. Abschnitt: Sachzwang

ex magna necessitate et patenti ratione

(p. 499,13 - p. 500,2)

1. Unterabschnitt: Schenkung des Kirchenbesitzes durch die Laien unter Vorbehalt des Schutzrechts dient der heilsamen Zusammenarbeit weltlicher und geistlicher Gewalt

(p. 499,15 - p. 499,21)

2. Unterabschnitt: Der aus diesem Besitz gezogene Nutzen verpflichtet die Kirche, bei der Investitur vorkommende Fehler der weltlichen Gewalt nur vorsichtig zu korrigieren

non debent inferre contumeliam

(p. 499,21 - p. 499,25)

3. Unterabschnitt: Die Macht der Herrscher stellt eine bessere Sicherung dar als geistliche Strafen

(p. 499,25 - p. 500,2)

1. Punkt: Die Bischöfe werden durch die kaiserliche Gewalt weit wirkungsvoller geschützt als durch päpstliche Exkommunikationsdrohung

(p. 499,25 - p. 499,28)

2. Punkt: Die Exkommunikation ist um so wirkungsvoller, je seltener sie angewandt wird

(p. 499,28 - p. 500,1)

3. Punkt: Die königliche Strafgewalt verfügt über ein vielfältiges und unvergleichlich wirkungsvolles Instrumentarium

(p. 500,1 - p. 500,2)

2. Abschnitt: Strafdrohung

sub anathemate

(p. 500,3 - p. 500,16)

1. Unterabschnitt: Sie kann nicht unter Berufung auf die päpstliche Lösegewalt aufgehoben werden

(p. 500,3 - p. 500,7)

1. Punkt: Die Päpste müssen sich vor Mißbrauch ihrer Binde- und Lösegewalt hüten
(p. 500,3 - p. 500,5)

2. Punkt: Die Aufhebung früherer unter Banndrohung erlassener Dekrete bedeutet einen solchen Mißbrauch
(p. 500,5 - p. 500,7)

2. Unterabschnitt: Ihre Aufhebung kann nicht mit dem Prinzip der Unumstößlichkeit päpstlicher *iudicia* verteidigt werden
(p. 500,7 - p. 500,16)

1. Punkt: Dieses Prinzip ist falsch
(p. 500,7 - p. 500,10)

2. Punkt: Gerade die Berufung auf dieses Prinzip sichert die Unumstößlichkeit des *Decretum Hadriani*
(p. 500,10 - p. 500,16)

3. Teil: Verunsicherung über ihre Verbindlichkeit zwingt den Gläubigen zu eigenem Urteil, ob ihre Bestimmungen angemessen sind
ecce oritur confusio pusillis Christi
(p. 500,16 - p. 501,14)

1. Abschnitt: Notwendigkeit der diesen Papstprivilegien zugrunde liegenden bescheidenen Zurückhaltung des Papsttums gegenüber der weltlichen Gewalt
(p. 500,16 - p. 500,34)

1. Unterabschnitt: Unterschiedliche Haltung der Päpste zur weltlichen Gewalt
(p. 500,16 - p. 500,22)

1. Punkt: Die frühere bescheidene Haltung
(p. 500,18 - p. 500,20)

2. Punkt: Anmaßender Ausgriff der zeitgenössischen Päpste auf den weltlichen Bereich
omnia trahit ad se manibus expansis
(p. 500,20 - p. 500,22)

2. Unterabschnitt: Anerkennung eines gewissen Rechts der weltlichen Gewalt gegenüber dem geistlichen Bereich ist notwendig
(p. 500,22 - p. 500,27)

1. Punkt: Der weltlichen Gewalt muß das Gebührende erwiesen werden
cesari que sunt cesaris
(p. 500,22)

2. Punkt: Sie behält ein gewisses Eigentum am Kirchenbesitz
(p. 500,23 - p. 500,24)

3. Punkt: Das Bischofsamt kann unter dieser Obhut der weltlichen Gewalt tadellos geführt werden
pure et integre
(p. 500,24 - p. 500,27)

3. Unterabschnitt: Anmaßendes Ausgreifen des Papsttums ist nicht zu rechtfertigen
(p. 500,27 - p. 500,34)

1. Punkt: Es ist unvereinbar mit der besonderen Macht der Bistümer des *Romanum imperium*
(p. 500,27 - p. 500,29)

2. Punkt: Es beruht auf Selbstüberschätzung der Päpste
(p. 500,29 - p. 500,31)

3. Punkt: Anmaßung bei kirchlichen Würdenträgern ist verderblich
pariunt scandalum in confusione
(p. 500,31 - p. 500,34)

2. Abschnitt: Rechtfertigung dieser Papstprivilegien durch die vorausgehende Rechtsentwicklung
(p. 500,35 - p. 501,14)

1. Unterabschnitt: Das Gewohnheitsrecht billigte die Investitur der Bischöfe auch Herrschern zweifelhafter Legitimität zu
non erant uncti
(p. 500,35 - p. 501,4)

2. Unterabschnitt: Die Umorientierung des Papsttums von Byzanz zum Abendland legitimierte die dortige weltliche Gewalt und deren Investiturrecht
antiquam consuetudinem confirmavit
(p. 501,4 - p. 501,14)

II. HAUPTTEIL: DIE PRIORITÄT DER INVESTITUR VOR DER KONSEKRATION BEI DER BISCHOFSEINSETZUNG IST BERECHTIGT
(p. 501,15 - p. 502,12)

1. Teil: Das Verhältnis des weltlichen zum geistlichen Bereich beim Vorgang der Investitur
(p. 501,15 - p. 501,19)

1. Abschnitt: Beliebigkeit des Investitursymbols angesichts der die *cura pastoralis* übertragenden päpstlichen Autorität
sive alia re, quam in manu teneat
(p. 501,15 - p. 501,18)

2. Abschnitt: Besondere Eignung des beiden Bereichen angehörenden Stabes
(p. 501,18 - p. 501,19)

2. Teil: Berechtigung der Bischöfe, die Priorität der Investitur anzuerkennen
(p. 501,19 - p. 501,28)

1. Abschnitt: Die Bischöfe verdienen weltlichen Besitz
dignus est mercede sua
(p. 501,19 - p. 501,22)

2. Abschnitt: Die Priorität der Investitur sichert diesen Besitz
quieta et pacifica reddit omnia
(p. 501,22 - p. 501,26)

1. Unterabschnitt: Die Einsetzung durch den König muß vorausgehen, damit der Besitz unangefochten bleibt
(p. 501,22 - p. 501,23)

2. Unterabschnitt: Die Weihe muß nachfolgen
(p. 501,23 - p. 501,26)

1. Punkt: So ist die Übereinstimmung der bischöflichen Gewalt mit der königlichen zum Wohl beider garantiert
bannus episcopalis banno regali conveniens
(p. 501,23 - p. 501,24)

2. Punkt: Vor der Weihe erregt die Treueverpflichtung des Bischofs gegenüber dem König keine Bedenken
aptius est ante consecrationem
(p. 501,24 - p. 501,26)

3. Abschnitt: Höchstes Ziel der Kirchenführer ist der Frieden der Gläubigen
ad pacem et quietem pusillorum Christi
(p. 501,26 - p. 501,28)

3. Teil: Die durch die Priorität der Investitur gegenüber den Bischöfen gegebenen Rechte stehen den Königen zu
regi necessarium
(p. 501,29 - p. 502,12)

1. Abschnitt: Im Judentum haben die Priester die Investitur von jüdischen und heidnischen Königen empfangen
(p. 501,29 - p. 501,30)

2. Abschnitt: Die Verhältnisse im Christentum
(p. 501,30 - p. 502,10)

1. Unterabschnitt: Die Entstehung von Kirchenbesitz
(p. 501,30 - p. 502,5)

1. Punkt: Bis zu Papst Silvester I. war die von den Herrschern verfolgte Kirche besitzlos
(p. 501,30 - p. 502,1)

2. Punkt: Seit Silvester I. haben christliche Herrscher der Kirche Besitz übertragen
(p. 502,1 - p. 502,5)

2. Unterabschnitt: Daraus resultieren Rechte der weltlichen Gewalten
congruum fuit et consequens
(p. 502,5 - p. 502,10)

1. Punkt: Die Herrscher müssen das Recht der Bischofseinsetzung haben, um die gute Verwaltung ihres Besitzes zu sichern
sciat, cui civitatem suam credat
(p. 502,5 - p. 502,7)

2. Punkt: Von besitzlosen Bischöfen braucht die weltliche Gewalt keine Verpflichtungen zu verlangen
non...exigere hominium, sacramentum, obsides
(p. 502,7 - p. 502,10)

III. HAUPTTEIL: DIE PÄPSTE SIND DURCH IHR VERHÄLTNIS ZU DEN TRÄGERN DER WELTLICHEN GEWALT GEZWUNGEN, DAS INVESTITURRECHT DER HERRSCHER ZU RESPEKTIEREN
(p. 502,13 - p. 504,7)

1. Teil: Der Charakter der Zusammenarbeit zwischen den Päpsten und den Königen
(p. 502,13 - p. 502,21)

1. Abschnitt: Die Päpste müssen sich vor dem *scandalum* hüten, die Könige, denen sie viel verdanken, in ihren Rechten zu beschneiden
(p. 502,13 - p. 502,17)

2. Abschnitt: Die Art der Zusammenarbeit unter Wahrung dieser Rechte
(p. 502,17 - p. 502,21)

1. Unterabschnitt: Die Päpste und die Könige müssen sich bei allen Handlungen von *caritas* und *humilitas* leiten lassen
(p. 502,17 - p. 502,18)

2. Unterabschnitt: Beide Instanzen müssen die kirchlichen Belange in lauterer Uneigennützigkeit wahrnehmen

pure et integre

(p. 502,18 - p. 502,21)

<u>2. Teil</u>: <u>Die Notwendigkeit der Investitur für den erwünschten Erfolg dieser Zusammenarbeit</u>

(p. 502,21 - p. 504,5)

<u>1. Abschnitt</u>: <u>Abschaffung der königlichen Investitur würde die korrekte Besetzung der Bischofsämter gefährden</u>

timent, dubitant, dolent pusilli Christi

(p. 502,21 - p. 503,2)

1. Unterabschnitt: Die Könige können zur Berichtigung von Fehlern bei der Investitur veranlaßt werden

ad rectam correctionis lineam reduci

(p. 502,22 - p. 502,24)

2. Unterabschnitt: Die Päpste weisen es zurück, ihre Fehler bei der Bischofseinsetzung zu berichtigen

non vult, ut reprehendatur

(p. 502,24 - p. 502,26)

3. Unterabschnitt: Berechtigung und Notwendigkeit, ihre Wirksamkeit zu überprüfen

(p. 502,26 - p. 502,30)

1. Punkt: Auch Päpste dürfen kritisiert werden

(p. 502,26 - p. 502,28)

2. Punkt: Fehler bei Bischofsernennungen bringen größte Gefahr

periculum et in capite et in membris

(p. 502,28 - p. 502,30)

4. Unterabschnitt: Zu dieser Überprüfung ist die weltliche Gewalt berufen

(p. 502,28 - p. 503,2)

1. Punkt: Die ehrgeizigen Vergehen heuchlerischer Geistlicher wiegen viel schwerer als Sünden der Laien

(p. 502,28 - p. 503,1)

2. Punkt: Die Geistlichen sind der weltlichen Gewalt unterworfen
(p. 503,1 - p. 503,2)

2. Abschnitt: Die Notwendigkeit der kaiserlichen Investitur, um den Frieden für die Päpste zu wahren
(p. 503,2 - p. 504,5)

1. Unterabschnitt: Bedeutung der Friedensliebe
(p. 503,2 - p. 503,7)

1. Punkt: Friedensliebe sichert das Seelenheil
(p. 503,2 - p. 503,3)

2. Punkt: Friedensliebe verbietet, die der Friedenswahrung dienenden Investiturrechte anzutasten
(p. 503,4 - p. 503,6)

3. Punkt: Friedensliebe findet ihre Erfüllung durch die Wirksamkeit der weltlichen Gewalt
(p. 503,6 - p. 503,7)

2. Unterabschnitt: Eine friedliche Papstwahl kann nur durch die kaiserliche Gewalt garantiert werden
(p. 503,8 - p. 504,5)

1. Punkt: Nur das Kaisertum sichert den Frieden in Rom
(p. 503,8 - p. 503,11)

2. Punkt: Die abendländischen Kaiser sind zu dieser Aufgabe viel besser geeignet als ihre griechischen Vorgänger
(p. 503,11 - p. 503,14)

3. Punkt: Die erfolgreiche Friedenswahrung bei strittigen Papstwahlen begründet das kaiserliche Bestätigungsrecht
(p. 503,15 - p. 504,5)

Begründung

Der Abschluß der drei Hauptteile wird jeweils durch eine kurze, das Wesentliche prägnant verdichtende Forderung signalisiert. Ihren Anfang bildet in allen drei Fällen eine knappe, allgemein rückverweisende Adverbialbestimmung, die den zusammenfassenden Charakter betont (*Ex horum collectione...; Ex hoc ...; Igitur...*)[54]. Die in den Forderungen genannten Begriffe bezeichnen den zentralen Bezugspunkt des jeweiligen Hauptteils.

Demgemäß verlangt die erste die unverbrüchliche Einhaltung der *antiqua constitucio*, mit diesem kollektiven Singular die im Argumentationsaufbau - in Stützung und Auswertung - klar erkennbare Ausrichtung auf die Papstprivilegien eindeutig artikulierend. Deren unangefochten zentrale Rolle spiegelt sich in der besonderen Betonung, die die Abschlußforderung auf den einen Begriff legt, der nicht näher erklärt, sondern nur lapidar genannt wird, wohingegen das auf ihn bezogene Verlangen sehr eindringlich formuliert (*pure et integre servanda est*) und noch dazu durch eine Begründung gestützt wird: *ne pusilli Christi scandalizentur*. - Der Hauptbegriff in der zweiten, differenzierteren Forderung sind die *antiqua iura*, deren Bewahrung ohne besonderen Nachdruck verlangt wird: *servanda sunt*. Hingegen wird für sie eine offensichtlich auch in diesem zusammenfassenden Schlußsatz für notwendig erachtete nähere Spezifizierung gegeben: *de episcopis investiendis*, zugleich ein größerer Differenzierungsspielraum gefordert: *prout sunt consuetudines in regnis per orbem terrarum*. - Die dritte Forderung bezieht sich auf einen negativen Hauptbegriff: *hec scandala gravia*. Dieser wird, wie der der ersten, keiner näheren Bestimmung für bedürftig erachtet, das auf ihn gerichtete - negative - Verlangen aber durch Modalbestimmungen und Begründung sehr nachdrücklich gestaltet: *coram Deo in vera simplicitate propter pusillos Christi*. Seine Bedeutung wird durch die Beobachtung noch kla-

54) Ldl II, p.501,13;p.502,11;p.504,6.

rer, daß er auch am Anfang des dritten Hauptteils, in dessen erstem Satz, Gegenstand einer Forderung ist:...*successores ipsius Gregorii cavere debent scandalum.*

Diese Dreiteilung der Schrift soll noch durch einige terminologische Beobachtungen belegt werden. - Begriffe wie *constitutio* und *decretum*, die eine positive Rechtssatzung bezeichnen, sind auf den I. Hauptteil beschränkt, wo sich sechs Beispiele dafür finden[55]. Im übrigen Teil des Traktats klingt nur einmal ein Attribut daran an: *antiqua iura propter pacem constituta*[56]. Negativ ist der I. Hauptteil dadurch charakterisiert, daß die komplementären Rechtsbegriffe *ius* oder *iura*, die, vor allem deutlich im II. Hauptteil, nicht positiv gesetztes, sondern traditionell geltendes Recht bezeichnen, im Gegensatz zu den beiden anderen in ihm überhaupt nicht vorkommen. Typisch für den I. Hauptteil ist auch der dreimalige, z. T. recht nachdrückliche Verweis auf die *devoti laici* und ihre Verdienste um das Kirchengut[57], die im II. und III. nicht mehr erwähnt werden. Es verdient noch Beachtung, daß der Begriff *libertas*, der in der Schrift nur einmal vorkommt, sich gerade im I. Hauptteil findet, wo auch der an dieser einen Stelle mit ihm verbundene

---

55) Ldl II, p.498,24;498,26;500,6;500,9;500,35;501,13. Zu erwähnen ist noch der Plural *decreta*(499,16), bei dem es sich aber in erster Linie um einen rechtshistorischen Quellenverweis handeln dürfte;vgl. dazu unten S. 206.

56) Ldl II, p.503,5/6. Das soll nicht heißen, daß *constitutio* und *ius* Gegensätze etwa im Sinne von positiver Satzung und ewig gültigem "Recht" darstellen; es besteht lediglich eine Nuancierung zwischen dem punktuellen Akt einer bestimmten Rechtssetzung und der Betonung der zeitlichen Dauer der *iura*, die mit K. Kroeschell primär als subjektive Berechtigung aufzufassen sind, wenn auch mit G. Köbler anzunehmen ist, daß die Vorstellung objektiven Rechts zumindest mitschwingt(vgl. G. Köbler, Das Recht im frühen Mittelalter. Untersuchungen zu Herkunft und Inhalt frühmittelalterlicher Rechtsbegriffe im deutschen Sprachgebiet, Köln 1971, S.27 und 226-228).

57) Ldl II, p.499,17;499,21/22;500,14.

Begriff *tyrannus* besonders häufig verwendet wird[58]. Den vier Fällen im I. Hauptteil steht nur noch einer im übrigen Teil des Traktats gegenüber. - Für den zweiten Hauptteil ist es kennzeichnend, daß in diesem kürzesten von allen der Begriff *ius* oder *iura*, der im I. überhaupt fehlt, dreimal vorkommt, damit genauso oft wie in dem doppelt so langen III.[59]. Negativ charakterisiert ist er durch das Fehlen des Begriffs *scandalum* oder solcher vom gleichen Wortstamm gebildeter, die sowohl im I. wie im III. vorkommen[60]. Auffallend ist, daß sich keine Termini finden, die die Träger des Papstamtes bezeichnen, die im I. und III. so häufig sind. Die Formulierung *a stola et ab auctoritate sancti Petri*, die vielleicht als - einzige - Ausnahme angesehen werden muß, bezeichnet eben gerade nicht die Träger des Amtes, sondern abstrakt dessen Würde[61]. Demgegenüber ist es bedeutungsvoll, daß der Begriff *episcopus* oder solche vom gleichen Wortstamm außerordentlich häufig verwendet werden[62]. - Im

---

58) Ldl II, p.498,28. - *tyrannus*:p.498,8;498,27;499,19;500,16// p.501,23//--. Es sei angemerkt, daß sich dieser Begriff in der viel längeren Streitschrift Hugos von Fleury nicht viel öfter, nämlich nur neunmal findet(Ldl II, p.470,34/35;471,7;472,20/21; 475,19;475,37;475,40;476,1;476,36;486,3/4). Es ist deshalb die Frage, wie viel die Ergebnisse von A. Andelfinger besagen, der für seine Untersuchung der königsfreundlichen Publizistik dieser Zeit fast nur Hugo von Fleury heranzieht - und auf den Investitur-Traktat gar nicht eingeht (Die Entwicklung des Tyrannenbegriffs in der philosophisch-theologischen Literatur des Mittelalters und seine antiken Quellen, Diss. München 1920, S. 34-36).

59) Ldl II, p.--//p.502,3;502,7;502,12//p.502,16;502,21;503,5.

60) Ldl II, p.500,29;500,32;501,14//--//p.502,15. - Daß auch solche ganz allgemein verwandten Begriffe durchaus kennzeichnend sein können, zeigt die Feststellung, daß Hugo von Fleury den Begriff *scandalum* in seinem Traktat nur einmal verwendet: Ldl II, p.476,24.

61) Ldl II, p.498,10;498,16;498,20;498,22;498,24;499,11;499,21; 500,3;500,6//p.501,18(?)//p.502,15;502,17;502,19;502,21;502,23; 502,24/25;503,8;503,12;503,15;503,20;504,6.

62) Ldl II, p.498,20;498,21;499,2/3;499,6;500,24;500,27;500,36;

III. Hauptteil ist hingegen von den Bischöfen und dem Bischofsamt nur - an einer Stelle - dreimal und nur als von einem Objekt der Auseinandersetzung zwischen Papsttum und weltlicher Gewalt die Rede[63]. Sehr oft aber werden Termini für das Papstamt verwendet[64]. Kennzeichnend ist auch, daß der Begriff *pax*, der im I. zweimal, im II. dreimal vorkommt, sich im III. Hauptteil sechsmal findet[65]. Interessant ist vielleicht auch, daß dieser der einzige ist, in dem das Wort *tyrannus* nicht fällt.

Diese Beobachtungen zeigen, daß nur wenige von den wichtigen Begriffen auf einen Hauptteil beschränkt sind, daß sie fast alle in der ganzen Schrift oder doch mehreren ihrer Teile von Bedeutung sind, was die innere Einheit des Traktats veranschaulicht. Zugleich sind aber, wenn man die herausgearbeitete Dreiteilung zu Grunde legt, deutlich Schwergewichtsverlagerungen im Gebrauch einzelner Grundtermini, auffallende Häufung oder Seltenheit, festzustellen, was die Geschlossenheit der einzelnen Hauptteile dokumentiert.

Auseinandersetzung mit den bisherigen Analysen

Die Dreiteilung zeigt, daß G. Peisers Äußerungen - als ganz summarische Analyse des Traktats - nicht zutreffen. A. Fauser nimmt zwar drei Hauptpunkte an, berücksichtigt aber dabei einen großen Teil des Traktats überhaupt nicht[66]. Nur E. Bernheims

---

501,3;501,11/12//p.501,16;501,24;501,24/25;502,1; 502,4; 502,6; 502,8;502,9;502,11//p.502,22(2x);502,24.

63) *de investiendis episcopis...in episcoporum investituris.... in promotione et consecratione episcoporum*...(Ldl II, p.502,21-24).

64) Vgl. Anm. 61.

65) Ldl II, p.500,26//p.501,23;501,27(2x)//p.503,3;503,4; 503,6 (2x);503,7;503,9.

66) Sowohl aus dem Inhalt seiner Ausführungen als aus den beigegebenen Stellenverweisen geht hervor, daß er nur den Text bis

Analyse aus dem Jahr 1876 stimmt mit der Dreiteilung überein und ist vollständig[67]. Sie entspricht der obigen aber nur insofern, als auch er einen ersten Teil absondert, dessen vereinheitlichendes Prinzip die Auswertung der Papstprivilegien darstellt. Seinen Umfang hat er bereits zu gering bemessen, und die beiden von ihm danach angenommenen Einschnitte zerreißen den Gedankengang, während die so konzipierten Einheiten über die wirklichen Fugen hinüberreichen.

Ausführlicher kann nur seine Annahme besprochen werden, daß der Traktat neben nur noch zwei anderen einen Teil besitze, der die Laieninvestitur historisch rechtfertigen soll, also einen großen Komplex vorwiegend geschichtlicher Argumentation.

Dieser geht aber am Anfang über den Einschnitt am Ende des I. Hauptteils hinaus, den E. Bernheim 1891 in seiner Edition durch Absonderung des betreffenden Fazits vom vorhergehenden und folgenden Text selber anerkannt hat, und endet mitten in der fortlaufenden Entwicklung eines Gedankengangs[68]. - Es ist

---

p.502,10, also den umfangreichen III. Hauptteil gar nicht beachtet hat (Publizisten S.124). Auch G. Peiser hat diesen nicht berücksichtigt. Seine Erörterung schließt mit der vom konkreten Vorgang der Investitur gegebenen Schilderung im II. Hauptteil (vgl. Der deutsche Investiturstreit S.52).

67) Über den Traktat S.287-289; in der Edition ist er stillschweigend wieder von ihr abgerückt, wie die Grobeinteilung des Textes vermuten läßt, die durch die verschiedenen Absätze impliziert ist - diese widerspricht der oben erarbeiteten Gliederung nicht - doch verweist er in der Einleitung ohne Einschränkung auf den Aufsatz von 1876(Ldl II, p.495), so daß seine dortigen Ausführungen nach wie vor unwidersprochen sind.

68) Über den Beginn:"...stellt unser Autor einen zweiten gewichtigen Rechtsgrund für die königliche Investitur auf...Er führt aus, daß schon lange vor Hadrian die Könige unbestritten das Recht der Investitur besessen und geübt haben..."(S.288). Das bezieht sich zweifellos auf die Passage: *Longe etiam ante decretum Adriani pape...reges...investituras episcoporum fecerunt*(p.500,35 ff.). - Über den Schluß:"Nun jedoch...begründet der Verfasser das Recht der königlichen Investitur drittens, indem er dasselbe...als einen Ausfluß der natürlichen Rechte der Krone hinstellt. Hier fällt das gewichtige Wort: postquam ...per christianos reges et imperatores...jura civitatum..."

zwar zuzugeben, daß in dem so abgetrennten Textstück viel historisches Material enthalten ist, aber es verteilt sich auf zwei Komplexe, die voneinander getrennt sind durch eine umfangreiche Passage (mehr als ein Drittel vom Ganzen), die einen wichtigen Gesichtspunkt ohne Bezug zur Geschichte abhandelt. E. Bernheim hat sie als bloßen Anhang zu den historischen Darlegungen abgetan, obwohl er selbst auf ihre besondere Bedeutung aufmerksam macht:"Bei dieser Gelegenheit macht er aber höchst bemerkenswerte Äußerungen über..."[69]. Die so getrennten geschichtlichen Abschnitte haben zudem verschiedenen Charakter. Der erste ist nach einem bestimmten, an seinem Anfang ausdrücklich genannten chronologischen Auswahlprinzip zusammengestellt, während der zweite den gesamten Geschichtsablauf umfassen soll[70]. Es wird kein Bezug zwischen beiden angedeutet und sie sind inhaltlich nicht in eine gemeinsame, logisch befriedigende Argumentationslinie einzuordnen: Es ist nur schwer vorstellbar, daß zur geschichtlichen Begründung des Investiturrechts erst einige historische Beispiele aus der Merowinger- und beginnenden Karolingerzeit, dann ausführlich ein nur teilweise historisch zu deutender Vorgang aus der gleichen Zeit, darauf - nach der umfangreichen Unterbrechung - die Verhältnisse im Judentum,

---

(S.288). Die dieser Stelle(p.502,1) vorausgehenden Äußerungen rechnet er noch zum historischen Teil, wie seine Bemerkung zeigt:"...wobei es ihm freilich im übergroßen Eifer passiert, daß er sogar auch Juden und Heiden zum Zeugnis uralter Übung königlicher Investitur anführt"(S.288).

69) Über den Traktat S.288. Die beiden historischen Komplexe erstrecken sich p.500,35-p.501,12 und p.501,29-p.502,10.

70) Vgl. unten S.169. E. Bernheim faßt sie allerdings als Einheit auf, wundert sich dann aber auch gebührend über die - von ihm selbst erst hineininterpretierte - Inkonsequenz:"Er führt aus, daß schon lange vor Hadrian die Könige unbestritten das Recht der Investitur besessen und geübt haben, und greift so auf das Gewohnheitsrecht als zweite Stütze seiner Ansichten zurück, wobei es ihm freilich im übergroßen Eifer passiert, daß er sogar auch Juden und Heiden zum Zeugnis uralter Übung königlicher Investitur anführt"(S.288).

unter den heidnischen römischen Kaisern und schließlich den christlichen Herrschern geschildert werden.

Außerdem weisen beide Komplexe Bezüge auf, die die von E. Bernheim konzipierte Einheit sprengen. Der erste liegt vor dem erwähnten Fazit und ist, wie die einleitenden Worte angeben, auf die Papstprivilegien rückbezogen: *Longe etiam ante decretum Adriani pape eiusque successorum....*[71]. Zu ihm besteht innerhalb des gleichen Hauptteils im 1. Abschnitt des 1. Teils eine auffallende Entsprechung: im 3. Unterabschnitt wird mit ähnlichem Auswahlprinzip, nur zeitlich umgekehrt, die Geschichte nach Erlaß des *Decretum Hadriani* betrachtet. Daß dieser erste Komplex zudem keinen Eigenwert hat, nicht autonom Gewohnheitsrecht belegen soll, wird dadurch deutlich, daß er mit der Schilderung eines formalen Rechtsakts schließt, der angeblichen Bestätigung der Laieninvestitur durch Papst Stephan II. - Der zweite Komplex wird durch E. Bernheims Gliederung in der Mitte geteilt. Auf die Darlegungen über die Verhältnisse im Judentum und unter den heidnischen römischen Kaisern, mit denen er offensichtlich den historischen Teil des Traktats enden läßt, folgt als nächste Entwicklungsstufe die Lage unter den christlichen Herrschern, und nichts berechtigt, diese Schilderung als Anfang eines neuen großen Gliederungsteils, der sich nicht mehr mit historischen Erwägungen, sondern mit den "natürlichen Rechten der Krone"[72] beschäftige, abzutrennen. Auf die Rückbezogenheit dieser Darlegungen weist das *postquam autem a Silvestro...* deutlich genug hin. Zudem wird danach nochmals die vorausgehende Epoche ins Auge gefaßt, als die Kirche besitzlos war. - Erst damit ist diese - so in sich abgeschlossene - geschichtliche Betrachtung beendet.

Somit muß die Annahme zurückgewiesen werden, daß der Investitur-Traktat einen großen selbständigen Teil historischer Be-

---

71) Ldl II, p.500,35. Vgl. unten S.185 f.

72) Über den Traktat S.288. Vgl. unten S. 169 ff.

weisführung enthalte. Doch gerade die Erörterung dieser These hat deutlich werden lassen, daß der ihr zugrunde liegende Tatbestand, die Ausnutzung zahlreicher geschichtlicher Argumente, sogar noch größere Ausmaße besitzt, als sie voraussetzt. Das verleiht der Untersuchung der einzelnen historischen Beweise besonderes Interesse.

Indirekte historische Beweisführung

Der Investitur-Traktat enthält keine einzige Beweisführung dieser Art. Das erweist sich allerdings als wenig kennzeichnend angesichts der Tatsache, daß die viel umfangreichere Streitschrift Hugos von Fleury auch nur eine einzige verwendet, das Pauluswort über Aaron als Maßstab für die Berechtigung, ein geistliches Amt zu übernehmen[73].

Direkte historische Beweisführung

Überschneidung zwischen historischer und autoritativer Betrachtungsweise

Nur einmal bedient sich der Investitur-Traktat einer Argumentation, die sowohl autoritative als auch historische Elemente in sich birgt. Es handelt sich um die Haltung Papst Gregor des Großen gegenüber der Möglichkeit, die Feinde seiner Kirche, die Langobarden, zu vernichten. Sie spiegelt sich in einer Rechtfertigung des Papstes in einem Brief vom September/Oktober

---

73) Hebr.5,4: *Nec quisquam sumit sibi honorem, sed qui vocatur a Deo, tamquam Aaron.* Den historischen Vergleich hat Hugo mit denselben Worten wie der Apostel, als dessen Eigentum er ihn auch bezeichnet, gezogen, die geistliche Würde aber genauer und die Anmaßung schärfer gekennzeichnet: *Nemo sacerdocium sibi praeripere debet, sed qui...*(Ldl II, p.493,5/6). Vgl. M. Hakkelsperger, Bibel S.61, der auf die Verwendung bei Placidus von Nonantula hinweist.

594[74] gegen falsche Vorwürfe: Er betont, daß er so sehr vor Blutvergießen zurückschrecke, daß er sich nicht einmal den Langobarden gegenüber dazu habe überwinden können, obwohl er auf diese Weise nachhaltige Erfolge hätte erzielen können. Diese wirkt teils als historische Beweisführung, da aus ihr die Bedingungen einer bestimmten geschichtlichen Situation und die Reaktion einer bestimmten historischen Persönlichkeit darauf hervorgehen, teils besitzt sie autoritative Kraft, da das allgemeine Urteil Gregors des Großen darin zum Ausdruck kommt, daß man unter keinen Umständen zum Tode eines Menschen beitragen dürfe. Dem Verfasser des Investitur-Traktats war die betreffende Passage ziemlich sicher im vollen Wortlaut bekannt, denn die *Leodicensium epistola adversus Paschalem papam* Sigeberts von Gembloux, die ihm, wie E. Bernheim wahrscheinlich gemacht hat, als Vorlage diente, zitiert sie vollständig, auch die umfangreiche Schilderung, die Gregor von der betreffenden Situation und ihren Möglichkeiten gibt:...*si ego servus eorum in mortem vel Longobardorum me miscere voluissem, hodie Longobardorum gens nec regem nec duces nec comites haberent atque in summa confusione essent*[75]. Es ist daher beachtenswert, daß gerade diese Schilderung im Investitur-Traktat stark zusammengestrichen ist: *Si voluissem, hodie gens Longobardorum nec regem nec duces haberet...*[76]. Die knappe moralische Begründung des Papstes für seine Zurückhaltung ist hingegen ungekürzt: *quia Deum timui, in alicuius sanguinem me miscere nolui.* So sind der erste historische und der zweite autoritative Teil etwa gleich lang. Daß der Text bewußt und offen redigiert worden ist, zeigt das zwischen beide Teilzitate eingeschobene *et* des Verfassers, der damit kenntlich macht, daß er aus einem größeren Zusammen-

74) Gregorii I. Registr. V,6, ed. P. Ewald, 1891, p.286/287.

75) Ldl II, p.461,41-p.462,2;vgl. E. Bernheim, Über den Traktat S.290-292, der auch speziell auf diese Parallele aufmerksam macht, nicht aber auf die dabei erkennbaren Unterschiede.

76) Ldl II, p.502,13-15.

hang auswählt. Diese Argumentation ist eine direkt an die Päpste gerichtete Mahnung: *Sicut enim primus Gregorius dicit...ita successores ipsius Gregorii cavere debent...* Daher ist es denkbar, daß - zuungunsten des ursprünglichen Übergewichts des historischen Aspekts - das Gleichgewicht hergestellt worden ist aus der Annahme heraus, so Träger höchster geistlicher Würde eher beeindrucken zu können.

Daß vollständiges Zitieren der betreffenden Passage nicht auf bewußter Schätzung ihrer historischen Bestandteile beruhen muß, zeigt Hugo von Fleury. Er schickt ihr sogar noch eine umfangreiche Bemerkung voraus, die besondere Aufmerksamkeit erwecken soll. In ihr ist aber keinerlei Hinweis auf den komplexen Charakter dieser Argumentation und ihre historische Dimension enthalten, sondern das Einzige, was Hugo umständlich über ihre Eigenart mitteilt, ist, daß sie wichtig ist: *Verum nunc opere precium est illud audire vel considerare quod olim Gregorius papa sanctissimus Sabino Constantinopolitano diacono scripsit. Ait enim...*[77]. Eine polemische Auswertung des Zitats folgt zudem gar nicht. Gleich darauf setzt ein neuer Gedankengang ein.

Die gezielte Abgrenzung beider Wirkungsfaktoren dieser komplexen Argumentation im Investitur-Traktat wird noch wahrscheinlicher durch die Tatsache, daß dieser ansonsten keine solchen Beweise verwendet. Hugo von Fleury hingegen verbindet noch öfter historische und autoritative Momente in Beweisführungen, die aus dem Neuen, vor allem aber dem Alten Testament entnommen, an verschiedene Adressaten gerichtet sind und auch verschiedene Wirkungsfaktoren des historischen Materials ausnutzen.

Denen, die über die Schlechtigkeit vieler Herrscher klagen, hält Hugo als Belege für eine Konstante im Handeln Gottes zwei Zitate aus dem Alten Testament vor Augen: *Itaque rex bonus*

---

77) Ldl II, p.482,17 ff.

hominibus datur Deo propitio, et pravus Deo irato, sicut ipse per prophetam testatur Israhelitico populo dicens... Beim einen handelt es sich um die Vorhersage göttlicher Strafe für bestimmte Vergehen der Bevölkerung des Königreiches Israel durch den Propheten Osee (Wirksamkeit zwischen 750 und 725 v. Chr.), beim anderen um eine allgemeine, aber historische Erfahrung voraussetzende Aussage über die Handlungsweise Gottes, die dem über sein Schicksal klagenden arabischen Hirtenfürsten Job entgegengehalten wird. Faktisches Geschehen und abstrahierende Erkenntnis sind eng miteinander verbunden:*'Dabo', inquit, 'tibi regem in furore meo'. Et in alio loco: 'Regnare permittit', inquit, 'Deus hypocritam propter peccata populi'*[78].

Ambivalent ist auch eine Summe aus geschichtlichen Präzedenzfällen für das Schicksal weltlicher Machthaber: *Multi potentes oppressi sunt valide, et gloriosi traditi sunt in manus exterorum.* Diese an sich unvermischt historische Aussage aus dem Buch Sirach (also ein Rückblick etwa aus der Zeit 180 v. Chr.) erhält autoritativen Charakter durch den Tenor ihrer Einführung (*Et liber Sapientiae dicit...*) und durch ihre Stellung zwischen zwei weiteren Bibelzitaten, die allgemeingültige Aussagen über das Wirken Gottes treffen und mit denen sie als konstitutives Teilelement einer Rechtfertigung für die Duldung auch schlechter Herrscher eine untrennbare Einheit bildet[79].

Historisches und Autoritatives wirken ebenfalls zusammen bei der polemischen Verwertung des Eidbruches des letzten Königs von Juda Sidkia (597 - 587 v. Chr.) gegenüber dem neubabylonischen König Nebukadnezar II. (604 - 562 v. Chr.), der als die Anschauung Gottes belegender Präzedenzfall in der drohenden Voraussage des Propheten Ezechiel den *pravi praesules* vorgehal-

---

78) Ldl II, p.469,31-34. Es handelt sich um Os.13,11, nicht, wie der Herausgeber angibt, Os.13,5. Diese Argumentation Hugos zitiert M. Hackelsperger, Bibel S.31.

79) Ldl II, p.493,43-46. Es handelt sich um Job 27,20/21, nicht, wie der Herausgeber angibt, Job 27,30.

ten wird, die *a sacramento fidelitatis absolvunt.* Historisch sind der Tatbestand und die dadurch hervorgerufene Reaktion Gottes an sich samt ihrem Inhalt gesehen: *ad Sedechiam regem Iudae, qui iuramentum, quod Babilonio regi praebuerat, violaverat,...dicit:'Vivo ego, quoniam iuramentum, quod sprevit, et foedus, quod praevaricatus est, ponam in capite eius.* Normativen Charakter erhält das Argument dadurch, daß es mit *Et* unmittelbar an die betreffende Weisung aus dem Dekalog angeschlossen ist, und durch die nur den zitierten Wortlaut betonende Wendung *ore prophetico dicit,* durch die es in die Nähe einer 'auctoritas' rückt. Nachträglich wird aber der historische Aspekt noch dadurch besonders betont, daß gleich im Anschluß die Eidbrecher angesprochen (*Intelligat ergo quilibet christianus, qui contra dominum suum aut alterum christianum frangit sacramentum, quid mereatur...*) und ihnen die Tatbestände der Strafe, die Sidkia getroffen hat, aufgezählt werden: *cum propter hoc scelus Sedechias vir Iudeus avulsis oculis a gentili rege in Babiloniam captivus ductus esse cognoscatur*[80].

Die These, daß es einem *praesul* nicht erlaubt sei, mit Waffengewalt gegen einen Herrscher zu kämpfen, beweist ein teilweise einem Analogiefall gleichkommendes Argument - die Verteidigung Christi durch Petrus und dessen Reaktion, wobei einmalige Situation und allgemeiner Gehalt verbunden sind. Historisch ist die Tat des Apostels gesehen: *cum Petrus apostolus gladium suum extrahens pontificis servum apprehendit et eius auriculam amputavit.* Auch beim Verhalten Christi werden situationsbezogene Momente zum Ausdruck gebracht, der aktuelle Befehl an Petrus: *Converte gladium tuum in vaginam,* und, mit *ac deinde* in die zeitliche Reihenfolge gestellt, die Vorhaltung: *An putas, quia non possum rogare...* Daneben sind aber auch autoritative Faktoren zur Geltung gebracht. Der Einleitungssatz betont den Lehrgehalt: *Quod dominus Iesus Christus salvator et conditor*

---

80) Ldl II, p.479,19-25. Vgl. dazu M. Hackelsperger, Bibel S. 86, der nur den zweiten Teil dieser Argumentation zitiert.

noster tunc manifestissime docuit...; und unmittelbar an den konkreten Befehl Christi ist seine allgemeine Aussage angeschlossen: *Omnes enim qui acceperint gladium, gladio peribunt*[81].

Gewisse Ähnlichkeit mit einem Analogiefall erhält eine lange Zusammenstellung von Zitaten aus dem Buch der Weisheit, dem Prediger und den Sprüchen dadurch, daß sie als ein aktuelles Gebet des jüdischen Königs Salomo (gest. 932 v. Chr.) bezeichnet wird. Weniger deutlich in der Einleitung (*...idem Salomon...humiliter Dominum rogitabat, dicens...*), klarer im Schlußsatz, der allerdings zugleich die Fiktion offen zu erkennen gibt: *Haec est Salomonis oratio, quam a libris eius sparsim colligendo in hunc librum ad erudiendum regem inclusimus, et ut sciret quae a Deo petere deberet*[82].

An diejenigen, die die Ungerechtigkeit des Schicksals in dieser Welt beklagen, ist ein langes, unpersönlich-allgemein gehaltenes Pauluszitat gerichtet, das jedoch durch Andeutung bestimmter persönlicher *tribulationes* als Ausgangslage etwas von einem Analogiefall an sich hat: *Sed de suis tribulationibus exsultat Paulus apostolus dicens...*[83].

Überschneidung zwischen historischer und juristischer Betrachtungsweise

Argumentationen dieser Art sind im Investitur-Traktat sehr zahlreich. Sogar dem juristischen Hauptargument der ganzen

---

81) Ldl II, p.471,24-28. Vgl. M. Hackelsperger, Bibel S.90, der Sigebert von Gembloux und Wido von Osnabrück zitiert.

82) Ldl II, p.473,21-p.474,38.

83) Ldl II, p.494,6 ff. Odo von Cluny, dessen *Collationes* Hugo als Quelle verwendet hat(vgl. Ldl II, p.478 n.2), weist in ganz ähnlichen Worten, aber stärker historischer Auffassung auf die Leiden des Apostels hin: *Et Apostolus, cum tribulationes suas discipulis enumeraret...,* zitiert dann aber eine andere Stelle aus dessen Briefen (MPL 133, Sp.520/521).

Schrift und dem im I. Hauptteil wichtigsten überhaupt, dem *Decretum Hadriani*, sind gewisse historische Elemente zur Stützung seiner Beweiskraft direkt beigegeben. Es werden nicht einfach seine Bestimmungen und seine Gültigkeit betonende Formeln angeführt, sondern die Darlegung seiner rechtlichen Aussage wächst aus dem ohne stilistischen Anklang an die Vorlage frei gestalteten Bericht über seine Entstehung heraus. Ein erster Hauptsatz umreißt knapp die vorhergehende historische Wandlung und bringt sie so als Voraussetzung der Rechtssetzung in Erinnerung, die im folgenden, mit *et* angeschlossenen sehr viel längeren Satz geschildert wird. Ihre Eigenschaft als historischer Akt, zugleich aber auch ihre vielfach garantierte Gültigkeit treten dadurch besonders hervor, daß die graduell abgestufte Beteiligung von drei verschiedenen Rechtssubjekten genau bezeichnet wird. Grammatisches Subjekt des Satzes und Hauptverantwortlicher ist *Adrianus papa*. Neben ihm werden in zwei chiastisch einander zugeordneten absoluten Ablativen zwei weitere Instanzen - die Römer und eine Synode - genannt, deren beglaubigende Mitverantwortung durch die Verben *collaudare* und *acclamare* definiert ist. Die in dieser Synode repräsentierte Vollmacht wird durch eine lange rangmäßige Aufgliederung der an ihr beteiligten geistlichen und weltlichen Würdenträger noch besonders hervorgehoben. Danach erst, in der zweiten Hälfte dieses Satzes, werden Empfänger, rechtliche Sicherung, Erteilung und Hauptinhalt des Privilegs bezeichnet. Damit ist das Interesse endgültig auf den Rechtsinhalt verlegt. Dieser wird aber nicht durch den Wortlaut des Privilegs, sondern durch eine gedrängte Zusammenfassung vergegenwärtigt[84].

Auch Hugo von Fleury hat auf eine päpstliche Rechtssetzung, das Papstwahldekret von 1059, großes Gewicht gelegt, dafür aber keine historischen Gesichtspunkte zu Hilfe gerufen. Oberflächlich betrachtet, scheint er allerdings zunächst ganz ähnlich zu

---

84) Ldl II, p.498,15-18. Zu den Angaben über den Rechtsinhalt vgl. E. Bernheim, Über den Traktat S.287/288.

verfahren. Auch er schickt dem Dekret zwei Sätze voraus, die - wenigstens zum Teil - geschichtliche Daten enthalten. Der erste weist jedoch, genau besehen, nur auf Inhalt und Bedeutung des Dekrets hin:...*operae precium est beati papae Leonis decretum nostris auditoribus propalare, et quid de ordinando papa sanxerit nescientibus intimare.* Nur der zweite enthält historische Notizen, doch stehen diese in keiner inneren Beziehung zu dem Rechtsinhalt, mit dem sie durch eine Adverbialbestimmung verbunden sind. Sie sind auch an sich nicht zur Stärkung juristischer Gesichtspunkte geeignet. Hugo, der sie zum größten Teil aus seiner Vorlage - offensichtlich ohne einen besonderen Zweck - abgeschrieben hat, legt mit ihnen lediglich Ort und Zeit des Erlasses fest: *Qui cum anno incarnationis dominicae MLVIII. papae Leoni successisset, anno ordinationis suae secundo concilium habuit in basilica Lateranensi mense Aprili, indictione duodecima, in qua residens omnibus sibi circumsedentibus dixit...* Daran anschließend aber - und das ist der auffälligste Unterschied zu dem Verfahren des Investitur-Traktats - führt Hugo in ununterbrochenem Fluß den ganzen Wortlaut, so wie ihn seine Vorlage bietet, an. Die darin enthaltenen Formeln, vor allem die folgenschwere Androhung des Anathems, lassen denn auch die Stützung durch zusätzliche historische Gesichtspunkte als unnötig erscheinen[85].

---

85) Ldl II, p.491,35-p.492,44. Vgl. dazu H.-G. Krause, Papstwahldekret S.217-219, der sich aber über die hier wichtigen Gesichtspunkte schief äußert. Seine Beobachtung, das Papstwahldekret sei "ohne jeden Kommentar und ohne ersichtliche besondere Absicht, offenkundig aus bloss antiquarischem Interesse von dem Flaviniacenser rein chronologisch unter dem Jahr 1059 seiner Chronik eingefügt worden", gilt ebenso für Hugo von Fleury, denn über dessen unklare Begründung für die Inserierung des langen Textes täuscht H.-G. Krause nur hinweg: "Hugo von Fleury hat es seinerseits von dort in seine Streitschrift übernommen, er aber nun mit einer ganz bestimmten Tendenz. Im Rahmen seiner Darlegungen über die Rechte des Königs auf dem kirchlichen Sektor führt er es ein mit der Bemerkung, es sei der Mühe wert, seinen Lesern das Pwd bekannt zu machen. Warum er das für der Mühe wert hält, erfahren wir, wenn er nach der Zitierung des Dekretstextes ausruft..."(Gegenüberstellung der Einleitungssät-

Zweimal werden im Investitur-Traktat juristische Akte ohne jede andere Zutat als Argument angeführt, der rechtlich verpflichtende Charakter dabei aber so wenig dokumentiert, daß sie weitgehend nur noch als Faktum und damit historischer Tatbestand erscheinen.

So wird darauf hingewiesen, daß der Rechtsinhalt des *Decretum Hadriani* von mehreren Päpsten bekräftigt worden sei. Deutlich angespielt wird lediglich auf das Privileg, das Leo VIII. (963 - 965) Kaiser Otto I. (936 - 973) ausgestellt haben soll, auf weitere von anderen Päpsten anderen Herrschern verliehene wird nur allgemein verwiesen. Der juristische Charakter ist in wenige Worte gepreßt, wobei auf die verschiedenen Aspekte nahezu nur je eines entfällt. Der Inhalt aller Privilegien wird durch das Pronomen *idem* definiert, die Rechtssetzung als solche erhellt aus der Verbform *confirmaverunt*, und nur die Strafdrohung wird mit zwei Worten, Substantiv und Präposition, gekennzeichnet: *sub anathemate*. Man darf aber, wie K. Jordan bemerkt hat, annehmen, daß der Verfasser den Text des identifizierbaren Privilegs - den des *Privilegium minus* - wirklich gekannt hat. Es ist auffallend, daß er die z. B. durch Zitierung der Poenformel gebotene Möglichkeit zur Hervorhebung der juristischen Stringenz nicht wahrgenommen hat. Aus dieser Zurückhaltung resultiert eine gewisse Historisierung der Rechtssetzungen zu geschichtlich bedingten Einzelereignissen. Die Privi-

---

ze bei Hugo von Flavigny und bei Hugo von Fleury bei E. Sackur, Zu den Streitschriften S.380/381). Dieser nachklappende Kommentar bildet keineswegs eine ausreichende Motivierung für die Zitierung des gesamten Textes, was H.-G. Krause unbewußt selbst zugibt:"Es ist bezeichnend, wie Hugo von Fleury aus dem seitenlangen Pwd, das er getreulich Wort für Wort von Anfang bis zu Ende aus seiner Vorlage abschreibt, nichts anderes herausliest und herausgelesen wissen will, als dass Papst Nikolaus dem Kaiser sein Recht bei der Papsterhebung bestätigt...". Man wird auch Hugo von Fleury ein gewisses 'antiquarisches Interesse' anlasten müssen; zugleich darf man aber - diesen Gesichtspunkt hat H.-G. Krause gar nicht beachtet - auch auf die Überzeugung schließen, daß ein wörtlich zitierter Rechtstext ein besonders wirkungsvolles Argument darstellt.

legien werden im Vorgang ihres Entstehens, als Handlungsergebnisse vorgeführt, und die Vielzahl der genannten oder als Kategorie erfaßten Beteiligten und das ausdrücklich betonte Nacheinander dieser Handlungen verrücken das Gewicht auf den historischen Bereich: *Papa Leo primo Ottoni aliique plures pontifices Romani idem confirmaverunt sub anathemate regibus et imperatoribus*[86].

Es bietet sich der Vergleich mit einer ähnlich summarischen Zusammenfassung von Bestätigungen einer Rechtssatzung durch mehrere Päpste bei Hugo von Fleury an, bei der dieser die juristische Relevanz ganz anders hervorgehoben hat. Es handelt sich um eine Bestimmung des Konzils von Nikäa, deren Bekräftigung drei namentlich genannten, in ihrer Würde durch das Prädikat *venerabilis* - Leo I. noch zusätzlich als *sanctissimus* - gekennzeichneten Päpsten zugeschrieben wird. Ihren rechtlich bindenden Charakter betont Hugo zweifach - durch die Verbverbindung *corroboravere...decernentes...* - und zitiert noch dazu ein kurzes einschlägiges Textstück - aus dem 12. Brief Leos I.[87].

86) Ldl II, p.499,11/12. Typisch für den oszillierenden Charakter dieser Argumentation ist die merkwürdige Einordnung durch K. Jordan: "Die historische Begründung der Investitur stellen abermals die Privilegien dar"(Kaisergedanke S.124). Über ähnliche "Historisierung" des Rechts in der Geschichtsschreibung vgl. die interessanten Beobachtungen von G. Melville, bei dessen Material allerdings die Vermutung auf historische Sicht von vorn herein größer, die auf bewußte Unterscheidung zwischen geschichtlichem und juristischem Charakter infolge der fehlenden Konfrontation geringer ist ("...De gestis sive statutis Romanorum pontificum....". Rechtssätze in Papstgeschichtswerken:Archivum Historiae Pontificiae 9,1971,377-400). - Über Charakter und Bedeutung der Fälschungen ausführlich K. Jordan, Kaisergedanke S.105-119; über die Benutzung des *Privilegium minus* Leos VIII. im Investitur-Traktat vgl. K. Jordan, Kaisergedanke S.124. Vgl. auch als neueste Äußerung W. Hartmann, Eine unbekannte Überlieferung der falschen Investiturprivilegien:DA 24(1968)498-504.

87) Ldl II, p.489,12-15. - E. Sackur hat als Quelle für diese Angaben zwei in keiner Beziehung zueinander stehende Stellen (SS VIII p.412,p.328) in der Chronik Hugos von Flavigny nachge-

Das zweite Mal beschneidet der Investitur-Traktat die juristische Aussage auf ähnliche Weise bei der Darstellung, die er von der Entstehung des Kirchenbesitzes gibt.

Nur kurz erwähnt werden soll hier, daß der rechtliche Charakter der Akte, die innerhalb des dritten Stadiums der im In-

---

wiesen(Zu den Streitschriften S.381/382), aber die Sorgfalt und Konsequenz des Publizisten beim Einsatz der Papstnamen unterschätzt:"...verrätherisch ist aber die gleichzeitige Nennung des Gelasius und Cölestin. An der zu zweit genannten Stelle werden sie nämlich bei Hugo von Flavigny auch citiert und zwar allein neben Leo (sc. ohne Bezug auf den Kanon des Konzils von Nikäa); charakteristisch ist aber, dass in diesen Citaten kein Wort von der Mitwirkung des Metropolitans steht, wie überhaupt analoge Äußerungen in ihren Dekretalen vergeblich gesucht werden. Nur durch flüchtige Lektüre konnte unser Autor dazu kommen, sie in diesem Zusammenhang zu nennen". Dem ist aber entgegenzuhalten, daß sowohl in der Streitschrift als auch in den in der Chronik zusammengestellten Zitaten das eigentliche Thema nicht speziell die Mitwirkung des Metropolitans sondern ganz allgemein das kirchenrechtliche Verbot der gewaltsamen Einflußnahme von Laiengewalten auf die Bischofseinsetzung darstellt. Die von Hugo von Fleury zitierte Stelle aus der Dekretale Leos I. handelt keineswegs nur vom Recht des Erzbischofs: *ut nulla ratione fiat episcopus qui nec a clericis est electus, nec a plebibus expetitus, nec a provincialibus episcopis metropolitani iudicio consecratus*(Ldl II, p.489,14-15;vgl. z.B. Anselm von Lucca, *Collectio canonum*, ed. F. Thaner, p.299). Die in der Chronik noch angeführte Äußerung Cölestins hat einen durchaus ähnlichen Inhalt: *Nullus invitis detur episcopus; cleri, plebis et ordinis desiderium requiratur* (SS VIII p.328). Und als der dieser Zurückweisung der Laiengewalt zugrunde liegende Grundsatz ist auch die dem Frankenkönig Chlodwig zugeschriebene Erwägung völlig am Platz: *Noverat etiam, quoniam licet praesideret seculari dignitate rerum tamen praesulibus divinarum, ut scribit beatus Gelasius papa, devotus deberet colla submittere atque ab eis causas suae salutis expetere inque submittendis celestibus sacramentis eisque ut competit disponendis subdi se debere cognoscebat religionis ordine magis quam praeesse*(SS VIII p.328). So hat also Hugo von Fleury aus einem sachlich zusammengehörigen Kreis von Zitaten ein besonders kurzes und inhaltlich offenkundig mit dem Kanon von Nikäa übereinstimmendes ausgewählt, die Namen der übrigen Päpste aber doch noch - zur stärkeren Autorisierung - hinzugesetzt. Auch die Konstruierung eines - in der Chronik in keiner Weise angedeuteten - legislatorischen Zusammenhangs mit dem Konzil von Nikäa ist - von der Intention der Bestimmungen her vertretbar - sicher nicht Sorglosigkeit, sondern Bemühen um besonders wirkungsvolle juristische Argumentation.

vestitur-Traktat gezeichneten historischen Entwicklung den umfangreichen Kirchenbesitz begründen, hinter der großen geschichtlichen Perspektive völlig zurücktritt[88].

Aber auch außerhalb solch umfassender Betrachtung wird die Genesis des Kirchenguts beschrieben - zum Beweis, daß die Kirche den Laiengewalten dankbar sein muß, von denen es stammt und geschützt worden ist. Diese Fakten sind sowohl historischer als auch juristischer Natur. Der geschichtliche Aspekt wird allerdings nicht durch Andeutung bestimmter Einzeltatsachen in den Vordergrund gerückt. Diese werden nur in allgemeiner Umschreibung vergegenwärtigt, erscheinen dabei aber doch als sehr zahlreich. Das erreicht die Diärese, die die Förderer des Kirchenbesitzes in syndetischer Reihe aufgliedert:...*per reges et imperatores et devotos laicos.* Es liegen also nicht nur die Vergabungen der Kaiser, sondern auch die der vielen Könige im Blickpunkt - und sogar noch die zahllosen Schenkungen kleinerer und kleinster Machthaber. Ähnlich wirkt die Diärese des Subjekts: *Romana ecclesia alieque in orbe terrarum ecclesie.* Der Blick wird dadurch nachhaltig auf die Gesamtheit aller Kirchen gelenkt. Auch die Schenkungen selbst sind in Objekt und Aussage aufgegliedert: *in fundis et mobilibus ditate et exaltate sunt..* Die juristische Seite tritt kaum hervor. Es werden keinerlei Formalien gekennzeichnet, sondern nur ein Vorbehalt - allerdings weniger in seiner Rechtskraft als in seiner bloßen Faktizität-vergegenwärtigt: *sibique tutelas et defensiones contra tyrannos et raptores retinuerunt.* Dabei kommt ihm als einem - für das behandelte Thema äußerst wichtigen - in die Zukunft weisenden Anspruch besondere Bedeutung zu. Die geringe Betonung des juristischen Aspekts fällt um so mehr auf, als dieser Argu-

88) Ldl II, p.502,1-7. Vgl. dazu unten S.172. E. Bernheim, der sie juristisch auffaßt, hat den Kontext nicht beachtet(Über den Traktat S.288). Den weitgehend historischen Charakter hat G. Laehr erkannt ("Genau ebenso wird der geschichtliche Hergang in dem Tractatus de investitura geschildert..."), der aber - für seine Untersuchung nur diese Stelle heranziehend - auf die Antinomie nicht weiter eingeht (Konstantinische Schenkung S.40).

mentation gerade ein Hinweis auf - neben historischen - Rechtsquellen vorangestellt ist: *Qui a primo Constantino, quem Silvester baptizavit, gesta et decreta revolverit, patenter inveniet...* Die dadurch gegebene Bezeichnung des 'terminus post quem' dieses rechtsgeschichtlichen Vorgangs weist zugleich auf das wichtigste Einzelfaktum hin, das Verhältnis des römischen Kaisers Konstantin I. zu Papst Silvester I. (313 - 335) und damit auf ein höchst wichtiges primär juristisches Dokument, das *Constitutum Constantini*. Dies wird aber - offensichtlich als für die vertretene Sache nicht günstig - im Investitur-Traktat als solches niemals erwähnt. - Der historische Aspekt wird in einer durch einen Einschub getrennten Fortsetzung sogar beherrschend. Als Hauptsache wird die Ausnutzung des Besitzes durch die Kirche - als eindeutig geschichtlicher Vorgang - mit dreifacher Diärese zwar allgemein, aber doch ausführlich geschildert: *Romani pontifices aliique presules de rebus et fundis...struxerunt et ornaverunt ecclesias...* Der Erwerb des Besitzes ist hier - ohne merkliche juristische Note - nur mit zweifachem Partizipium coniunctum gleichsam parenthetisch eingefügt:*...per devotos laicos et laicas adquisitis et a seculari potestate confirmatis...*[89].

Im Gegensatz zum Investitur-Traktat wertet Hugo von Fleury das *Constitutum Constantini* ausführlich für seine Beweisführung aus[90]. Es ist das einzige Argument in seinem Traktat, das hi-

---

89) Ldl II, p.499,15-22. G. Laehr hat das Schweigen über das *Constitutum Constantini* im Investitur-Traktat nicht erörtert, obwohl er entsprechenden Phänomenen sonst seine Aufmerksamkeit gewidmet, so für Nikolaus I. und Gregor VII. untersucht hat, warum diese, obwohl sie es materiell zu verwerten scheinen, es dennoch nicht nennen (Konstantinische Schenkung S.25,36/37). Sein Ergebnis in beiden Fällen, daß die Päpste befürchteten, bestimmte Tendenzen im *Constitutum* könnten gegen die von ihnen vertretenen Positionen wirken, wird man - mutatis mutandis - auch für den Investitur-Traktat annehmen dürfen. Dessen Verfasser wird an der Hervorhebung der päpstlichen gegenüber der kaiserlichen Gewalt Anstoß genommen haben.

90) Er weist aber keineswegs auf das *Constitutum Constantini*

storische und juristische Gesichtspunkte vereint. Rein geschichtliche Tatsachen von erheblicher Zahl werden aus der darein gefügten, durch von der Vorlage separat gebotene Nachrichten aus dem *Liber pontificalis* etwas erweiterten Schilderung von Bau und Ausstattung der römischen Kirchen durch Kaiser Konstantin I. mitgeteilt:...*et aedificavit in eadem urbe plures aecclesias; inter quas construxit aecclesiam beati Iohannis baptistae, et beatorum apostolorum Petri et Pauli, quas etiam magnis possessionibus ditavit, auroque et argento locupletavit, atque eorundem apostolorum sacras reliquias auro purissimo ac gemmis preciosissimis inclusit*[91]. Dennoch hat Hugo daneben die

---

hin, um zu beweisen, "daß das Kirchengut alles von den weltlichen Herrschern stamme", wie die Erwähnung bei Sägmüller (Theologische Quartalschrift 84 S.96) vermuten läßt. Hugo läßt den Beweiszweck vielmehr offen, und man kann lediglich aus dem Gesamtzusammenhang schließen, daß es dem später folgenden Nachweis der 'liberalitas' der Herrscher gegenüber der Kirche zugeordnet ist, die schließlich als die moralische Grundlage für die Laieninvestitur erscheint. Geradezu falsch ist die Behauptung von Sägmüller, Hugo von Fleury schließe aus der Erhöhung des Papstes durch den Kaiser im *Constitutum Constantini* auch das Recht der Herrscher auf die Investitur der Bischöfe(Theologische Quartalschrift S.97). - Vgl. auch G. Laehr, Konstantinische Schenkung S.40/41, der aber wohl kaum das Wesentliche an der argumentatorischen Verwertung mit der Bemerkung trifft: "Im 2. Buch seines Traktats sucht er (sc. Hugo von Fleury) seine Meinung an Hand der geschichtlichen Überlieferung zu erweisen und kommt dabei auch auf die Konstantinische Schenkung zu sprechen. Er bringt eine ausführliche Inhaltsangabe der Schenkung, aber weist dann sofort darauf hin...".

91) Ldl II, p.486,15-19=Hugo von Flavigny, *Chronicon*, ed. G. H. Pertz, MG SS VIII, 1848, p.299. Zu den Eigentümlichkeiten des von Hugo von Fleury benutzten Überlieferungszweiges, der vor allem durch eine Anreicherung um die im *Liber pontificalis* genannten Schenkungen Konstantins I. gekennzeichnet ist, vgl. H. Fuhrmann, Das Constitutum Constantini=MG Fontes iuris Germanici antiqui X, 1968, S.36. Auf die Integrierung betreffender - in der Chronik als vorausgehender Bericht abgesonderter - historischer Nachrichten aus der *Vita S. Silvestri* durch Hugo von Fleury weist H. Fuhrmann hin:"...sein Ausschreiber Hugo von Fleury bezieht nach 1102 in einem stark paraphrasierenden Zitat ...die Liber-Pontificalis-Partie in den Text des Constitutum Constantini ein"(S.36). Genau besehen stellt allerdings der Hinweis auf *plures ecclesiae* und auf die von Johannes dem Täu-

rechtliche Verpflichtungskraft des *Constitutum* stark hervorgehoben. Den in seiner Vorlage vollständig wiedergegebenen Text kürzt er zwar - zusammenfassend und zugleich gliedernd - sehr, nutzt aber die dadurch gegebene Gelegenheit aus, um durch eigene Zusätze mehrfach den Charakter als positive Rechtssatzung zu betonen:*...edicto proprio constituit...privilegio suo decernens...decrevit etiam...* Abschließend weist er noch darauf hin, daß deren Urheber ihre Verbindlichkeit durch einen besonderen Akt hervorgehoben habe, wenn er auch nicht die ausführliche Passage vom Schluß des *Constitutum* verwendet, sondern eine selbständig kombinierte Kurzfassung: *Quod privilegium obtulit super corpora sanctorum apostolorum Petri et Pauli, eligens sibi ipsum principem apostolorum eiusque vicarios firmos apud Deum intercessores atque patronos*[92].

Beides, päpstliche Rechtssetzung zugunsten der Laieninvestitur und Schenkung des Kirchenbesitzes durch die Laien, ist im Investitur-Traktat auch einmal zu einer Argumentation verbunden, die neben Betonung der juristischen Relevanz in ähnlicher Weise auch historische Gesichtspunkte anklingen läßt:*...ea solvantur, que sub anathemate confirmaverunt Silvester, Leo, Adrianus, primus Gregorius, Leo, Benedictus erga reges et imperatores de investiendis episcopis per illos, a quibus - et etiam a devotis laicis et feminis - fundi et alia mobilia ecclesiis Dei*

---

fer in der Streitschrift den einzigen Zusammenhang mit diesem Teil der Chronik dar (vgl. Constitutum, ed. H. Fuhrmann p.85,Z. 196-201;Ldl II, p.486,16-19;SS VIII p.298,53-p.299,2).

92) H. Fuhrmann hat bereits allgemein auf den Schluß von Hugos Fassung aufmerksam gemacht: "Zur Kennzeichnung Hugos von Fleury ist auch der Schluß heranzuziehen...eine Kombination der Nonantola-Überschrift mit Zeile 165/166"(S.36 Anm.53). Der Publizist hat dabei die rechtlichen Wirkungselemente gegenüber seiner Vorlage verstärkt: Im Einleitungssatz des Chronisten ist nur Petrus genannt:*...et optulit illud super corpus beati Petri apostoli...*(p.299); und in der den Zeilen 165/166 (ed. H. Fuhrmann) des *Constitutum* entsprechenden Stelle der Chronik fehlt der Begriff *intercessor* (p.300,21/22).

in orbe terrarum provenerunt sibique tutelas et defensiones rerum ecclesiasticarum retinuerunt contra tyrannos et raptores[93].

Wenig Gewicht liegt bei zwei ausführlichen historischen Erzählungen des Investitur-Traktats auf für dessen Thema unmittelbar relevanten juristischen Momenten.

So hat die geschichtliche Entwicklungslinie, die zum größten Teil aus der detaillierten Schilderung der Reise Papst Stephans II. ins Frankenreich 754 besteht, mit der 'Translatio imperii' ihr durch die zahlreichen Einzelfakten angedeutetes Ziel voll erreicht. Parenthetisch nur wird noch ganz kurz auf eine angeblich dabei vom Papst erteilte Bestätigung des königlichen Investiturrechts hingewiesen: *Ibi de investiendis episcopis per reges antiquam consuetudinem confirmavit*[94]. Weiter als diese schlichte Mitteilung des Vorganges an sich findet sich nichts darüber. Seine rechtliche Relevanz wird in keiner Weise hervorgehoben. So ist eine - zumindest in den Augen des Verfassers -

---

93) Ldl II, p.500,12-16. Auch hier sind zahlreiche Diäresen verwandt, um die Argumentation voller und nachdrücklicher zu gestalten. Aus der Verwendung dieses stilistischen Instruments kann man keine politischen Anschauungen herausinterpretieren, wie es H. Schlechte mit der Wendung *Romana ecclesia alieque in orbe terrarum ecclesiae* getan hat(Erzbischof Bruno von Trier S. 47). Ebenso könnte man aufgrund der hier verwandten Diäresen annehmen, der Investitur-Traktat sei dazu bestimmt, die übrigen Könige gegenüber der kaiserlichen Gewalt hervorzuheben, oder die weiblichen Laien gegenüber den männlichen. Zum Teil hat auch I. Ott sie in solcher Weise ausgewertet mit ihren Feststellungen: "Die Temporalien gliedern sich in fundi et mobilia oder in die fundi et res ecclesie und in die iura civitatum. Nur die fundi et res ecclesie nennt der Verfasser regalia..." (Regalienbegriff S.244). Sie widerruft ihre Deutung jedoch praktisch wieder mit dem Urteil:"...der Verfasser des Traktats hat überhaupt noch keinen festumgrenzten Regalienbegriff mit eindeutigem Rechtsinhalt...nicht aber in einer klaren Definition der Regalien...und erst in zweiter Linie kommt die Frage nach dem weltlichen Besitz der Kirche" (Regalienbegriff S.245/246).

94) Ldl II, p.501,11/12. Vgl. dazu unten S.164 ff.

Rechtsgrundlage für die verteidigte Laieninvestitur weitgehend ihres Charakters und ihrer eigentlichen Bedeutung entkleidet; sie erscheint als historischer Vorgang neben anderen, noch dazu unbetont als Nachtrag zu diesen, eigentlich wichtigen.

Sehr im Hintergrund steht das juristische Moment auch bei der umfangreichen historischen Schilderung am Ende des Investitur-Traktats. Ein Rechtsakt, der direkt einen wesentlichen Teil der Laieninvestitur sichert - das eidliche Gelöbnis der Römer gegenüber Kaiser Heinrich III., ohne dessen und seiner Nachfolger Zustimmung keinen Papst zu wählen - ist ganz in ein geschichtliches Beispiel eingeordnet, das unmittelbar lediglich - in Parallele zu zwei vorausgehenden - die wohltuende Wirksamkeit kaiserlicher Macht in Rom zur Verhinderung und Beseitigung von Schismen belegen soll. Der Zusammenhang dieser Erzählung führt schließlich, ohne jede besondere Betonung, zu dem erwähnten Rechtsakt. In wenigen Worten wird er, gleichsam als Begleitumstand zu den übrigen, nachgetragen:...*iurantibus Romanis se sine eius consensu eiusque successorum numquam papam electuros*. Auch steht dabei nicht das Handlungsergebnis, der dadurch geschaffene rechtliche Zustand, sondern die Handlung als solche - als der kaiserlichen Wirksamkeit gezollte Anerkennung - im Vordergrund. - Allerdings hat der Verfasser des Investitur-Traktats diese Beweisführung nicht selbst formuliert, sondern wörtlich aus der Chronik Sigeberts von Gembloux übernommen. Das nimmt jedoch der Vernachlässigung des rechtlichen Aspekts nichts von ihrem Gewicht. Der Möglichkeit, ihn durch eigene Zusätze oder Umformulierung hervorzuheben, war sich der Verfasser offensichtlich bewußt. Doch hat er nicht die Bedeutung des Juristischen als solchen mehr betont, sondern nur das Ausmaß des Versprechens durch den Zusatz *eiusque successorum* auf die gesamte Zukunft ausgedehnt[95]. Die Argumentation bildet auch in dieser Hinsicht eine deutliche Parallele zu der vom Verfasser

---

95) Ldl II, p.504,4/5; Sigebert von Gembloux, *Chronica*, ed. D. L. C. Bethmann, MG SS VI, 1844, p.358. Vgl. dazu unten S.200 f.

selbst formulierten, die zuvor besprochen worden ist.

Man könnte aus der beschriebenen Abschwächung des juristischen Aspekts mehrerer Argumentationen zugunsten historischer Betrachtungsweise schließen, daß im Investitur-Traktat wenig Wert auf Rechtsargumente gelegt werde. Daß das aber - relativ gesehen - durchaus nicht der Fall ist, zeigt der Vergleich mit Hugo von Fleury. Dieser geht nur an zwei Stellen seiner langen Abhandlung auf bestimmte Rechtssetzungen ein, die die Laieninvestitur betreffen: auf das Papstwahldekret Nikolaus' II. und auf eine Bestimmung des Konzils von Nikäa, die später durch mehrere Päpste bekräftigt worden sein soll. Diese bezieht sich aber nur negativ auf die Laieninvestitur, setzt ihr Schranken. So bleibt als direkte Rechtsgrundlage für die von Hugo verteidigte 'consuetudo' nur das Papstwahldekret übrig, innerhalb dieses langen Textes aber auch nur wenige Worte, und diese beziehen sich nur auf einen Teilaspekt der Laieninvestitur. Dem stehen im Investitur-Traktat genauere Angaben über vier rechtliche Festsetzungen zugunsten der Laieninvestitur gegenüber: das angebliche Privileg Hadrians I., der Akt, durch den Stephan II. die Laieninvestitur bekräftigt haben soll, das angebliche Privileg Leos VIII. und die Übertragung der entscheidenden Stimme bei der Papstwahl an Heinrich III. und seine Nachfolger durch die Römer. Hinzu kommen noch die nicht bestimmte Zahl von Papstprivilegien, auf die im Anschluß an die Erwähnung dessen von Leo VIII. hingewiesen ist, sowie die nicht identifizierbaren von *Silvester, Leo...primus Gregorius...Benedictus*, die zusammen mit den anderen als durch Verhängung des Anathems sakrosankt bezeichnet werden[96].

Der Investitur-Traktat legt also vergleichsweise sogar sehr großen Wert auf juristische Rechtfertigung der Laieninvestitur. Die geringe Betonung der rechtlichen Relevanz bei den besprochenen Argumenten mag z. T.dadurch veranlaßt sein, daß als der

96) Diese letzte Aufzählung: Ldl II, p.500,13.

eigentliche, ausreichend überzeugende Rechtsgrund für die Laieninvestitur das *Decretum Hadriani* angesehen wird, das am Anfang der Schrift nachdrücklich und als juristisch bindend vorgestellt worden ist und weithin die Darlegungen beherrscht. Die anderen Rechtssetzungen haben daneben nur subsidiäre Bedeutung. Man darf aber daraus auch schließen, daß dem Verfasser, obwohl er sich darum bemüht, möglichst viele Rechtsargumente zur Geltung zu bringen, historische Beweisführung eben doch geläufiger war.

Formale Kopplung historischer mit autoritativer Argumentation

Der Investitur-Traktat verbindet dreimal syntaktisch geschichtliche mit autoritativer Beweisführung.

Im 1. Teil des I. Hauptteils besitzt der 3. Unterabschnitt des 1. Abschnitts dadurch besondere Geschlossenheit, daß der mittlere von seinen drei Punkten mit dem ersten durch die Präposition *iuxta* verbunden ist und der dritte sich durch *etiam* an ihn anschließt. Dieser mittlere enthält ein kurzes Pauluszitat, das den letzten Aspekt der im Vorhergehenden angeführten historischen Argumente - den Vorgang der Laieninvestitur - theologisch rechtfertigt, zugleich auch die geschichtlichen Beweise des folgenden stützt. Diese einzige autoritative Begründung direkt für die Laieninvestitur[97] konkurriert mit dem im I. Hauptteil beherrschenden *Decretum Hadriani* als juristischer Begründung und ist vielleicht, um deren Wirkung nicht zu beeinträchtigen, in eine untergeordnete, aber ausführliche historische Beweisführung eingesenkt worden. Dort besitzt sie gliedernde Funktion: Sie sondert die Beispiele für die Handlungsweise der Herrscher von denen für die der Päpste ab. - Das relative Gewicht beider Argumentationsweisen abmessend, wird man, trotz

97) Ldl II, p.499,3-5= 1. Cor. 15,46. Vgl. M. Hackelsperger, Bibel S.57, der mit der Feststellung:"Im gleichen sophistischen Sinne finden wir auch gebraucht..." das Pauluswort und die Argumentation des Investitur-Traktats zitiert.

sachlicher Gleichwertigkeit, von Umfang und Gestaltung her ein Übergewicht der historischen anerkennen müssen, der die autoritative subsidiär zugeordnet ist.

Umgekehrt ist einer primär autoritativen Beweisführung zur verdeutlichenden Konkretisierung des Gemeinten ein historisches Beispiel eingefügt. Als Richtschnur für das Verhalten der geistlichen Gewalt bei fehlerhaften Investituren wird ein Zitat aus dem zweiten Brief des Apostels Paulus an Timotheus angeführt, das sozusagen seine Ausführungsbestimmungen erhält durch Verweis auf die vorbildliche Haltung Papst Gregors I.:....*exemplo primi Gregorii exhibeatur quod Paulus dicit...*[98]. Diese wird nicht näher erklärt. Da aber das Zitat auch keinen wesentlich größeren Raum einnimmt, ergibt sich der Eindruck gleichberechtigter Zusammenwirkung beider Bestandteile zur Erzielung eines möglichst nachhaltigen Gesamterfolges.

Zwei Punkte sind im Investitur-Traktat dadurch eng verbunden, daß sie in einem einzigen langen Satz abgehandelt werden, dessen Subjekt und handelnde bzw. lehrende Hauptfigur Christus ist. Verweise auf allgemeingültige Aussprüche und exemplarische Handlungen stehen gleichberechtigt, in verschiedener Weise aufeinander bezogen nebeneinander. Der Tadel Christi an heuchlerischen Lastern geistlicher Würdenträger im ersten Punkt besitzt dort einen Gegenpol in der Schilderung seines barmherzigen Verhaltens gegenüber der zu richtenden Ehebrecherin, während im zweiten Punkt seine Anschauung über die Rechte der weltlichen Gewalt parallel dokumentiert wird durch Charakterisierung einer aussagekräftigen Handlung - die Zahlung des Tributes für sich und Petrus - und durch kurze Paraphrasierung einer allgemeinen Weisung. Entscheidend ist die - wohl kaum zufällige - Ferne vom biblischen Wortlaut, der jeweils nur anklingt. Das ermöglicht freie Entscheidung über den sprachlichen Umfang, der dem historischen oder dem autoritativen Aspekt zugewiesen wird. So ist

---

98) Ldl II, p.499,24= 2. Tim. 4,2. Vgl. M. Hackelsperger, Bibel S.71/72, der auf Petrus Crassus hinweist.

es zweifellos dem Autor anzurechnen, daß in dieser Hinsicht der geschichtliche eine fast gleichberechtigte Rolle spielt. Man wird deshalb aus seiner Verbindung mit anderen nicht auf Geringschätzung schließen, sondern darin das Bemühen erkennen, auf kleinem Raum komplexe Wirkungen zu erzielen[99].

Hugo von Fleury hat es vermieden, verschiedene Betrachtungsweisen formal miteinander zu verbinden. Der dadurch gegebene Unterschied ist z. B. ablesbar an seiner Verwendung eines Ausspruchs und einer Handlung Christi, die der Investitur-Traktat zu der besprochenen Beweisführung zusammengefügt hat. Hugo bringt die Tributzahlung Christi gesondert als Faktum zur Geltung, ausführlichen Pauluszitaten gleichsam als konkretes Richtmuster für das dort theoretisch Geforderte nachgestellt, aber dennoch völlig eigenständig[100]. Den entsprechenden Ausspruch Christi bringt Hugo auch, zitiert ihn wörtlich, sogar zweimal, dabei einmal noch mit erläuterndem Kommentar. Aber diese Zitate stehen an ganz anderer Stelle, und es wird keinerlei Beziehung zu dem 'exemplum' Christi angedeutet[101].

Formale Koppelung historischer mit juristischer Argumentation

Syntaktisch als Ablativus absolutus mit Historischem - der Beseitigung eines Schismas durch Kaiser Heinrich III. - verbunden ist die schon besprochene Schilderung der Übertragung der Entscheidung bei der Papstwahl an den Herrscher und seine Nachfolger[102]. Sonst enthält der Investitur-Traktat keine Beispiele solcher Koppelung von auch unabhängig voneinander wirkungsvol-

---

99) Ldl II, p.502,30-p.503,2. Vgl. unten S.179 f.

100) Ldl II, p.470,46-p.471,1. Vgl. unten S.178 f.

101) Ldl II, p.472,10,31=Matth. 22,21, Marc. 20,17, Luc. 20,25. Vgl. dazu M. Hackelsperger, Bibel S.29/30.

102) Vgl. oben S.151.

len geschichtlichen und rechtlichen Argumenten. - Hugo von Fleury hat völlig darauf verzichtet.

Unterordnung historischer unter andere Argumente

Es ist schon angeklungen, daß der Investitur-Traktat umfangreiches historisches Material juristischer Beweisführung unterordnet. Es handelt sich dabei um drei verschiedene ausführliche geschichtliche Beweisführungen im I. Hauptteil, die dessen zentrales Argument, das *Decretum Hadriani,* stützen und seine Beweiskraft besser ins Licht rücken sollen.

Bereits der umfangreiche historische Bericht, der den Investitur-Traktat eröffnet, ist dem Papstprivileg zugeordnet. Zwar ist in keiner Weise ausgedrückt, welchen Beweiswert diese Schilderung von Grund, Berechtigung und Modalitäten der 'Translatio imperii' haben, doch ist zu erkennen, daß sie die Voraussetzungen für das *Decretum Hadriani* klären soll. Das legt schon der Zusammenhang nahe: Unmittelbar darauf wird die Entstehung des Privilegs geschildert. Ein deutliches Indiz zudem ist die Beobachtung, daß die 'Translatio imperii' mehrfach mit der Billigung der Laieninvestitur durch das Papsttum zusammen, d. h. vor dieser, genannt wird, so auch gleich nach diesem Bericht in den Ausführungen über das *Decretum Hadriani,* die eingeleitet werden durch ein kurzes Fazit aus der vorausgeschickten historischen Erzählung, wobei der Zusammenhang durch *ex tunc* betont ist[103].

Das Besondere daran tritt klarer hervor durch den Vergleich mit einer Passage bei Hugo von Fleury, wo ebenfalls ein umfangreicher historischer Bericht einer Rechtssetzung vorausgeht. Es

---

103) Ldl II, p.498,1-14 u. p.498,15. H. Rall urteilt darüber wohl nur nach historiographischen Kriterien:"...doch ist auch hier die Geschichtsdarstellung nur zur Einleitung verwandt" (Zeitgeschichtliche Züge S.206); P. A. van den Baars Disqualifizierung zur bloßen "historischen Einkleidung" ist nicht begründet und an sich auch unklar (Vgl. Ldl II, p.501,4 ff. und p.503,8 ff. sowie unten S.226 ff.).

handelt sich um die Verfolgung der frühchristlichen Kirche und deren Beendigung, die durch das *Constitutum Constantini* versinnbildlicht wird. Entscheidend ist, daß er nicht auf die Rechtssetzung zuführt, sondern den ihr entgegengesetzten früheren Zustand verdeutlicht. Die das *Constitutum* ermöglichende historische Tatsache wird in einem einzigen kurzen Satz erläutert und dann dieses breit geschildert[104].

Unmittelbar auf die Darlegungen über das *Decretum Hadriani* folgt im Investitur-Traktat eine umfangreiche historische Argumentation, die offenbar beweisen soll, daß sich das Privileg in der Geschichte als gültig erwiesen hat. Das geht aus der Einleitung des ersten Beispiels hervor, die den Bezug auf diese Rechtssetzung deutlich genug kennzeichnet: *Ex hoc constituto...* Die anderen historischen Fälle sind auf das erste Beispiel bezogen, so daß der Bezug auf das Privileg, wenn auch indirekt, weiterwirkt. Im zweiten Teil dieser historischen Beweisführung ist die Zuordnung nicht so klar artikuliert, er ist nur durch ein *etiam* an das Vorhergehende angeschlossen. Der subsidiäre Charakter der gesamten Beweisführung wird aber nachträglich dadurch noch einmal verdeutlicht, daß direkt an sie anschließend auf ganz ähnliche Papstprivilegien wie das *Decretum Hadriani* verwiesen wird - und dieser Verweis knüpft direkt an die Darlegungen über dieses erste und im Zusammenhang der Schrift wichtigste Privileg an[105], ohne einen Reflex der dazwischen eingeschobenen historischen Beweisführung zu zeigen.

Doch mit dieser breiten historischen Einrahmung ist die Hilfsfunktion noch nicht erschöpft, die der Investitur-Traktat der Geschichte in Bezug auf die Überzeugungskraft des *Decretum Hadriani* zugewiesen hat. Der 2. Abschnitt des 3. Teils enthält

---

104) Ldl II, p.485,23-p.486,14. Vgl. unten S.168 f.

105) Ldl II, p.498,26-p.499,12. Vgl. oben S.143 und unten S. 194 f. und 196 f.

nochmals umfangreiches historisches Material, das die Geltung dieses und anderer Papstprivilegien unterstützen soll. Jetzt wird aber die Entwicklung vor den Dekreten und ihre Übereinstimmung mit deren Rechtsinhalt dokumentiert, was das der Beweisführung vorangestellte Fazit klar artikuliert: *Longe etiam ante decretum Adriani pape eiusque successorum reges...investituras fecerunt.* Auch ihr subsidiärer Charakter wird dadurch besonders deutlich, daß sie mit der Schilderung eines juristischen Aktes zugunsten der Laieninvestitur endet[106].

Daß aus in ihr verwandten Präzedenzfällen durchaus eine selbständige historische Argumentation hätte gebildet werden können, zeigt Hugo von Fleury. Er verwendet zwei davon ebenfalls: das Zögern Gregors des Großen, sich zum Papst weihen zu lassen, bis die Zustimmung des byzantinischen Kaisers Maurikios (582 - 602) eintraf, und die dem merowingischen Frankenkönig Dagobert I. (629 - 639) zugeschriebene Ernennung des heiligen Eligius zum Bischof von Noyon (641 - 660). Auch bei ihm sind sie Teil einer umfangreichen historischen Argumentation. Aber diese ist ganz selbständig. Sie rechtfertigt die Laieninvestitur unmittelbar aus ihrer historischen Bewährung heraus, wie das vorangestellte Fazit der Beispielreihe eindeutig formuliert: *Qua discreta consuetudine usi sunt multi reges et principes usque ad tempora nostra in promovendis viris doctissimis atque sanctissimis...* Hugo hat ihr sogar die Rolle der einzigen Rechtfertigung der 'consuetudo' insgesamt zugeteilt[107].

Auch generalisierende geschichtliche Beweisführung ist im Investitur-Traktat oft juristischen Argumenten beigeordnet, um deren Stringenz zu betonen.

Einmal wird sie in dieser Weise sogar zugunsten des Papst-

---

106) Ldl II, p.500,35-p.501,12. Vgl. oben S.150 und unten S. 164 ff. und 228 ff.

107) Ldl II, p.488,31 ff. (vgl. dazu unten S.187). Das Papstwahldekret bezieht sich ja nur auf einen Teil der Laieninvestitur.

tums verwendet. Unter den Bestimmungen des *Decretum Hadriani* werden Sonderrechte des Papstes genannt, die ihm *ex antiquo dono regum et imperatorum* zustehen[108]. Die Bedeutung des 'donum', das ja als verpflichtender Rechtsakt an sich beweiskräftig ist, zumal es als im *Decretum Hadriani* nochmals verbrieft gilt, wird dennoch zusätzlich durch summarischen Verweis auf die Geschichte betont. Das Alter verleiht dem 'donum' zusätzliche Würde und Beglaubigung.

Sonst stärkt sie die Überzeugungskraft juristischer Argumente zugunsten der Laieninvestitur.

Im I. Hauptteil ist sie, dessen Gesamtcharakter entsprechend, päpstlichen Rechtssetzungen zugeordnet. Einmal ist sie mitten in einen Argumentationszusammenhang eingereiht. Es wird der Anspruch zurückgewiesen, daß der Papst, ohne Rechenschaft darüber abzulegen, die Erlasse seiner Vorgänger über die Laieninvestitur aufheben könne, und die Verbindlichkeit dieser Erlasse nicht nur, dem Hauptgedanken der Argumentation entsprechend, durch ihre Sicherung durch Verhängung des Anathems nachgewiesen, sondern noch die Wirkung historischer Perspektive hinzugefügt. Diese wird sogar zweifach, vom Anfangs- und vom Endpunkt her, vorgeführt. Gleich das erste, womit die Verbindlichkeit der Erlasse begründet wird, ist deren Alter:...*antiqua constituta*... Nach dem Passus über die Bannandrohung beschließt diese Begründung der Hinweis darauf, daß Änderungen

---

108) Ldl II, p.498,22. Zu diesem Zusatz zu dem uns erhaltenen Text der Fälschung vgl. E. Bernheim, Über den Traktat S.287. Für das bei dieser und den folgenden Argumentationen angeschnittene Problem, ob Alter im Mittelalter wesensmäßig zur Verbindlichkeit von Recht gehört habe, sei nur auf den Forschungsbericht von G. Köbler hingewiesen, Das Recht S.12-29. - Seine Ergebnisse, die im Gegensatz zur bisherigen Forschungsmeinung das Alter nicht als wesentlich erscheinen lassen, erkennen für die vorliegenden Zusammenhänge dem genuin historischen Aspekt eine höhere Bedeutung zu. Es ist allerdings zu berücksichtigen, daß er zwar Geschichtsschreibung aus dem Investiturstreit, aber gerade keine Streitschriften in seine sorgfältige terminologische Untersuchung einbezogen hat.

dieser 'constituta' keinerlei historische Rechtfertigung besäßen:...*novis inmutationibus solvunt*. Die in dieser Beweisführung mitschwingende Erregung ist in dem übergeordneten Satz zu fassen: *mirum est et periculosum in Christi pusillos, quod..*[109].

Das zweite Mal ist sie so subsidiär im den I. Hauptteil abschließenden Fazit verwandt. Daß der Verfasser des Investitur-Traktats hier, wo er die gesamte vorausgehende Argumentation ganz kurz zusammenfaßt, neben den den rechtlichen Gehalt verkörpernden Begriff *constitucio* das Attribut *antiqua* setzt, zeigt einerseits, daß er die vorgetragenen historischen Aspekte für sehr wichtig hält, ihnen andererseits aber doch nur eine Hilfsfunktion gegenüber der rechtlichen Sphäre zuweist. Daß die Verdichtung der geschichtlichen Gesichtspunkte zu dem ganz allgemeinen Ausdruck *antiqua* auch hier an das Gefühl appelliert, zeigt der Nachsatz: *ne pusilli Christi scandalizentur*.

Auch im Fazit des II. Hauptteils ist generalisierende geschichtliche Beweisführung mit dem nunmehr im Mittelpunkt stehenden Rechtsbegriff - *iura* - gekoppelt. Auch ihm wird das Attribut *antiqua* zugeordnet und damit sein juristischer Gehalt durch kürzeste Zusammenfassung der im II. Hauptteil vorgebrachten geschichtlichen Argumente gestützt.

Diese Fügung wird im Folgenden noch des öfteren wiederholt und so der rechtliche und geschichtliche Gehalt des II. Hauptteils auch innerhalb des III., bis in den 2. Abschnitt des 2. Teils hinein, vergegenwärtigt. - So werden im 1. Abschnitt des 1. Teils die Päpste gemahnt, die königlichen Investiturrechte nicht zu verletzen. Zur Verstärkung dieser Mahnung weist das Attribut *antiquus* darauf hin, daß sie schon seit langer Zeit unangefochten gelten, zugleich wird auch noch ihre Verletzung in die historische Dimension gestellt, kurz durch ein *noviter* als Bruch mit der ganzen bisherigen Entwicklung gekennzeichnet:

---

109) Ldl II, p.500,8/9.

nec contristent noviter reges in suis antiquis iuribus...[110]. Daß auch diese doppelte Verwendung ganz summarischer Geschichtsbetrachtung emotionalen Gehalt hat, zeigt der unmittelbar folgende Appell an die Dankbarkeit der Päpste.

Am Anfang des 1. Abschnitts des 2. Teils wird die gleiche Forderung gestellt und wiederum zusätzlich durch einen - im Attribut *antiquus* verkörperten - umfassenden Blick auf die Geschichte begründet. Die damit verbundene Erregung wird offenbar in der Schilderung der Reaktion auf Mißachtung dieser Forderung: *timent, dubitant, dolent pusilli Christi*[111].

Das letzte Mal wird diese Fügung im 2. Abschnitt verwandt, wo im 2. Punkt des 1. Unterabschnitts betont wird, daß wahre Friedensliebe verbiete, die königlichen Investiturrechte anzutasten. Hier ist die juristische Seite besonders stark ausgeprägt, da zu dem Begriff *iura* noch eine Erklärung hinzugefügt ist über den Zweck, zu dem sie festgesetzt worden sind, und damit der die Rechtsverbindlichkeit begründende Akt noch betont wird. Dennoch ist auch hier im Attribut *antiqua* noch in aller Kürze das Zeugnis der Geschichte angerufen. Daß auch diesmal starke Emotionen mit im Spiel sind, zeigt die asyndetische, in zwei anaphorisch verbundene gleich lange Gruppen von drei und einem Glied geteilte Häufung negativer Charaktereigenschaften, durch die der Verfasser überhaupt erst die Möglichkeit beweist, daß jemand diese Rechte antasten könnte:...*ex contentione, arrogantia, cupiditate, ex nimiis motibus animarum...*[112].

Hugo von Fleury hat keine historischen Beweise juristischen untergeordnet, so daß man die beschriebenen Argumentationen als für den Investitur-Traktat signifikant betrachten darf. - Unterordnung unter 'auctoritates' findet sich in beiden Traktaten

110) Ldl II, p.502,15/16.

111) Ldl II, p.502,21/22.

112) Ldl II, p.503,4-6.

nicht.

Argumentatorische Verwertung einer historischen Wende

Punktuell gefaßt erscheint historischer Wandel bei den vier Beschreibungen der 'Translatio imperii' im Investitur-Traktat.

Die ausführlichste bildet den Anfang der Schrift, dem *Decretum Hadriani* als eine Art historischer Vorspann zugeordnet und nahezu wörtlich aus der Chronik Sigeberts von Gembloux entnommen[113]. Der Wandel erscheint in ihr als einmalige, bewußt vollzogene Handlung. Die Einleitung bildet ein objektiver Bericht, der die Motivierung vorbereitet. Er klärt in einer Reihe paralleler, durch Epiphora zusammengeschlossener Hauptsätze die Entwicklung der Herrschaftsverhältnisse in Byzanz. Von wachsendem Umfang, ist der letzte sogar schon ein kleineres Satzgefüge, das die mit Makeln behaftete zweite Herrschaftsperiode der Kaiserin Irene schildert: *Hyrene autem super erepto sibi imperio femineo dolore abusa, Constantinum filium suum oculis et imperio privavit et sola annis sex imperavit.* Daran wird, in einem einzigen großen Satzgefüge, die ausgelöste Handlung adversativ angeschlossen: *Romani autem...* Der Handlungsträger ist klar bezeichnet: Initiative und Verantwortung für den Wechsel liegen bei den Römern. Als willenloses Werkzeug lediglich erscheint

---

113) Ldl II, p.498,2-14. Über das Verhältnis zur Chronik Sigeberts von Gembloux vgl. den Exkurs unten S.226ff. Allgemein über die 'Translatio imperii' P. A. van den Baar, Die kirchliche Lehre der translatio imperii Romani bis zur Mitte des 13. Jahrhunderts, Rom 1956 und W. Goez, Translatio Imperii. Ein Beitrag zur Geschichte des Geschichtsdenkens und der politischen Theorien im Mittelalter und in der frühen Neuzeit, 1958, der zeigt, daß der Begriff Translatio imperii zuerst in der heidnischen römischen Historiographie vorkommt und eine solche Fügung als vereinfachender Darstellungsbehelf für eine historische Wende uralt ist (schon in babylonischen Königslisten), daß die Interpretation der Krönung Karls des Großen als 'Translatio imperii' sich hingegen erst seit Ausgang des 11. Jahrhunderts kontinuierlich nachweisen läßt und im vollen Sinne das erste Mal im Investitur-Traktat begegnet(W. Goez, Translatio S.103).

ihnen der Papst beigesellt:...*per manus Leonis pape...* Die Bewegung vom alten Rechtszustand weg wird nicht sehr betont, sondern nur, als gesinnungsmäßig schon lange vorweggenommen, gerade erwähnt: *Romani autem, qui ab imperatore Constantinopolitano iam animo desciverant...* Der positive Akt aber, die Übertragung der Herrschaft auf die Franken, ist durch eine Diärese breit ausgestaltet worden. Von den drei dabei nacheinander genannten Huldigungshandlungen der Römer gegenüber Karl dem Großen sind die beiden ersten in parallel gebaute Kola gefaßt:... *uno omnium consensu Karolo magno imperatorias laudes acclamaverunt eumque per manus Leonis pape coronaverunt...* Die dritte wird als Epiphrase nachgetragen: *Cesarem et Augustum appellantes.* Von den drei quantitativ abnehmenden, semantisch aber jeweils gesteigerten Kola macht das kürzeste und letzte mit den dicht zusammengestellten Termini *Cesar* und *Augustus* wohl den größten Eindruck. - Um die Gültigkeit dieser Akte zu betonen, ist am Anfang des ersten Kolon auf die Einigkeit der sie vollziehenden Römer eigens hingewiesen. Großes Gewicht liegt auf der Motivierung. Der Verfasser des Investitur-Traktats hat durch einen Einschub in den übernommenen Text dafür gesorgt, daß neben dem Anlaß auch noch die Ursache angegeben ist. Diese, schon lange wirkend, ist mit den Worten des Verfassers definiert als: *tardum et infructuosum illius auxilium contra tyrannos.* Der als eine besonders günstige Gelegenheit charakterisierte Anlaß (*accepta occasionis oportunitate*) besteht in einer aktuellen Verschärfung dieser Ursache, in besonders unwürdiger Besetzung - deren Entstehung hat der vorausgehende objektive Bericht geschildert - des byzantinischen Herrscheramtes: *quia mulier excecato imperatore Constantino filio suo imperabat...* - Der nächste Satz setzt den anfänglichen objektiven Bericht fort und schildert die Herrschaft Karls des Großen parallel zu der der vorausgehenden griechischen Kaiser, sich durch leicht variierende Epiphora an diese vorhergehenden Glieder des Berichts - als das bei weitem umfangreichste - anschließend. Innerhalb dieser Parallelität wird der stattgefundene Wechsel nur durch die Apposition gekennzeichnet: *rex Fran-*

corum primus. Die ganze folgende Entwicklungsperiode wird somit durch Betonung ihres Beginns nur angedeutet. Innerhalb dieses Satzes aber ist eine Zeitangabe dazu ausgenutzt worden, der punktuellen Fassung des historischen Wandels eine Andeutung der umfassenderen Gesamtentwicklung nachzuschicken: Die Kaiserkrönung Karls des Großen wird zeitlich durch den Abstand zur Übertragung des Kaisertums von Rom nach Konstantinopel fixiert. Dabei wird die erste 'Translatio', die von Rom nach Konstantinopel, durch eine Häufung von fünf parallelen, jeweils einen Sonderaspekt der Veränderung schildernden Kola sehr nachdrücklich ins Bewußtsein gerufen. Sie sind fast alle durch Homoeoteleuton miteinander verbunden, zerfallen aber durch die noch intensivere Bindung der ersten beiden Glieder untereinander (durch den beiden gemeinsamen Begriff *urbem*) in zwei Gruppen, die chiastisch miteinander verklammert sind, mit kräftiger Klimax in Umfang und Gewicht der Aussage. Die erste Gruppe enthält nur erst allgemeinere und schwächere Termini der Erhöhung: *in novam amplificata et in regiam urbem est exaltata.* Die zweite und längere bezeichnet mit stärkstem Nachdruck die Übertragung speziell der römischen Herrschaftsstellung: *et translata in illam omni Romane dignitatis gloria, in sedem Romani imperii dedicata et nova est Roma appellata...* Nach dieser aufwendigen Schilderung des ursprünglichen Wandels erscheint der knappe und nüchterne Hinweis auf die nunmehr erfolgte Trennung dieser Würde von Konstantinopel fast als Heilung eines anomalen Zustandes:.. *diviso a Constantinopoli Romano imperio...*

Bei weitem nicht so umfangreich, aber doch noch sehr detailliert ist im 3. Teil des I. Hauptteils die Schilderung der 'Translatio imperii', die sich aus der historischen Beweisführung herauslesen läßt, die den 2. Unterabschnitt des 2. Abschnitts bildet. Bei ihrer Würdigung muß man sich aber dessen bewußt bleiben, daß die Übertragung des Kaisertums auf die Karolinger nur einer der dargestellten Aspekte ist und daß daneben mit gleichem Gewicht die Etablierung einer legitimen fränkischen Königsgewalt geschildert wird. Die 'Translatio' wird auch hier punktuell gefaßt, aber durch zwei verschiedene

Handlungen konstituiert. Dementsprechend werden auch zwei verschiedene Handlungsträger benannt. Zunächst - und damit wohl auch als der wichtigste Akteur - stehen die Römer im Mittelpunkt der Betrachtung. Sie haben den - alles weitere erst ermöglichenden - Abfall von den griechischen Kaisern vollzogen: *desciverunt a Grecis imperatoribus*. Die Bedeutung, die der Verfasser dieser Aktion beimißt, spiegelt sich in dem erheblichen Raum, den er ihrer Motivation einräumt. Auch hier scheidet er zwischen veranlassenden Umständen und eigentlich bewegenden Gründen. Mit syndetischer Klimax nennt er als Anlaß: *ingruentibus vicinis et gravibus bellis*. Sachlich entspricht das etwa der Ursache im obigen Bericht, der mangelnden Hilfe gegen 'tyranni'. Der tiefere Grund wird hier gar nicht genannt, sondern für diese Frage auf die ausführlichere Darstellung rückverwiesen: *ex causis supradictis*. Damit muß etwas gemeint sein, was an dieser Stelle nicht zur Sprache kommt, also wohl die oben gegebene umfangreiche Schilderung der byzantinischen Herrschaftsverhältnisse und besonders der mit Makeln behafteten Herrschaft der Kaiserin Irene. Somit stellt sich das Verhältnis von Anlaß und Ursache an der zweiten Stelle genau umgekehrt dar wie an der ersten. - Nach den Römern tritt als zweiter Handlungsträger Papst Stephan II. in den Mittelpunkt. Daß er aber nur aufgrund des von den Römern bereits vollzogenen Abfalls wirksam werden kann, ist durch das einleitende *postquam* klargestellt. Er reagiert auf den gleichen Anlaß wie die Römer, kriegerische Einfälle der Nachbarn auf römisches Gebiet: *ob infestationem Longobardorum*. Diese gleiche Motivierung läßt ihn in der Rolle eines römischen Interessenvertreters erscheinen. Seine die 'Translatio' beinhaltende Handlung, die Salbung Pippins des Jüngeren zum König und Kaiser im Jahre 754 wird als von der Zustimmung der Römer und Franken abhängig und beglaubigt hingestellt, wobei vielleicht die der Franken nur auf die Königs- und die der Römer nur auf die Kaiserwürde zu beziehen und die Formulierung somit als Chiasmus zu verstehen ist: *assensu Romanorum et Francorum in regem et imperatorem unxit Pipinum*. Auf diese Zustimmung wird später nicht mehr hingewiesen, doch ist sie wohl auch bei den im Folgenden geschilderten Legitimationsakten zu ergänzen. Die Bedeutung des Vorgangs spiegelt sich in seiner Doppelung: Unter sorgsamer Bezeichnung der Identität und Verwandtschaftsverhältnisse wird noch hinzugefügt, daß der Papst auch die beiden Söhne Pippins gesalbt habe. Die Qualifizierung dieser Salbung - auch sie gilt sowohl für die Königs- wie für die Kaiserwürde - ist erst in einem Nachsatz enthalten, der, als letzte Steigerung, die erbliche Übertragung dieser Würden auf die ganze 'stirps' durch den Papst mitteilt[114].

Außer diesen beiden ausführlichen Beschreibungen der 'Translatio imperii' enthält der Investitur-Traktat noch zwei weitere, allerdings sehr kurze. Über die inhaltreichere hat P. A. van den Baar mit Recht bemerkt, daß "kein Urheber genannt wird"[115]. Aber man kann wenigstens feststellen, daß ein bestimmter Handlungsträger vorausgesetzt wird, wie aus der Formulierung hervorgeht:...*imperium Romanum datum est eis*. Auch hier ist also nicht an eine langsame, unpersönliche Entwicklung, sondern an eine einmalige, von einer bestimmten Instanz zu verantwortende Handlung gedacht. Diese wird der Kürze halber zwar nicht genannt, ist aber sicher aus den anderen Darstellungen zu ergänzen. Die Einmaligkeit spiegelt sich in der genauen Datierungsmöglichkeit wieder. Der Investitur-Traktat setzt eine ganz klare Vorstellung darüber voraus, *quamdiu imperium ibi fuit,* d. h. im Besitz der griechischen Herrscher, und *ex quo* sich das geändert hat. Die Aneinanderreihung beider Termine läßt keinen Raum für eine Herrschaftsunterbrechung oder unentschiedene Übergangszeit. Kennzeichnend für diese Darstellung ist die schroffe Gegenüberstellung der *Greci imperatores* und der *Franci imperatores,* die sich so in der Schrift nicht wieder findet.

Ähnlich nennt auch die vierte und kürzeste Formulierung des

---

114) Ldl II, p.501,4-11. Vgl. dazu den Exkurs unten S.229 f.

115) Ldl II, p.503,10/11. Vgl. dazu P. A. van den Baar, Die kirchliche Lehre S.45-47.

Translationsvorgangs keinen Handlungsträger, setzt aber einen voraus: *translata est imperatoria dignitas*[116]. Dieser Angabe der Handlung und des von ihr betroffenen Objekts geht - als einzige weitere Mitteilung - die des Zeitpunkts und des Ausgangs- und Endpunktes der Bewegung voraus: *Ex tunc a Grecis in reges Francorum...* Diese Kürze ist verständlich, da der besprochene ausführlichste Bericht über den gleichen Vorgang unmittelbar vorhergeht. Um so beachtlicher ist es, daß der Verfasser zur Einleitung eines neuen Gedankens die Tatsachen noch einmal in eigenen Worten zusammenfaßt.

Die energische Herausarbeitung einer historischen Wende und der sie begründenden und begleitenden Faktoren und Umstände erweist sich in hohem Maße als Charakteristikum des Investitur-Traktats durch Vergleich mit Hugo von Fleury, der sich von statischen Kontinuitätsvorstellungen nicht lösen kann.

Gerade die wenigen Passagen seines Traktats, in denen er nicht umhin kann, eine erhebliche geschichtliche Veränderung zu erwähnen - das ganze erste Buch enthält nichts dergleichen - lassen deutlich erkennen, daß er sie als anomal, störend empfindet und sie dem statischen Element anzupassen oder neben ihm verschwinden zu lassen bemüht ist.

So schildert er zweimal, kurz hintereinander, den Wechsel vom jüdischen Glauben zur christlichen Offenbarung, von der 'lex' zur 'gratia'. In beiden Fällen hat er aber den Umschwung, ihn so dieses Charakters eigentlich beraubend, nachdrücklich als typologische Stufung, als Aufstieg zu einer zwar höheren, aber eben doch identifizierbaren Entsprechung dargestellt[117]. Dieser Auffassung hat er auch in der vorausgehenden Schilderung der Verhältnisse im Judentum bereits systematisch vorgearbei-

---

116) Ldl II, p.498,15. Vgl. dazu W. Goez, Translatio S.103.

117) Ldl II, p.484,43-p.485,7 und p.485,17-23. Über Hugos Übernahme des Periodisierungsschemas *ante legem - sub lege - sub gratia* vgl. M. Bernards, Geschichtsperiodisches Denken S.122.

tet, indem er immer wieder bestimmten Personen und Institutionen die durch sie figurierte Erfüllung im Christentum beigegeben hat, so daß der Zusammenhang beider Entwicklungsstadien von Anfang an im Blickpunkt stand[118].

Außer dieser hat Hugo von Fleury nur noch eine historische Wende berührt - die von der Verfolgung des Christentums zu seiner Anerkennung als römischer Staatsreligion. Gerade dieser mehr politische Vorgang, der eine Berücksichtigung von Bedingungen und Faktoren des äußeren Geschehens besonders nahe legt, läßt in seiner Schilderung durch Hugo dessen Indifferenz gegenüber historischer Dynamik klar erkennen[119]. Der erste Zustand, die Verfolgung der Kirche, wird breit am Martyrium von drei Päpsten dargestellt. Das Wirken des ersten - Petrus -, dem das des Apostels Paulus kurz eingefügt ist, wird allein durch neun Prädikate verdeutlicht. Die kürzeste Darstellung, die mittlere über Clemens I., hat immer noch erheblichen Informationsgehalt und Umfang: *Porro post Petrum apostolum Clemens, vir sapientissimus, ab ipse Petro consecratus, Romanam regendam suscepit aecclesiam; qui et ipse non multo post maris gurgitibus inmersus pro nomine Christi conplevit martirium.* An diese drei langen historischen Beispiele, die in paralleler Funktion die Verfolgung der Kirche verdeutlichen, ist noch eine zweifache Präteritio angeschlossen, die zeitliches und räumliches Ausmaß so-

---

118) Ldl II, p.483,29 ff.:...*illum significans regem ac pastorem mitissimum, qui transfert in se credentes per spem et fidem de mortalitate ad inmortalitatem...secundum nomen suum inter reges atque prophetas gerens figuram Salvatoris nostri, qui est rex pariter et sacerdos; qui et in figura et misterio Iordanis alveum transiens...significans regem illum fortissimum, qui devicit diabolum tocius humani generis inimicum...in quo sancta figurabatur aecclesia...*

119) Ldl II, p.485,30-p.486,15 ff. Vgl. dazu oben S.157. Das mangelnde Konstatieren eines Wandels innerhalb des christlichen Geschichtszeitraumes könnte an der geschichtstheologisch begründeten finalistischen Periodisierung Hugos liegen, für den mit Christus eine einzige einheitliche Periode beginnt, wie er in seiner *Historia Ecclesiastica* mehrfach dargelegt hat. Vgl. dazu M. Bernards, Geschichtsperiodisches Denken S.119-122.

wie Intensität des Martyriums kennzeichnet. Darauf folgt dann noch eine kurze allgemeine Charakterisierung dieses Zeitraums: *Quo in tempore quisque, qui christiano gregi praeerat iure sacerdotii, ad martirii tormenta primus rapiebatur, et supplicia graviora paciebatur.* Der Umschwung wird in einem einzigen Temporalsatz nicht geschildert, sondern als ermöglichende Bedingung vorausgesetzt: *Sed postquam populo sedenti in umbra mortis, id est in tenebris infidelitatis, lumen ostensum est veritatis...* Daran schließt sich die sehr ausführliche Schilderung vom Wirken Kaiser Konstantin I., ohne daß dieses aber mit beharrenden Momenten konfrontiert und somit als verändernd deutlich wird, vielmehr erscheint es einfach als vorbildlich. Als einzige direkt gegen den früheren Zustand gerichtete Handlung Konstantins wird die Schließung der heidnischen Tempel erwähnt, doch war von diesen bei der Schilderung des vorhergehenden Zustands gar nicht die Rede. Die Wende stellt sich somit lediglich als Wegfall eines Hemmnisses für die längst begonnene Ausbreitung des Christentums dar. Sie erhellt nicht aus der Konfrontation verschiedener geschichtlicher Kräfte.

Auswertung historischer Entwicklung

Der Investitur-Traktat skizziert auch, mehrere aufeinander folgende Wandlungen zueinander in Beziehung setzend, eine langfristige und wechselvolle historische Entwicklung. Dieser historische Längsschnitt im 3. Teil des II. Hauptteils soll beweisen, daß die für das Königtum beanspruchten Rechte gegenüber den Bischöfen in geschichtlich gewordenen zwingenden sachlichen Erfordernissen begründet sind[120]. Zu diesem Zweck wird der Ein-

---

120) Ldl II, p.501,29-p.502,7. Vgl. dazu oben S.134. W. Kölmel hebt zwar als typisch für den Investitur-Traktat hervor:"... bringt die Entwicklung seit Constantin im Sinne des Eigenkirchenrechts", bezieht sich damit aber auf den ganzen Traktat und meint damit gerade keine historische Veränderung, sondern die organische Entfaltung eines Zustandes (Typik S.283 Anm.23). - Die kurze, gerafft zusammenfassende Darstellung ist durch das

fluß der weltlichen Gewalt auf die Bestellung der kirchlichen Amtsträger in Wechselwirkung mit dem Besitzstand der Kirche in seinen - drei Epochen scharf voneinander absondernden - Veränderungen betrachtet. Die erste entspricht einer Stufe der Offenbarung und wird bezeichnet *in iudaismo*. Dieses Periodisierungsprinzip wird dann aber fallengelassen und die folgende Zeit nach speziellerem Kriterium in den Abschnitt *a Petro usque ad Silvestrum* und den noch andauernden *a Silvestro* gegliedert. Das eine alle drei Epochen hindurch betrachtete Thema ist die Glaubenszugehörigkeit der zur kirchlichen Stellenbesetzung in Beziehung stehenden Herrscher. Die erste repräsentiert eine gewisse Mittellage: Die Herrscher sind zum Teil Heiden. Gegen sie fällt die zweite stark ab: Die Herrscher sind ausschließlich Heiden und noch dazu *christianorum persecutores*. Die dritte wiederum ist geprägt durch einen radikalen Umschwung zum Besseren, der ihr noch über die der ersten hinausgehende positive Züge verleiht: Die betreffenden Herrscher sind alle Christen. Diese entscheidende Wandlung begründet die epochale Stellung von Papst Silvester I., der sie herbeigeführt hat, wie durch die seinem Namen angefügte Erklärung angedeutet wird: *qui Constantinum baptizavit;* konsequenterweise ist der Beginn der durch ihn überwundenen Epoche durch den ersten Papst Petrus markiert. Das zweite gleichzeitig für alle Perioden untersuchte Thema ist die Einsetzung der kirchlichen Würdenträger. Über die erste, mittelmäßige Bedingungen bietende, wird bündig mitge-

---

Vorherrschen des Entwicklungsgedankens begründet. Deshalb ist es z.B. unbegründet, aus der Komprimierung der alttestamentlichen Geschichte zu schließen, der Verfasser habe sich dem Zwang entziehen wollen, gewisse, seiner eigentlichen Intention widersprechende Beispiele anzuführen, der sich bei ausführlicherer Darstellung ergeben hätte, wie es J. Funkenstein getan hat (Das Alte Testament S.14/15). - Zur Aufgliederung der Vergabungsobjekte innerhalb der dritten Epoche vgl. I. Ott, Regalienbegriff S.244 f. Angesichts dieser Stelle ist ihre Feststellung berechtigt: "Der Fortschritt dieser Schrift gegenüber der Auffassung der früheren Zeit von der ungeschiedenen Einheit alles weltlichen Besitzes liegt in der Gliederung der Temporalien in Grundbesitz und Rechte...".

teilt, daß die *sacerdotes* von den Herrschern *investituras acceperunt*. In der zweiten werden die *episcopi* unabhängig von den feindlichen Herrschern durch *timorati christiani* eingesetzt. Es würde einer immanenten Logik entsprechen, wenn in der dritten die der Kirche angehörenden Herrscher wieder die kirchlichen Würdenträger investieren würden. Doch das bleibt unausgesprochen. Die Investitur fällt den weltlichen Machthabern in der dritten Periode aus anderem, zusätzlichem Grunde zu, der einen weiteren Fortschritt dieser gegenüber beiden vorausgegangenen darstellt. Dieses dritte Thema, an dem die historische Entwicklung aufgezeigt wird, ist die aus der Einstellung der Herrscher resultierende Verfügung der Kirche über weltliche Besitztümer und Rechte. Zur ersten Epoche sagt der Verfasser nichts darüber, wohl weil sie nichts besonders positives oder negatives zu bieten schien. So stellt sich die Entwicklung in verkürzter Perspektive dar als radikaler Umschwung von den total negativen Bedingungen der zweiten zu den außerordentlich positiven der dritten Epoche. In chiastischer Verknüpfung mit der parallel aufgebauten negativen Charakterisierung der Herrscher - dieses stilistische Mittel soll wohl die Annahme eines nicht ausgedrückten Kausalnexus suggerieren - wird die Armut der Kirche während der zweiten Periode geschildert. Sie ist nachdrücklich herausgearbeitet: Der Zusammenfassung *pauperes erant ecclesiae* sind noch zwei Spezifizierungen vorangestellt, die erste, kürzere von speziellerer, die zweite, längere von umfassenderer Natur: *in fundis et rebus ecclesiasticis*. An negativen Aspekten kommt noch die Angabe hinzu, daß die Christen damals nur *pauci erant*. Dieser Gedanke wird nicht weiter ausgeführt (weder zur ersten noch zur dritten Periode wird eine vergleichbare Angabe gemacht), doch darf man wohl analog schließen, daß auch das mit der *persecutio* durch die Kaiser zusammenhängt und sich durch deren Verdienst in der dritten Periode geändert hat. In dieser sind die Herrscher nicht nur Christen und - so muß man ergänzen - keine *persecutores* mehr, sondern sie statten die Kirche sogar in reichstem Maße mit Gütern und Rechten aller Art aus. Vielfalt und Umfang dieser Ausstattung werden nachdrücklich vor Augen gestellt. In je einem umfangreichen Satz bezieht sich die Schilderung zunächst auf die bedachte Institution, die *ecclesiae*, und dann auf deren Repräsentanten, die *episcopi*. Sie beginnt mit einer allgemeinen Umschreibung des Vorganges in einer syndetischen Aufzählung dreier Prädikate, alle durch Homoeoteleuton, die ersten beiden noch dazu durch Allitteration, ja, durch Gleichklang des ganzen Wortkörpers miteinander verbunden, von denen das dritte durch seine Länge, umfassenderen Sinn und besondere Weihe das gewichtigste ist: *dotate et ditate et exaltate sunt*. Als zugehöriges passives Subjekt werden erst jetzt die *ecclesiae* genannt. Daran schließt sich eine Spezifizierung des verliehenen Besitzes an, zu der chiastisch die Detaillierung der im folgenden Satz getroffenen Aussage hinzugestellt ist, so daß sich eine unübersehbare Reihe von Vergabungsobjekten ergibt:...*in fundis et aliis mobilibus, et iura civitatum in theloneis, monetis, villicis et scabinis, comitatibus, advocatiis, synodalibus bannis*... Werden in Bezug auf die *ecclesiae* die *fundi* hervorgehoben, so ist im zweiten Satz der beherrschende Begriff *iura civitatum*, von dem die umfangreiche, durch *et* in zwei Gruppen mit drei und dann vier asyndetisch aneinandergereihten Gliedern geteilte Spezifizierung abhängig ist. Im Anschluß an sie werden parallel zum vorausgehenden Satz Urheber, Art der Vergabung und Empfänger genannt: *per reges delegata sunt episcopis*. Bericht und Rechtfertigung der historischen Tatsachen miteinander verbindend, wird das Recht der christlichen Herrscher zur Investitur der Bischöfe geschichtlich und sachlich aus dieser Begabung der Kirche abgeleitet: *congruum fuit et consequens*...

Auch diese mehrere Stadien umfassende Entwicklungslinie ist ein Charakteristikum des Investitur-Traktats, wie der Vergleich mit Hugo von Fleury zeigt, der überhaupt nichts Entsprechendes bietet. Gerade seine Darstellung von der Entstehung der Laieninvestitur macht deutlich, wie fern ihm der Gedanke einer mehrstufigen geschichtlichen Entwicklung liegt. Nach ausführlicher Schilderung der *regum antiquorum magnificentia vel liberalitas* seit Kaiser Konstantin I. werden als letzter Punkt Gründungen und Beschenkung von Klöstern erwähnt und die Einsetzung ihrer Äbte durch die Herrscher. Ohne zwingenden Zusammenhang mit dem Vorhergehenden und ohne, daß dieses Problem bei den langen vorausgehenden historischen Erörterungen schon einmal berührt worden wäre, fährt Hugo dann fort: *Ex eo quoque tempore ceperunt etiam praesulatus honorem quibusque viris religiosis et divinis dogmatibus diligenter excultis regali munificentia tribuere et aecclesiae Dei pastores dignissimos providere. Qua discreta consuetudine usi sunt multi...* Diese 'consuetudo', die er somit einfach irgendwann beginnen läßt, belegt er sodann durch mehrere Präzedenzfälle[121].

Allegorische historische Argumentation

Der Investitur-Traktat verwendet nur eine einzige Beweisführung dieser Art. Den Nachweis, daß nicht alle Päpste ihres Amtes würdig sind, erbringt der Schluß von den Verhältnissen im Judentum auf die im Christentum[122]. Das Qualitätsverhältnis zwischen den Schriftgelehrten und Moses wird dem zwischen den Päpsten und Petrus gleichgesetzt:...*quia non omnes sunt Petrus, qui tenent sedem Petri, sicut scribe et pharisei non omnes fuerunt Moyses, qui sederunt super cathedram Moysi.* Darauf wird das wahrscheinliche Phänomen anmaßender Amtsführung aus den der ausgeübten Funktion immanenten Möglichkeiten gefolgert und ihre verderbliche Folge allgemein definiert: *Elatio enim ex praelatione et indiscretio ex correctione pariunt scandalum in confusione...* Zum Beleg wird nochmals auf die geistliche Führungsschicht des Judentums, diesmal speziell ihr aus dem mitgeteilten Urteil Christi hervorgehendes nicht nur sinnloses, sondern höchst verderbliches Wirken hingewiesen, das offenbar als all-

---

121) Ldl II, p.488,29 ff. Vgl. oben S.158 und unten S.187 ff.

122) Ldl II, p.500,29-34. Vgl. oben S.110.

gemeiner Typ öfter aktualisierbar vorgestellt ist:...*et fit manifeste illud, quod Dominus in euangelio dicit...* Die Anwendbarkeit speziell auf das Papsttum wird nicht weiter verdeutlicht. Wenn man bedenkt, daß dies die einzige Beweisführung dieser Art im Investitur-Traktat ist, man also kaum eine besondere Neigung des Verfassers zu ihr voraussetzen kann und eine solche in der Beweisführung selbst auch nicht zum Ausdruck kommt, wird man die Verwendung in dem Beweisziel begründet sehen dürfen: der geringen Würdigkeit mancher Inhaber des Papstamtes. Es scheint, daß der Verfasser diese Anschauung nicht so direkt begründen wollte wie die anderen und deshalb seine Zuflucht zu einem zwar auch überzeugenden, aber dennoch über die Päpste eigentlich nichts Negatives aussagenden Vergleich genommen hat.

Die Signifikanz der Beschränkung gegenüber allegorischer Betrachtungsweise beleuchtet der Vergleich mit Hugo von Fleury, dessen Vorliebe dafür bekannt ist. Er hat sie für die verschiedensten Beweisziele verwendet. So belegen z. B. der Sündenfall Adams, daß Könige, die sich gegen die Gebote Gottes auflehnen, ihre Herrschaft verlieren, die Reaktion Gottes, der trotz der 'tyrannis' Satans den *caelestis curiae sacer principatus* nicht mißachtet hat, daß rechtmäßige Könige wegen anderer schlechter nicht verachtet werden dürfen, das Verhältnis zwischen Moses und Aaron, daß die Bischöfe, sich dem Willen des Herrschers anpassend, mit diesem zusammenarbeiten müssen, die Berufung Christi zu seiner Erlöserrolle, daß diese sich ihr Amt nicht gewaltsam anmaßen dürfen, und die auch unter den Engeln gefundene *pravitas*, daß wegen einiger schlechter Vertreter nicht die Geistlichkeit insgesamt verachtet werden darf[123]. Hugo erklärt auch die zugrunde liegenden typologischen Entsprechungen ausdrücklich. Daß er dabei bewußt über Unterschiede hinwegsieht,

---

123) Ldl II, p.476,38 ff.;475,17 ff.;468,31 ff.;493,7 ff.; 480, 20 f.

wird deutlich an der Ausdeutung von Moses und Aaron: *Porro Moyses in Ebraico populo regis imaginem, et Aaron sacerdotis obtinuisse visus est: salva alia sancta sacramenti significatione*[124].

Historische Idealfälle

Zweimal weist der Investitur-Traktat auf Papst Gregor I. als vorbildliches Verhaltensmuster hin, beide Male nur kurz, weil jeweils der historische Fall durch autoritative Elemente noch in seiner Wirkung unterstützt wird.

Der große Papst dient als Vorbild für das Verhalten geistlicher Würdenträger bei fehlerhaften Investituren der weltlichen Machthaber: *Et si de investituris peccaverint...* Der Hinweis auf ihn ist ganz knapp und bezieht sich auf die Anwendung von Maßregeln des Apostels Paulus:...*exemplo primi Gregorii exhibeatur...* Es bleibt fraglich, ob eine bestimmte Handlung Gregors oder nur allgemein die sich in seinem *Registrum* niederschlagende Haltung gemeint ist[125]. - Das zweite Mal dient er als Muster behutsamen Verhaltens allgemein gegenüber der weltlichen Macht. Seine Zurückhaltung gegenüber der Möglichkeit, die Feinde seiner Kirche, die Führungsschicht der Langobarden, physisch zu vernichten, wird allen seinen Nachfolgern zur Nacheiferung und damit zur Vermeidung eines 'scandalum' empfohlen: *Sicut enim primus Gregorius...ita successores ipsius Gregorii cavere debent scandalum...* Über die gemeinten historischen Tatsachen

124) Ldl II, p.468,33-34.

125) Ldl II, p.499,23-25. Daß in solchem Fall summarisch an das Register Gregors gedacht sein kann, zeigt Wenrich von Trier mit dem Verweis in dem Kapitel über die Investitur: *Qui autem caetera quaeque in Registro eius scripta attente releget, multa alia ad hanc rem pertinentia sententiae illius testimonia ibidem invenire facile habet* (Ldl I, p.298,22-24). Wenrich bringt Gregor ebenfalls in enge Verbindung zu Maßregeln des Paulus (über Verhalten gegen die Obrigkeit) und zitiert dabei aus einem von Gregors Briefen (vgl. Ldl I, p.290,42 ff.).

wird nur wenig mitgeteilt[126].

Noch ein dritter Idealfall wird kurz, als zusätzlicher Aspekt verwendet. Seine Hauptfigur ist der Begründer des abendländischen Kaisertums Karl der Große und als vorbildlich gilt seine Verteidigung der römischen und anderer Kirchen, die als Präzedenzfall für die Wirkung des *Decretum Hadriani* genauer geschildert ist. Im Nachhinein - bei der Anknüpfung weiterer Beispiele - wird betont, daß diese als Leitbild für die anderen Herrscher gewirkt hat: *Alii reges et imperatores, succedentes exemplo Karoli magni defensionem...prosecuti sunt...*[127]. Diese Vorbildlichkeit gilt also als in der Geschichte bereits erprobt.

Diese dreimalige Erinnerung an vorbildliche Verkörperungen richtigen Verhaltens stellt sich als bemerkenswert heraus angesichts der Tatsache, daß der viel längere Traktat Hugos von Fleury auch nur sechs Idealfälle verwendet, wovon der eine - Aaron als Maßstab für berechtigte Amtsübernahme - als indirekte

126) Ldl II, p.502,13-15. Vgl. oben S.136. Über die Vermeidung eines *scandalum* als beschränkende Richtschnur für die Ausübung kirchlicher Gewalt bei Augustin und - in seiner Nachfolge - bei Gratian s. L. Buisson, Potestas S.125-133; vgl. auch S.35-38. - Zu der zuspitzenden Identifizierung der Päpste als Nachfolger Gregors des Großen kann der Investitur-Traktat durch den Einleitungssatz in Sigeberts *Leodicensium epistola* veranlaßt worden sein: *Gregorius, primus huius nominis papa, quid omnes ante se papae super hoc senserint et quid omnes post se sentire debeant, ostendit, scribens...*(Ldl II, p.461,39/40), sowie durch die sich an die zitierte Briefstelle anschließende historische Feststellung: *Hoc exemplo omnes a primo Gregorio contenti utebantur solo gladio spirituali usque ad ultimum Gregorium, id est ad Hildebrandum...*(Ldl II, p.462,3-5). Es ist kennzeichnend, daß der Investitur-Traktat nicht wie Sigebert ausdrücklich die autoritative Kraft des Zitats hervorhebt, das gerade auch die Päpste verpflichtet, sondern sie unauffällig verstärkt.

127) Ldl II, p.498,28-p.499,1 ff. R. Folz, Le Souvenir et la Légende de Charlemagne dans l'Empire germanique médiévale, Paris 1950, sagt nichts über die Bedeutung Karls des Großen für den Investitur-Traktat (vgl. S.133).

historische Argumentation hier sogar noch aus der Betrachtung ausscheidet[128]. Ein auffallender Unterschied besteht darin, daß Hugo ausschließlich biblische Beispiele verwendet. Zudem hat er sie klarer ausgeprägt und ihre Rolle innerhalb der Argumentation deutlich kenntlich gemacht.

Den Unterschied zeigt am besten die ausführlichste Beweisführung dieser Art bei Hugo von Fleury, da sie ein ähnliches Thema wie eine gleichartige im Investitur-Traktat hat. Wird dort die spezielle Frage nach dem Verhalten geistlicher Würdenträger gegenüber falschen Investituren durch Verweis auf Gregor den Großen, so hat Hugo die allgemeinere nach dem der Untertanen gegenüber Fehlern der Herrscher überhaupt durch drei biblische Idealfälle gelöst. Er schickt seine Anschauung voraus: *Ita ...a subditis circa reges et principes est tenenda via rectitudinis et humilitatis, ut ita reprehensibilia suorum rectorum facta despiciant, quatenus eorum mens a praelatorum reverentia non recedat.* Dann weist er auf die Söhne Noahs hin: *Quod bene boni filii Noe tunc fecisse leguntur, cum verenda ipsius aversis vultibus velare studuerunt.* Anschließend empfiehlt er, diese Handlungsweise allgemein charakterisierend, ihre Nacheiferung dem gesamten in Frage kommenden Personenkreis: *Quos imitantur subditi quique, quibus sic praepositorum suorum mala displicent, ut tamen haec ab aliis occultent.* Ein zweiter Satz definiert die richtige Verhaltensweise nochmals, durch relativen Anschluß mit dem ersten verbunden und somit auch noch auf die Söhne Noahs mitbezogen. Dann weist Hugo auf weitere vorbildliche Verwirklichungen hin - zwei Fakten aus dem irdischen Wirken Christi. Die hervorragende Verkörperung der erforderlichen Eigenschaften hebt er zunächst hervor: *Hanc etiam formam humilitatis et mansuetudinis dominus noster Iesus Christus in terris positus nobis evidenter ostendit...* Dann führt er als ersten historischen Tatbestand die Flucht nach Ägypten vor den Maßnahmen König Herodes I. an: *cum Herodem regem truculentissi-*

---

128) Ldl II, p.493,5/6. Vgl. oben S.135.

mum humiliter evitavit. Daß sich darin tatsächlich 'humilitas' und 'mansuetudo' als Verzicht auf mögliche Machtausübung verwirklichten, wird durch weitere Betrachtung der Umstände eigens begründet: *Nam illum valebat sua illa nimirum potestate perimere, qua ad se adorandum magos a longinquis regionibus dignatus est evocare.* Darauf wird als dritter Idealfall Christi Haltung zu den Hohenpriestern geschildert: *Ipse etiam postmodum sevientes in se principes sacerdotum sepe sua mansuetudine declinavit, et leprosis iussit, ut iuxta legis decreta se eis ostenderent, quamquam sciret eos indignos dignitate sacerdotali, ne eis praeiudicium facere videretur.* Eine nochmals Hugos Ansicht definierende Schlußfolgerung schließt dann diese Beweisführung ab: *Honorandi etiam sunt omnes, qui in potestate positi sunt, ab his quibus praesunt, etsi non propter se, vel propter ordinem et gradum, quem a Deo acceperunt*[129].

Noch eine Handlung Christi hat Hugo als Idealfall verwertet. Es geht ihm um den Beweis, daß den Herrschern das ihnen Gebührende *salvo domini nostri Dei cultu* erstattet werden muß. Daß die zu schildernde Handlung diese Funktion erfüllt, formuliert er ausdrücklich als erstes: *Cuius subiectionis et humilitatis exemplum ipse per se dominus Christus nobis radere visus est...* Dann erst wird das Verhalten Christi gegenüber der römischen Obrigkeit - klar als geschichtliches Faktum - beschrieben: *cum*

---

129) Ldl II, p.469,36-p.470,8. Die Anspielung auf die Söhne Noahs dürfte durch Gregor den Großen veranlaßt sein, der sich in seinen *Moralia*, auf die die *Collationes* Odos von Cluny verweisen, zu gleichem Zweck ähnlich darüber äußert (vgl. MPL 76, Sp.345/346;vor allem: *Quod bene in Noe debriato exprimitur, cujus nudata verecundiora boni filii aversi veniendo texerunt...*). Zu der geistliche und weltliche Obrigkeit unter Begriffen wie *praepositi* zusammenfassenden Terminologie Gregors des Großen, an die sich Hugo anlehnt, vgl. E. H. Fischer, Gregor der Große und Byzanz S.138. - Zu dieser Beweisführung vgl. die Zusammenstellung bei M. Hackelsperger, Bibel S.32/33, der allerdings den zu dieser Verwendung der Figur des Herodes unsinnigen Verweis des Herausgebers auf Luc. 23,9 kritiklos wiederholt.

pro capite suo caesari tributum solvere non dedignatus est[130].- Weniger scharf hat Hugo die Beweisfunktion bei noch einem Idealfall aus der alttestamentlichen Geschichte herausgearbeitet. Als Vorbild für den König bei seiner Aufgabe *esse pupillorum tutorem, et viduarum protectorem, et pauperum auxiliatorem* erscheint der arabische Hirtenfürst Job, indem ihm als Ideal vor Augen gestellt wird, wie dieser sein Wirken als Gesegneter beschreiben zu können: *ut cum beato Iob Domino dicere possit: 'Oculus fui ceco et pes claudo, et rem quam nesciebam diligenter investigabam'*[131].

Historische Analogiefälle

Sie sind im Investitur-Traktat selten, kurz und wenig ausgeprägt, aber doch bemerkenswert angesichts der Feststellung, daß Hugo von Fleury gar keine verwendet.

Der Investitur-Traktat führt zwei Handlungen Christi an, deren historische Auffassung allerdings nicht zweifelsfrei ist. Die auch für sie geltende Quellenangabe lautet *in euangeliis*, was ebenso als Hinweis auf autoritative Belehrung aufgefaßt werden kann. Die Tributzahlung Christi für sich und für Petrus wird in einer Verbform berichtet, die sowohl Präsens als auch Perfekt sein kann:...*pro se et pro Petro tributum solvit,* und sein Verhalten gegenüber der nach dem Gesetz zu steinigenden Ehebrecherin, über die zu urteilen er von den Pharisäern aufgefordert wird, hat E. Bernheim im Präsens formuliert, wenn auch mehrere Handschriften statt dessen das Perfekt haben:...*peccatum mulieris adultere misericorditer suscipit (sucepit)..*[132].

130) Ldl II, p.470,46-p.471,1. Vgl. dazu oben S.155.

131) Ldl II, p.473,3-5.

132) Ldl II, p.502,30-p.503,2. Vgl. dazu oben S.154. Über die Verwendung der Behandlung der Ehebrecherin durch Christus als Normen setzendes Beispiel für die Haltung der Kirche gegenüber Sündern durch Augustin in Bezug auf die Behandlung der Dona-

Von den im gleichen Zusammenhang gekennzeichneten normativen Äußerungen Christi ist eine mit einer wieder doppeldeutigen Verbform gegeben, die andere hat E. Bernheim ins Präsens gesetzt, es gibt aber eine Variante mit Perfekt, und nur die dritte ist nach Auskunft der Edition ausschließlich im Präsens überliefert[133]. - Eine Auswertung dieser Handlungen Christi wird nicht vorgenommen, sie werden lediglich genannt, aber nicht kommentiert. Man kann nur vermuten, daß der Fall der Ehebrecherin belegen soll, daß Fehler im weltlichen Bereich nicht so schwer wiegen; bei der Tributzahlung ist die Deutung durch die nachgestellte Angabe *regibus iubet debita reddi* klarer.

Historische Präzedenzfälle

Dreimal verdichtet der Investitur-Traktat diese Betrachtungsweise zu gleichberechtigt verwandter generalisierender geschichtlicher Beweisführung.

Zur Rechtfertigung der späteren Papstprivilegien wird die angebliche Sanktionierung der Laieninvestitur durch Papst Stephan II. 754 geschildert, zugleich aber auch ganz summarisch auf ihre geschichtliche Begründung hingewiesen: *Ibi de investiendis episcopis per reges antiquam consuetudinem confirmavit*[134]. Dieser Appell an die Geschichte ist besonders nachdrücklich, da dem Begriff *consuetudo*, der ja historische Kontinuität bereits impliziert, noch verstärkend das Attribut *antiqua* hinzugefügt

---

tisten vgl. E. L. Grasmück, Coercitio S.230.

133) arguit, definit (bzw. diffinivit), iubet; vgl. den kritischen Apparat p.502/503.

134) Ldl II, p.501,11/12. Vgl. oben S.150. Dabei ist es gleichgültig, ob der Begriff *antiqua consuetudo* aus dem germanischen oder, wie G. Köbler belegt, dem kirchlichen Rechtsdenken stammt. Interessant ist für diesen Zusammenhang sein Nachweis, daß Betonung des Alters einer *consuetudo* in dem von ihm betrachteten Zeitraum - bis einschließlich 11. Jahrhundert - relativ selten ist. Das läßt diese historische Argumentation gewichtiger erscheinen (vgl. G. Köbler, Das Recht S.208-210).

ist. Seine Wirkung ist allerdings nicht nur auf sein eigenes Gewicht gegründet, sondern er stellt einen Rückverweis auf die zahlreichen vorangehenden Einzelbelege für seine eigene allgemeine Aussage dar. Aber von diesen durch anders ausgerichtete Gedankengänge räumlich getrennt und nicht ausdrücklich auf sie bezogen, geht seine Wirkung über die eines verspäteten Fazits doch hinaus, und es ist anzunehmen, daß er einen - über den durch die Einzelbelege repräsentierten hinausgehenden - unbegrenzten und möglichst groß zu denkenden Geschichtsabschnitt vergegenwärtigen soll.

Die nicht ausdrücklich formulierte, sondern nur in der Beweisführung implizierte These, daß die Bischöfe ihr Amt *per reges pure et integre* antreten können, wird lediglich durch den Hinweis bewiesen, daß sie es in den nicht zum 'imperium' gehörenden europäischen Ländern - vier werden exemplarisch in asyndetischer Aufzählung genannt - undenkbar lange getan haben:... *ex antiquo usque ad modernam novitatem*... Belege werden für diese Aussage nicht gegeben, die Existenz sehr zahlreicher allerdings durch den besonders nachdrücklichen Quellenverweis, in den die ganze Beweisführung integriert ist, glaubhaft gemacht. Die diese historische Argumentation aufs äußerste komprimierende Erregung wird ebenfalls in der Gestaltung des Quellenverweises spürbar[135].

Unter Verwendung ebenso umfassender Geschichtsschau werden zwei verschiedene Haltungen des Papsttums zur weltlichen Gewalt miteinander konfrontiert[136]. Der Verfasser gibt sein Urteil zu erkennen und begründet es zugleich, indem er die - histori-

---

135) Ldl II, p.500,24-27. Vgl. dazu unten S.205. Die Aussagen von C. Mirbt über diese historische Argumentation sind fehlerhaft (Publizistik S.516). Mit der Wendung *antiqua institutione* weicht er ohne Angabe von Gründen vom von E. Bernheim hergestellten Text ab und übernimmt die von 5a.b.c. überlieferte Version. Nicht berücksichtigt hat er die Worte *quomodo...cum pace temporalium pure et integre;* die Funktion des Quellenverweises bleibt bei ihm völlig unklar.

136) Ldl II, p.500,17-22. Vgl. dazu oben S.111.

schen - Vertreter der einen als *pars antiqua* denjenigen, die eine andere einnehmen, als *pars nova* gegenüberstellt:....*cui parti potius assentiendum sit, antique an nove*. Daß auch hier die Gefühlsebene angesprochen werden soll, zeigt die vorausgehende Klage über die die Frage aufwerfende Unsicherheit:...*ecce oritur confusio pusillis Christi*... Auch bei der näheren Ausführung der Antithese bleibt die emotionale Färbung erhalten. Davon zeugen die parteiischen Charakterisierungen der beiden Haltungen, die im Leser unmittelbar ein unreflektiert positives oder negatives Urteil hervorrufen sollen. Dazu paßt, daß die implizierte Billigung der einen Haltung durch kein weiteres Argument gestützt wird als durch den - im wiederholten Ausdruck *pars antiqua* enthaltenen - Hinweis auf ihre Übereinstimmung mit der Geschichte. Auch gegen die andere wird nur, noch bevor ein vernichtendes Urteil über sie durch ihre Charakterisierung suggeriert wird, durch - im Ausdruck *nova pars* - Aufweis ihres Widerspruches zur gesamten Tradition argumentiert.

Hugo von Fleury hat nur einmal eine solche generalisierende historische Argumentation formuliert, kennzeichnenderweise aber die betreffenden Tatsachen - zahlreiche Präzedenzfälle für die Investitur der Bischöfe durch die Könige -, wenn auch erst im zweiten Buch, also einem, zumindest der Fiktion nach, vorher nicht eingeplanten Neuansatz, auch noch detailliert geschildert. Im übrigen ist der den Beginn des Zustandes kennzeichnende, eher stationär-abgrenzende Terminus für das Alter der 'consuetudo' nicht sehr ausgeprägt, und daß es sich um ununterbrochene Fortdauer handelt, machen erst die letzten Worte klar: *Qua...consuetudine usi sunt quondam...usque ad haec tempora nostra*[137]. Wenn Hugo ansonsten historisch verallgemeinert, appelliert er nicht an die emotionalen Werte des 'Alten' und mo-

---

137) Ldl II, p.472,16/17. Es ist typisch für die Haltung Hugos, daß er die Attribute *novus*(Ldl II, p.485,2;485,27;487,9;481,25) - nur auf die religiöse Sphäre bezogen - und *modernus*(Ldl II, p.473,17) ausschließlich als Positiva verwendet.

bilisiert nicht die Affekte gegen das 'Neue', sondern er destilliert das Material zu einem allgemeinen, objektiv und relativ kühl formulierten Erfahrungsgrundsatz. Typisch ist dafür die Verwendung der Verben *solere* und *consuescere*, wie z. B. in dem Urteil über das Vorgehen der Kirche gegen häretische Könige: *Sed et regem hereticum auctoritate divina pro defensione fidei catholicae condempnare et anathematis sententia praefocare sancta consuevit aecclesia, ne illius contubernio sanctorum catholicorum collegium maculetur;* manchmal verwendet er nur Adverbien wie *saepe* und *nonnumquam*, bisweilen mit den typischen Verben kombiniert wie in der Feststellung der Folgen unkanonischer Amtsübernahme durch ehrgeizige Bischöfe: *Nam pro eis, qui se contra censuram religiosam provehunt et culmen regiminis pocius sibi rapiunt quam assequuntur, solet sepe dissensio pullulare, et oritur nonnumquam in populo gravis pernicies*[138]. Daß solche Sentenzen tatsächlich Verdichtungen historischer Beweisführung darstellen, zeigt sich daran, daß meist entweder an ganz anderer Stelle detaillierte geschichtliche Argumente für die gleiche Anschauung angeführt werden oder gleich noch wenigstens ein Beweis nachgestellt ist. Beides zeigt exemplarisch die dem Nachweis, daß man allen Herrschern gehorchen müsse, dienende Feststellung: *Ipse* (sc. Gott) *nempe, sicut iam superius ostensum est, per pravas malorum hominum voluntates explere nonnumquam consuevit suam aequam ac iustissimam voluntatem, sicut per Iudeos malivolos, bona voluntate patris, Christus pro nobis occisus est*[139].

Der Investitur-Traktat enthält eine sehr allgemeine Zusammenfassung zahlreicher Präzedenzfälle, die an anderer Stelle

---

138) Ldl II, p.476,2-4;p.489,18-20.

139) Ldl II, p.470,10-13. - *solere:*475,38;476,37;477,7;477,8; 477,12/13;489,19;490,24;491,32. - *consuescere:*470,11;471,32/33; 471,6;476,2;494,17 f. - *saepe:*477,7;489,19;491,24. - *nonnumquam:*469,14;470,11;481,37;489,20. - *plerumque/plerique:*467,9; 469,13;476,9;476,37;494,30. - *multocies:*477,3.

genauer beschrieben werden. Der Forderung, daß die Päpste nicht das Investiturrecht der Könige antasten sollen, wird in einem Relativsatz der Hinweis auf das historische Verdienst der weltlichen Gewalt um das Gedeihen der Kirche als parenthetische Begründung angefügt und dann als Pendant zur ersten Forderung die von den Päpsten zu erwartende Haltung positiv umrissen. Dieses historische Einschiebsel nennt keine bestimmte Tatsache oder läßt sie auch nur erkennen. Dennoch ist es durch die unterscheidende Aufzählung von *caput et membra* der Päpste, die die Kirche bezeichnet, und durch die Spezifizierung der historischen Aussage in den beiden Verben *exaltata et confirmata sunt* von einem gewissen, über das unbedingt Notwendige hinausgehenden Reichtum, der einen größeren Bereich von Fakten andeutet. Die sehr kurze Fassung mag auch durch die mitschwingende Erregung bedingt sein, die die unmittelbar vorhergehende geschichtliche Beweisführung, mit der diese syntaktisch verknüpft ist, noch viel stärker komprimiert hat[140].

Auch Hugo von Fleury fügt einmal in einen eigentlich der Darlegung einer Anschauung dienenden Satz etwas künstlich als Kurzbegründung eine allgemeine Umschreibung von an anderer Stelle deutlich zum Ausdruck kommenden mehreren Präzedenzfällen ein, ohne dabei allerdings die Komprimierung und die den Gedankenfluß erhaltende argumentatorische Zuspitzung des Investitur-Traktats zu erreichen. Er schildert die Ablehnung des Verbots der Laieninvestitur durch Gregor VII.: *Reprehenditur etiam illud decretum ipsius, in quo continetur...* An das längere Zitat fügt er dann noch als Kausalbestimmung eine Begründung für diese Ablehnung an, deren Sinn erst durch einen nachklappenden Relativsatz geklärt wird:*...propter viros sanctos, qui dudum regum vel imperatorum munere...pontificatus honorem recipere non recusaverunt...* Diese Angaben würden ähnlich denen im Investitur-Traktat den Beweiszweck - als Parenthese - erfüllen. Doch Hugo kann es sich nicht versagen, auf die ausführliche

---

140) Ldl II, p.502,16/17. Vgl. oben S.160 f.

vorhergegangene Argumentation ausdrücklich hinzuweisen: *sicut supra retulimus...* Auch fühlt er sich veranlaßt, ausdeutend auf die Einstellung der Heiligen in einem weiteren, von dem ersten abhängigen Relativ- und einem diesem untergeordneten Konditionalsatz einzugehen:...*quod nunquam fecissent, si in hac re culpam latere novissent.* Doch damit nicht genug, in einem selbständigen Satzgefüge folgert er aus den Wundern der Heiligen auch noch die Einstellung Gottes und bringt dabei auch seine persönlichen Gefühle mit ins Spiel: *Nec ut speramus, Deus illos tantis miraculis choruscare faceret, nisi eorum vita coram ipso laudabilis extitisset.* Dann erst findet er zu der zu beweisenden Anschauung zurück: *Supervacua igitur esse videtur*[141].

Eine schematische Zusammenballung sehr vieler gleichartiger Präzedenzfälle im Investitur-Traktat soll beweisen, daß die Herrscher schon vor den betreffenden Papstprivilegien die Bischöfe investiert, die Päpste also kein neues Recht gesetzt haben. Eine Summe bringt zunächst das später durch einzelne Namen belegte historische Material auf einen gemeinsamen Nenner. Dabei wird die Dauer der vor der päpstlichen Rechtssetzung schon bestehenden Gewohnheit betont (*Longe etiam ante decretum Adriani pape eiusque successorum...*) und Gewicht darauf gelegt, daß die Investierenden nicht einmal gesalbte Könige, ja,z.T. sogar nur Hausmeier gewesen sind: *reges, qui non erant uncti, et maiores domus...* Dann werden die Namen der betreffenden Herrscher asyndetisch aneinandergereiht: Dagobert I. (629 - 639), Sigebert III. (639 - 656), Theuderich III. (657 - 690), Childerich II. (662 - 675), Pippin der Mittlere (687 - 714) und "Theodebertus"; nur Pippin wird eine Erklärung beigegeben (*filius Begge maior domus*), die die Aussage der vorangehenden

---

141) Ldl II, p.490,19-23. Vgl. oben S.113 und unten S.187. C. Mirbt hat nicht berücksichtigt, daß hier nur ein Rückverweis auf frühere, z.T. sehr detaillierte Argumentation vorliegt, die er überhaupt nicht erwähnt (Publizistik S.515).

Summe unterstützt[142]. Die Verbindung zur Namensreihe der Investierten wird durch die kurze Aussage hergestellt: *ab his inthronizati sunt.* Es werden sechs Bischöfe der Merowinger- und beginnenden Karolingerzeit genannt: Autpertus (633 - 669 Bischof von Cambrai), Eligius (641 - 660 Bischof von Noyon), Amandus (nach unsicheren Nachrichten 647 - 649 Bischof von Maastricht), Remaclus (nach der ersten Vita Bischof von Maastricht, gest. 670/76), Audomar (mindestens seit 642 Bischof von Thérouanne, gest. nach 667) und Lambert (von 672 mit siebenjähriger Unterbrechung bis 705/06 Bischof von Maastricht). Der Verweis auf noch weitere bildet den ersten Teil des chiastisch verbundenen Qualitätsvergleichs zwischen Investierten und Investierenden und konstatiert, daß diese Bischöfe alle Heilige waren: *aliique sanctissimi praesules...* Sehr viel ausführlicher wird die geringe sittliche und machtpolitische Qualität der betreffenden Könige hervorgehoben: *cum reges isti in moribus suis satis fuerunt notabiles et solo nomine regum per maiores domus vivebant.* An diese Zustandsdokumentierung durch Faktensummierung schließt sich die schon besprochene Beschreibung der Wende zum vom Papsttum anerkannten und geweihten Kaisertum und Königtum im Abendland an.

Einen ähnlich entschiedenen Verzicht auf erzählerische Ausgestaltung und solch sezierende Auseinandersortierung der Bestandteile der einzelnen Beispiele kennt Hugo von Fleury nicht. Er hat auch die historische Beweisführung niemals so auf einen zeitlich und räumlich eng umschriebenen Bereich konzentriert. Das zeigt deutlich die in ihrer Art und wegen des gleichen Be-

---

142) Ldl II, p.500,35-p.501,4. Bei dem am Schluß genannten Theodebertus kann es sich aus chronologischen Gründen kaum um Theudebert II.(596-612) handeln, zumal auch keine Beziehungen zwischen ihm und einem der später genannten Bischöfe angenommen werden können. Der Plural *maiores domus* in der vorausgehenden Summe ließe auch eher erwarten, daß nach Pippin noch ein Hausmeier genannt werden sollte. So ist dieser für die Merowinger typische Name wohl Produkt irgendeiner Verwechslung. - C. Mirbt erwähnt nur die nichtgesalbten Könige und übersieht den Hinweis auf die Hausmeier (Publizistik S.516).

weiszieles und der teilweisen Identität der Argumente noch am ehesten vergleichbare Reihe von Präzedenzfällen. Sie soll ganz analog das ein Gewohnheitsrecht begründende Alter der Laieninvestitur belegen. Eine vorausgeschickte Summe betont die zeitliche Dauer, die Zahl der betreffenden Fälle und die Würdigkeit der Investierten, deren Amt allerdings nicht näher gekennzeichnet wird: *Qua discreta consuetudine usi sunt multi reges et principes usque ad tempora nostra in promovendis viris doctissimis atque sanctissimis...*[143]. Den Fluß der Beweisführung stört etwas der nachgestellte Rückverweis: *sicut in superiori iam diximus libro.* Dann wird mit *Unde etiam...* kausal ein Beispiel aus der frühmittelalterlichen Papstgeschichte - die Konsekration Gregors des Großen - angeführt. Dessen Identität und Bedeutung wird zunächst und vor allem geklärt:*...ille magnus papa Gregorius, cuius hodie sacri flores eloquii redolent in sancta aecclesia...* Der eigentlich historische Sachverhalt kommt nur kurz zum Ausdruck: *Mauricio imperatore iubente consecrari non renuit.* Ein zweites Beispiel - aus der Geschichte der antiken Kirche - wird mit der Bemerkung angefügt, daß es denselben Sachverhalt auch für frühere Zeit belege. Auch hier nimmt die Charakterisierung des Investierten - 'Erzbischof' Ambrosius von Mailand - großen Raum ein: *beatus...Ambrosius Mediolanensis archiepiscopus, vir sanctissimus atque doctissimus ...* Der konkrete Tatbestand - die Amtsübernahme im Jahre 374 auf Veranlassung des römischen Kaisers Valentinian I. - erhält nur durch einen ungeschickten Rückverweis größeren Raum: *qui Valentiniano imperatore iubente praesulatum praedictae suscepit aecclesiae.* Darauf betont Hugo summierend, daß dasselbe (*Hoc etiam fecere...*) noch viele andere *viri catholici* getan hätten, deren Würdigkeit er nachdrücklich hervorhebt: *quos et decorabat morum elegantia atque sanctissima vita.* Dann führt er überraschend doch noch einmal zwei Beispiele - aus der fränkischen Geschichte des 7. Jahrhunderts - an, die er zunächst wortreich

143) Ldl II, p.488,31-p.489,8.

dem eben umschriebenen Kreis zuordnet: *De quorum numero fuisse noscuntur...* Beiden Würdenträgern, 'Erzbischof' Audoin von Rouen (641 - 684) und Bischof Eligius von Noyon, wird jeweils das Prädikat *sanctus* erteilt und zusammenfassend noch einmal ihre Qualität hervorgehoben: *viri Deo gratissimi, sicut eorum indicant actus...* Dann trägt Hugo noch kurz ihre Investitur durch einen fränkischen König nach: *qui regis Dagoberti munere pontificari meruere.*

Wenn sich dieser Argumentation auch vielleicht in der rangmäßigen Abstufung von einem bedeutenden Papst zu einem besonders wichtigen Erzbischof, sodann je zu einem vergleichsweise 'normalen', wenn auch heiligen Erzbischof und Bischof ein systematisches Prinzip unterlegen läßt[144], so ist dieses jedenfalls nicht sehr deutlich zum Ausdruck gebracht, und der Vergleich mit ihr läßt die Konsequenz und Konzentration im Investitur-Traktat hell hervortreten.

Hugo von Fleury hat elf ausführliche einzelne Präzedenzfälle formuliert, davon gehören aber nur zwei der nicht durch die Bibel überlieferten Geschichte an: das Verhalten Kaiser Konstantin I. auf dem Konzil von Nikäa, das die geistliche Überordnung der Bischöfe über die weltliche Gewalt beweisen, und der Tod des Königs Sigbert der Ostsachsen (nach 653) nach Vorhersage durch Bischof Cedd (gest. 664), der zeigen soll, daß Verkehr mit Exkommunizierten auch Herrschern verderblich ist[145]. So er-

---

144) Die bewußte Befolgung eines solchen Prinzips ist zu folgern aus der Bezeichnung des Ambrosius als Erzbischof, während ihn Hugo an zwei weiteren Stellen ganz richtig als Bischof tituliert (Ldl II, p.471,19;487,10). Das würde dann nahelegen, auch die Bezeichnung Audoins als Erzbischof nicht aus sachlichem Unwissen zu erklären.

145) Konstantin: Ldl II, p.487,2-5. Über das als Quelle für das Verhalten Konstantins auf dem Konzil von Nikäa dienende Dekret *De primitiva ecclesia et synodo Nicena*, das dem Constitutum Constantini in der Überlieferung in den pseudo-isidorianischen Dekretalen unmittelbar vorangeht(ed. Hinschius p.247) und seine Verbreitung vgl. H. Fuhrmann, Das Constitutum S.13/14 und vor

gibt sich in diesem Bereich völliges Gleichgewicht mit dem Investitur-Traktat, der ebenfalls zwei ausführliche Einzelbeispiele als Präzedenzfall verwendet. Während sich aber Hugo in beiden Fällen mit dem Bericht der historischen Tatsachen völlig an den Wortlaut seiner Quelle hält, ohne aber zitieren zu wollen, sind beide Beispiele des Investitur-Traktats von gründlicher Auseinandersetzung mit der Quellengrundlage geprägt.

Als Präzedenzfall für die Wirksamkeit des Schutzes, den die Kaiser der Geistlichkeit bieten können, verwendet der Investitur-Traktat die Einberufung der vierten römischen Synode im Jahre 382 unter Papst Damasus I. Daß der Verfasser an einer möglichst wirkungsvollen Darstellung dieses Faktums interessiert war, zeigt die Tatsache, daß er enge Bindung an den zur Verfügung stehenden Quellentext und eigene Weiterarbeit an dem historischen Stoff miteinander koordiniert. Zunächst zitiert er seine Quelle, Hieronymus in seinem 108. Brief: *Quadringentos episcopos imperiales littere ad synodum contraxerunt*[146]. Daraus geht lediglich hervor, daß aufgrund der kaiserlichen Einberufung sehr viele Bischöfe zusammengekommen sind. Dies war dem Verfasser zu wenig, zu glanzlos und nicht mit der richtigen Nuanzierung gesagt. Nachträglich hat er noch selbst die für seine Beweisabsicht relevanten Aspekte hervorgehoben. Er stellt die in den *imperiales littere* wirkende Gewalt als *virtus impe-*

---

allem G. Laehr, Die Konstantinische Schenkung S.27/28; über seine Verwertung in der Publizistik des Investiturstreits vgl. G. Laehr, Die Konstantinische Schenkung S.37,39/40. Vgl. auch Sägmüller, Theologische Quartalschrift 84 S.97 und S.98 mit Anm.1. - Sigbert: Ldl II, p.478,25-37. Diese Argumentation ist, wie der Herausgeber bereits angemerkt hat, wörtlich aus den *Collationes* Odos von Cluny entnommen(MPL 133, Sp.535/536), der als Quellenangabe nur *legitur in historia gentis Anglorum* vermerkt. Die Erzählung beruht auf Beda, *Historia ecclesiastica gentis Anglorum* III,22, ed. C. Plummer,1896, p.173/174. Der Bericht Hugos über Konstantin ist aus der Chronik Hugos von Flavigny übernommen (Vgl. dazu unten S.201).

146) Ldl II, p.499,25-28=Hieronymus ep. 108, ed. I. Hilberg (CSEL LV), 1912, p.310.

rialis ins Licht, hebt sie als wirkungsvoller von der *excommunicatio pontificis* ab und betont die Handlungsmächtigkeit durch doppelte Verwendung des Verbums *agere*. Der Ausdruck des Hieronymus *contrahere* wird nachträglich in das Effiziens *agere* und die Verben *ierint et redierint* als Effekt aufgelöst. Auf die Zahl der Bischöfe wird nochmals durch ein *tot* hingewiesen. Hauptpunkt des Kommentars ist aber die asyndetisch-anaphorische Aufzählung dessen, dem - in *contrahere* höchstens impliziert - die Bischöfe dank der kaiserlichen Gewalt entgangen sind: *in hoc virtus imperialis egit, quod excommunicatio pontificis agere non potuit, ut sine captione, sine depredatione, sine contumelia tot episcopi ierint et redierint.*

Vergleichbar mit dieser Quellenverwertung ist Hugos Auswertung der Auseinandersetzung zwischen den Aposteln Petrus und Paulus in Antiochia. Auch er führt den Vorgang belegende Zeugnisse an und kommentiert sie noch zusätzlich. Beides, Kommentar und Quellenzitat, nehmen ungleich größeren Raum ein als die Entsprechungen im Investitur-Traktat. Doch zeigt Hugos Erörterung geringere Selbständigkeit und Intensität. Zweimal wiederholt er noch einmal Wendungen, die in den Zitaten bereits enthalten sind. So betont er, daß Paulus gewagt habe, Petrus *coram omnibus increpare,* was Paulus selbst recht ähnlich berichtet:.. *dixi Cephae coram omnibus,* und er weist darauf hin, daß Petrus *reprehensibilis inventus est,* womit er die Aussage von Paulus wiederholt:...*quia reprehensibilis erat*[147]. Der Umfang von Hugos Kommentar ist z. T. auch nur dadurch bedingt, daß er seine eigenen Äußerungen verdoppelt. So charakterisiert er Petrus am Anfang der Argumentation als *apostolus, qui ceteris omnibus apostolis praeminebat, et cui Deus ac dominus noster Iesus Christus ore proprio locutus fuerat...* und gibt ihm am Schluß eine ganz ähnliche Charakterisierung:...*ille qui ceteris apostolis eminebat, et quem dominus Iesus Christus magister opti-*

147) Ldl II, p.490,38-p.491,20. Als Bericht des Paulus ist zitiert Gal.2,11-16.

mus ore suo docuerat...[148]. Er charakterisiert Paulus bei seiner ersten Erwähnung als *nuper ad fidem conversus* und am Schluß noch einmal ganz genauso.

Nicht durch dem historischen Tatbestand gewidmeten Kommentar, sondern durch eigentliche Tatsachenfülle noch umfangreicher ist die Schilderung des zweiten Einzelbeispiels im Investitur-Traktat. Ohne Bezug auf die Ausführlichkeit und die dadurch bedingte Intensität des Quellentextes, der seine einzige Informationsgrundlage ist, weicht der Verfasser dabei von diesem ab, weil es die Konsequenz der Beweisführung nahelegt. Ohne wesentlich ausführlicher zu werden, schildert er auch nur die Fakten, die aus dem ersten Satz des benutzten Briefes Gregors des Großen an den Bischof Venantius von Perugia vom Januar 604 ganz klar hervorgehen: *Fratrem et coepiscopum nostrum Ecclesium frigore omnino laborare cognovimus pro eo quod hiemalem vestem non habeat*[149]. Durch ihre selbständige Darstellung kann er aber den Papst, der bei Verwendung des Zitats nur die Nebenrolle eines Berichterstatters gespielt hätte, in den Mittelpunkt rücken und dessen aus dem Briefzusammenhang erschlossene Gefühle zu einem der wesentlichen Aspekte des Beispiels machen: *Primus Gregorius conqueritur dolendo...* Durch seine Person bekommt es größere Relevanz, und die Charakterisierung seiner Stellungnahme zu dem berichteten Faktum gestaltet den Zusammenhang mit der behandelten Frage enger. Eine deutlichere

---

148) Der Inhalt der Worte Christi ist in beiden Fällen allerdings verschieden. Im ersten handelt es sich um die Begründung der Sonderstellung des Petrus, die mit Matth. 16,18/19 ausführlich zitiert wird, im zweiten um seine Rolle ganz allgemein als unmittelbarer Schüler Christi. - E. Sackur folgert aus solchen Wiederholungen, daß Hugo "die Sprache offenbar wenig in der Gewalt hatte" (Zu den Streitschriften S.386); vielleicht darf man aber auch an mnemotechnische Absichten denken.

149) Ldl II, p.502,7-10=Gregorii I. Registr. XIV,15, ed. L. M. Hartmann, p.435. C. Mirbt paraphrasiert lediglich, ohne die Problematik der Quellenbenutzung irgendwie zu berücksichtigen (Publizistik S.517).

Beziehung zum Beweisziel wird auch dadurch hergestellt, daß das Interesse von dem betreffenden Bischof als Einzelperson verlagert wird auf seine Rolle als ein kirchlicher Amtsträger unter vielen:...*de quodam episcopo*... Zum gleichen Zweck bringt der Verfasser zwei von Gregor nicht eigens berührte Gesichtspunkte explizit zur Geltung. Er betont, daß die Armut des Bischofs der Grund für die berichtete Tatsache und seine dies bedingende Einnahmequelle sein 'episcopatus' war: *qui adeo pauper erat, ut de episcopatu suo contra frigus vestem hiemalem habere non posset*... Dabei stellt der durch das Adverb *adeo* unterstrichene, in der Quelle nicht enthaltene Begriff *pauper* eine stilistische Verbindung zu der vorher gezeichneten historischen Entwicklungslinie her. Daran kann die Schlußfolgerung ganz im Sinne der Gesamtargumentation anknüpfen: *a tali episcopo forsitan sancto non erat regi necessarium*...

Auch Hugo von Fleury befindet sich bei der Gestaltung eines Präzedenzfalles in der Schwierigkeit, daß eine Quellenstelle, deren Existenz für seine Argumentation wesentlich ist, nicht den Wortlaut hat, der die notwendigen Aspekte mit der gewünschten Klarheit zum Ausdruck bringt, zeigt sich aber dabei vergleichsweise unbeholfen. Um die Notwendigkeit des Königtums zu beweisen, weist er auf Jonathans Priestertum im Stamme Dan zur Zeit der Richter hin und führt als Jonathans Begründung dafür ein Zitat aus dem entsprechenden Bibelbuch an: *'Quia unusquisque', inquit, 'sibi placita faciebat, eo quod non esset rex in Israel'*. Dieser Äußerung legt er dann einfach die von ihm gewünschte Aussage bei: *Ex quibus verbis liquido patet, quia, ubi rex non est qui populum regat et a temeritate revocat et abducat, totum regni corpus vacillat*[150].

150) Ldl II, p.468,40-p.469,3. Bei der zweiten Verwendung dieses Arguments (Ldl II, p.493,18-21), die insgesamt kürzer ist, wird das Zitat nicht interpretiert. Vgl. M. Hackelsperger, Bibel S.46, der sich allerdings nur sehr unklar zu dieser Argumentation äußert. Das Zitat ist keineswegs, wie Hugo angibt, eine Äußerung Jonathans, sondern eine nicht auf diesen bezogene allgemeine Feststellung.

In beiden Streitschriften sind auch Einzelfall und allgemeine Umschreibung miteinander kombiniert.

Hugo von Fleury hat zweimal so zurückhaltend ein einziges Beispiel deutlicher dargestellt und das übrige ihm zur Verfügung stehende Material nur summarisch angefügt. - Im einen Fall hat er alle Merkmale des Sachverhalts in der vorausgeschickten Anschauung formuliert: *Egregii etiam regis et principis est aecclesias regni sui aedificiis venustissimis decorare, et eas suis laboribus ampliare et in eis religionis cultum propensius conservare...* Die Beispiele kommen nur noch als karger Vergleich mit einem benannten und allen anderen Herrschern einer unklar bestimmten Zeit zum Ausdruck, die lediglich durch eine Diärese als von großer Zahl erkennbar sind:*....sicut Constantinus pius imperator et alii quique reges ac principes priscis temporibus fecisse noscuntur*[151]. - Im zweiten Fall ist die Anschauung kurz gefaßt:*...non iniuste bella geruntur, ut pax adquiratur.* Das an den Anfang gestellte Beispiel, die Kriegstaten von Moses, ist durch steigernde Aufgliederung auf zwei Aussagen, zweifache Charakterisierung der Hauptfigur, doppelten Hinweis auf göttlichen Befehl und zweimalige Verwendung eines *multus* reich ausgestaltet: *Moyses namque, vir mitis et sanctissimus, legis divine mandato multos legitur homines occidisse et multas etiam gentes, Deo sibi ducatum praebente, armis victricibus extinxisse.* Daneben fällt der Verweis auf den Rest des geschichtlichen Stoffes recht schwach aus. Er umfaßt zwar *multi* andere Fürsten, und deren Zahl wird durch die Erklärung *novi ac veteris testamenti* noch zusätzlich hervorgehoben, auch auf ihre göttliche Mission hingewiesen: *divino fervore succensi,* doch die eigentliche Aussage ist ein bloßer Rückverweis: *Hoc etiam.. fecisse leguntur*[152].

151) Ldl II, p.473,7-10. Hier ist dem im allerdings nicht typischen Begriff *priscus* gefaßten Alten auch einmal ein aus sich heraus positiver Wert zugeschrieben. Vgl. auch p.467,2/3;473,16;488,3/4 -dagegen aber p.485,19;481,25;487,6.

152) Ldl II, p.481,22-26.

Die entsprechende Kombination im Investitur-Traktat verfolgt ihr Beweisziel - die Herrscher haben mit Hilfe des Investiturrechts den Besitzstand der Kirche gesichert - mit größerer Konsequenz, da auch der zweite Teil wirkungsvoll ausgestaltet ist und zusätzlich einen besonderen Gesichtspunkt zur Geltung bringt. Zunächst wird die Wirksamkeit eines bestimmten Herrschers, Karls des Großen, geschildert und als ihre Grundlage das *Decretum Hadriani* bezeichnet: *Ex hoc constituto Karolus magnus...* Als Wirksamkeit des Kaisers wird die Vernichtung von Feinden der Kirche hervorgehoben. Deren Zahl wird durch zwei Namen ohne Rangbezeichnung - die der langobardischen Könige Aistulf (749 - 756) und Desiderius (757 - 774) - und allgemein zwei Klassen weiterer Machthaber verdeutlicht: *Aistulfum, Desiderium aliosque reges et tyrannos...* Dabei ist das zweimalige Eingreifen Pippins des Jüngeren in Italien (754 und 756) zugunsten Papst Stephans II. mit der Eroberung des Langobardenreiches durch Karl den Großen (774) zusammengefaßt und ebenfalls dem fränkischen Herrscher zugeschrieben, mit dem die 'Translatio imperii' und das *Decretum Hadriani* verbunden sind. Die Energie seines Verteidigungskampfes wird durch eine syndetische Häufung von drei gleich langen Substantiven im Instrumental, deren erstes das Vorgehen angibt, die beiden weiteren den Effekt für die Betroffenen spezifizieren, und durch die Wahl eines sehr entschiedenen Prädikats verdeutlicht: *bello et cede et exilio delevit.* Der Umfang des vom Kaiser gewährten Schutzes wird durch das Ausmaß der abgewehrten Bedrohung bezeichnet, wobei sowohl die Kirche als auch ihr Besitz in einer Diärese breiter dargestellt sind: *qui fundos et bona ecclesie Romane aliarumque ecclesiarum invaserant.* Der vom Kaiser bewirkte Zustand wird in massiver Komprimierung allem anderen nachgestellt: *omnia reddens libertati.* - Daran werden in einer summarischen Zusammenfassung die weiteren Präzedenzfälle angeschlossen, unter denen kein einzelner identifizierbar angedeutet ist. Aber zwei Diäresen erwecken den Eindruck einer großen Zahl: *alii reges et imperatores...Romane ecclesie et aliarum ecclesiarum...* Der Schutz wird einfach mit *defensionem...pro-*

secuti sunt... ausgedrückt, dagegen großer Nachdruck auf Motive und Gesinnung gelegt mit der der Aufgliederung der Kirche chiastisch zugeordneten Wendung: *timore Dei et caritate sancti Petri devote...* Gewichtig nachgestellt, wird nun aber noch die Investitur der Bischöfe als das allgemein verwendete Schutzmittel bezeichnet, zunächst der Vorgang allgemein kurz und klar und dann seine - verschieden gestalteten - Formalitäten: *investituras episcoporum facientes, eorum consecrationibus per se vel per nuntios suos assistentes...*[153]. So ist diese Repräsentation von Präzedenzfällen zusammengeschlossen durch verschieden formulierte Erwähnung der Laieninvestitur an Anfang und Ende.

Hugo von Fleury hat inhaltlich ganz ähnlich eine Reihe von Präzedenzfällen *de regum antiquorum magnificentia vel liberalitate, qua sanctam extulerunt aecclesiam* zusammengestellt[154]. Obwohl sie sich dem Zusammenhang nach an das Wirken Kaiser Konstantin I. anschließt, beginnt sie bei dem gleichen Zeitpunkt wie die des Investitur-Traktats, ist aber bis zu Kaiser Heinrich III. fortgeführt und besteht dementsprechend aus mehr - vier - Beispielen. Deren größere Ausführlichkeit ergibt keinen argumentatorischen Vorteil, da sie die 'liberalitas' der Herrscher in einer so breiten Skala aufleuchten lassen, daß sie in keiner zwingenden Beziehung zur Investitur steht. So wird über Karl den Großen auch mitgeteilt: *multa...in auro et argento aecclesiae beati Petri largitus est munera,* und die beiden folgenden Beispiele behandeln überhaupt nur die Sorge der Kaiser

---

153) Ldl II, p.498,26-p.499,3. Vgl. dazu oben S.176. - Zum Begriff *libertas* vgl. G. Tellenbach, Libertas, vor allem S.151-192, der aber auf die Anwendung des Begriffs im Investitur-Traktat nicht eingeht. Es dürfte wohl die S.25-29 geschilderte, vom Sachenrecht geprägte Vorstellungswelt gemeint sein.

154) Ldl II, p.488,3-15; dann beginnt mit *Quidam denique regum* ... die allgemeine Passage über die Herrschertugenden, zusammengefaßt: *quibus omnibus indiget aecclesia* (p.488,15-24). Erst nun nähert sich Hugo wieder langsam dem Sachbereich der Laieninvestitur. Vgl. unten S.202.

um die rechte Besetzung der päpstlichen 'sedes', stehen in keiner Beziehung zum Besitzstand der Kirche. Das spiegelt die Tatsache wieder, daß diese Reihe von Präzedenzfällen nicht eigentlich in einen genauen Argumentationszusammenhang eingebaut und von der später dargestellten Geschichte der Laieninvestitur durch umfangreiche Darlegungen über die historische Verwirklichung verschiedenster Herrschertugenden getrennt ist.

Reihen von mehreren ausführlichen Präzedenzfällen hat Hugo von Fleury sehr viel mehr formuliert als der Investitur-Traktat, allerdings zum größten Teil nicht aus dem für die Laieninvestitur besonders aktuellen Bereich der Geschichte, auf den dieser konzentriert ist. Hugos umfangreichste Reihe, die allerdings durch die eingestreuten typologischen Erklärungen den üblichen Rahmen sprengt, enthält ausschließlich Beispiele aus dem Alten Testament[155]. Aber auch unter den übrigen, eigentlichen Exempel-Reihen bieten zwei fast nur solches Material, eine weitere verwertet es neben anderem[156]. Wenn man alle Reihen ausscheidet, die auch Beispiele aus der Zeit vor der Verbindung zwischen der christlichen Kirche und dem römischen Staat enthalten, bleiben auch bei Hugo von Fleury nur noch drei übrig[157], also nicht mehr als im Investitur-Traktat, da dort eine der beiden eigentlich aus zwei verschiedenen zusammengesetzt ist.

Eine Zusammenstellung von Präzedenzfällen im Investitur-Traktat soll offenbar beweisen, daß die im *Decretum Hadriani* verbriefte Laieninvestitur vom Papsttum auch tatsächlich als königliches Recht anerkannt worden ist. Die ersten beiden der drei Beispiele bietet das Wirken Papst Gregors I., der - in wohl nicht zufälliger Parallele zu *Karolus magnus* am Anfang der

---

155) Ldl II, p.483,29-p.484,42. Vgl. dazu Anm.118.

156) Ldl II, p.470,17-35;471,8-22. - p.487,6-14.

157) Ldl II, p.488,3-15;488,29-489,8;489,24-490,4. Vgl. dazu S.187 und S.201 f.

vorausgehenden parallelen historischen Argumentation - als *Magnus Gregorius* die Reihe eröffnet. Darüber hinaus war es wahrscheinlich die besondere Bedeutung dieses Papstes - ähnlich wie die Karls des Großen auch sonst im Traktat betont - die den Verfasser bewogen hat, zunächst nachdrücklich und ausführlich auf diesen hinzuweisen, obwohl er lange vor dem *Decretum Hadriani* gewirkt hat. Zunächst wird gezeigt, daß er über die ordnungsgemäße Durchführung der Investitur gewacht hat - durch Hinweis auf seinen Briefwechsel mit fränkischen Herrschern, in dem er Vermeidung von Simonie fordert. Dabei werden Königin Brunhilde (534 - 613) und die Könige Theuderich II. und Theudebert II. (596 - 612/13), allerdings ohne Rangbezeichnung, namhaft gemacht[158]. Als zweites Beispiel wird betont, daß Gregor selbst (*Hic etiam primus Gregorius...*) sein Amt nicht ohne Zustimmung des Kaisers Maurikios angetreten hat. Daran wird als drittes Beispiel - von gleichem Umfang wie die beiden ersten zusammen - das Eingreifen Papst Johanns X. (914 - 928) in den Lütticher Bistumsstreit 920/21 angefügt. Es wird dabei Gelegenheit genommen, die Anerkennung des königlichen Investiturrechts zweifach zu spiegeln. Der Papst hat die Investitur des Abtes Richar von Prüm zum Bischof von Lüttich durch den westfränkischen König Karl III., den Einfältigen (898 - 923) *plane* bekräftigt, und er hat die Amtsübernahme des von Herzog Giselbert von Lothringen (915 - 939) unterstützten Hilduin *sub anathemate* als 'invasio' verdammt[159].

---

158) Ldl II, p.499,5-10. - Es handelt sich um die Briefe Reg. IX,213 an Brunhilde und IX,215 an Theuderich und Theudebert, ed. L. M. Hartmann p.198 und p.201.

159) Für das Verhalten Gregors nach seiner Wahl und die dafür zur Verfügung stehenden Quellen vgl. E. H. Fischer, Gregor der Große und Byzanz S.33-42. - Zu den dem Lütticher Beispiel zugrundeliegenden Fakten und den eventuell benutzten Quellen vgl. H. Zimmermann, Der Streit um das Lütticher Bistum vom Jahre 920/21. Geschichte, Quellen und kirchenrechtshistorische Bedeutung:MIÖG 65(1957)15-52. - Zum Begriff der *invasio* vgl. H. Zimmermann, Papstabsetzungen des Mittelalters, Graz 1968, S.175 ff., bes. auch die Anm.64 angegebene Literatur.

Hugo von Fleury hat die Anerkennung der Laieninvestitur durch das Papsttum historisch nur - in der schon beschriebenen Reihe von Präzedenzfällen[160] - durch die Konsekration Gregors des Großen belegt und diesem speziellen Problem sonst keine Aufmerksamkeit gewidmet.

Eine sehr umfangreiche zweigeteilte Reihe von Präzedenzfällen, die beweist, daß nur die kaiserliche Macht den Frieden in Rom garantieren kann, beschließt den Investitur-Traktat. Das ihr insgesamt eigene Argumentationsziel wird vorausgeschickt. Dann folgt als erste, an den darin implizierten Gegensatz zwischen *Greci imperatores* und *Franci imperatores* anknüpfend, die Beweisführung, daß die abendländischen Kaiser für diese Aufgabe besser geeignet sind.

Dieses Beweisziel wird allerdings nicht genannt; es werden lediglich Aussagen über die einzelnen Handlungen getroffen. Erst wird allgemein beschrieben, wie *quidam Greci imperatores christiani...quosdam Romanos pontifices...tractaverunt.* Diese Behandlung erhält das Prädikat *inmisericorditer,* und es werden als äußerste Steigerungsstufen *usque ad exsilium et mortem* genannt; die Bedeutung dieser Behandlung wird durch Bezeichnung der Betroffenen als *viri sanctissimi* noch besonders fühlbar gemacht. Zur Spezifizierung werden nur noch kurz die Namen von Papst Agapet I. (535 - 536) und Johannes I. (523 - 526) angefügt. Die Aussage über die *imperatores ex Francis* ist nicht durch ein *quidam* eingeschränkt und wesentlich kürzer. Es werden zwar zwei - positive - Adverbien verwandt, aber die Handlung selbst ist lediglich durch ein Verb verdeutlicht: *honeste et pie deduxerunt;* auch hier werden nur noch kurz als Beleg zwei Namen nachgestellt: Papst Stephan II. (752 - 757) und Leo III. (795 - 816), der als *excecatus* deutlicher gekennzeichnet wird, vielleicht um durch dies Attribut die Hilfsbedürftigkeit des Papsttums zu symbolisieren.

---

160) Vgl. oben S.187.

Daran schließt sich die zweite Reihe von Präzedenzfällen an, die allgemein beweist, daß die kaiserliche Gewalt notwendig ist, um Streitigkeiten bei Papstwahlen zu schlichten. Der erste belegt die Friedenswahrung durch die 'griechischen' Kaiser. Der Verfasser umreißt den Sachverhalt kurz mit eigenen Worten, wobei er auf *divisio cleri et populi* hinweist und das darauf bezogene Eingreifen des weströmischen Kaisers Honorius (395 - 423) als *comprimere* bezeichnet. Dann führt er den Bericht in der Chronik Sigeberts von Gembloux über die Bereinigung des Schismas zwischen Bonifatius I. und Eulalius im Jahre 419 an[161]. Darin wird das machtvolle Eingreifen des Herrschers besonders deutlich durch die zweimal verwandte Wendung *iussu Augusti* und seine absolute Entscheidungsbefugnis durch die anfängliche Ausweisung beider Rivalen aus Rom. - Die beiden weiteren Beispiele, die die Friedenswahrung durch die *imperatores ex Francis* - Otto I. und Heinrich III. - belegen, faßt der Verfasser in einer allgemeiner gehaltenen Charakterisierung zusammen, in der er auf *divisio* nur der *Romanorum civium* hinweist und das darauf bezogene Eingreifen weniger repressiv als *adnichilare* bezeichnet. Dann führt er die entsprechenden Berichte in Sigeberts Chronik an. Beide enthalten mehr Einzelheiten als der über Kaiser Honorius und lassen das Eingreifen der Herrscher notwendiger und kirchenrechtlich einwandfrei erscheinen. Die von Otto I. veranlaßte Absetzung Papst Johannes' XII. (955 - 963) erscheint im Nachhinein durch die Schilderung seines Todes - beim Ehebruch, auf Veranlassung des Teufels und ohne Sterbesakramente - voll gerechtfertigt; die eingehaltene Form wird als rechtlich einwandfrei deutlich: *iudicio canonico deponi fecit.* Ähnlich verschleiert wird Ottos Mitwirkung bei der Einsetzung

---

161) Ldl II, p.503,15-19. Der Text der Chronik (SS VI,p.307) ist, von unwichtigen Umstellungen und Textvarianten abgesehen, nicht verändert. Über Sigeberts Chronik, die dank ihrer kaiserfreundlichen Einstellung eine hervorragende Vorlage für den Investitur-Traktat bildete, vgl. A.-D. v. den Brincken, Weltchronistik S.184/185.

Leos VIII. (963 - 965): *Leonem ordinari fecit.* Die Haltung der Römer erzwingt noch ein zweites Eingreifen Ottos, um Leo gegen einen von den *Romani ex ambitione* erhobenen Gegenpapst durchzusetzen. Diese Aktion, die sich nur gegen die Römer richtet, ist unter gedrängter, z. T. asyndetischer Verwendung von Partizipien und instrumentalen Substantiven als hart und von militärischer Schlagkraft gekennzeichnet: *Imperator rediens, obsessa Roma, Romanos cede et fame adeo afflixit, ut...* Die Sicherung der Papstwürde Leos VIII. gegen Anfechtung durch die Römer kommt sehr klar zum Ausdruck:....*Leonem papam se recepturos promitterent et iurarent.* Die harte Bestrafung des Gegenpapstes - er verliert nicht nur die Papst- sondern auch die Priesterwürde - ist kanonisch als Aktion Leos dargestellt[162]. Das dritte und letzte Beispiel ist noch ausführlicher und überzeugender. Die Lage, die das Eingreifen Heinrichs III. erfordert, besteht im Streit eines Papstes gegen die Koalition zweier anderer: *Rome uno contra duos, et duobus contra unum de papatu altercantibus.* Die vorausgeschickte Entstehungsgeschichte dieses Zustands läßt in Benedikt IX. (1032 - 1045) einen Papst vor Augen treten, der nicht nur Simonist, sondern außerdem noch total ungebildet ist: *Benedictus, symoniace papatu Romano invaso, cum esset rudis litterarum...* Die Lösung des gordischen Knotens auf den Synoden von Sutri und Rom durch Heinrich III. 1046 wird - in einer Passivkonstruktion - sowohl als kanonisch als auch von kaiserlichem Recht getragen dargestellt: *eis canonica et imperiali censura depositis.* Der Pontifikat Clemens' II. (1046 - 1047) wird als reines Faktum mitgeteilt, Heinrich erscheint erst wieder als Objekt der Kaiserkrönung und als Empfänger des Versprechens der Römer, nur noch mit seinem oder seiner Nachfolger Einverständnis einen Papst zu wählen[163].

---

162) Ldl II, p.503,20-26. Der Investitur-Traktat hat die Darstellung Sigeberts (SS VI, p.350) in ihrem ersten Teil sehr gekürzt und gerafft.

163) Ldl II, p.503,27-p.504,5. Der Investitur-Traktat hat zwei

- Mit dieser ins Definitive gesteigerten Parallele zu dem speziellen Versprechen der Römer im vorausgehenden Beispiel ist der historische Nachweis der Notwendigkeit der weltlichen Gewalt für die Friedenswahrung in Rom dazu gelangt, nochmals die Berechtigung der Laieninvestitur - in ihrem wichtigsten Punkt, der Bestätigung der Papstwahl durch den Kaiser - zu beweisen - von einem besonderen Ansatz aus am Schluß noch einmal das Anliegen des gesamten Werkes.

Hugo von Fleury bietet keine Parallele zu dieser wuchtigen Kombination zweier Reihen von Präzedenzfällen. Darüber hinaus hat er durch seine achtlose Verstreuung von Teilen solcher Reihen sein Desinteresse offenkundig werden lassen, die notwendige Funktion der kaiserlichen Gewalt für die ordnungsgemäße Besetzung der Papstwürde nachdrücklich zu beweisen, obwohl er offenbar davon überzeugt ist - allerdings nur als Teil einer von vielen Pflichten ganz allgemein aller Herrscher. So sollen drei entsprechende Präzedenzfälle beweisen: *Proinde regis officium est etiam dissidentes episcopos reconciliare.* Darauf wird das Eingreifen des weströmischen Kaisers Valentinian II., des Ostgotenkönigs Theoderich und Kaiser Ottos I. in Rom in Streitigkeiten um die Papstwürde geschildert. Deutliche Inkonsequenz Hugos resultiert aus seiner engen Bindung an seine Quelle, deren Wortlaut er möglichst übernimmt, obwohl er genau entgegengesetzte Anschauungen vertritt[164]. Das führt dazu, daß in den beiden ersten Beispielen das Eingreifen der weltlichen Macht

---

Partien der Chronik zusammengezogen (SS VI, p.358), die schon der Herausgeber angemerkt hat, ebenso die beiden einzigen wichtigen Veränderungen (vgl. Ldl II, p.503 n.8).

164) Ldl II, p.489,23-p.490,4. Allgemein zur Abhängigkeit Hugos von Fleury von der Chronik Hugos von Flavigny E. Sackur, Zu den Streitschriften S.376-383. Über die gregorianische Einstellung dieser Chronik vgl. G. Werdermann, Heinrich IV. S.80-87 und A.-D. v. den Brincken, Weltchronistik S.160. Speziell über die Stellung Hugos von Flavigny zum königlichen Investiturrecht vgl. H. Zimmermann, Der Streit S. 50.

zwar als erwünscht, aber im ersten Fall nur als Hilfestellung - Einberufung eines Konzils *pia cura* - und im zweiten als unnötig dargestellt wird und Kirche und Papsttum als durchaus selbständig zur Regelung befähigt erscheinen, das dritte Beispiel hingegen zunächst - vom Text der Vorlage abweichend - entschiedenes Durchgreifen Ottos I. schildert (*...Othone Romano imperatore iubente a sua sede expulsus est...*), ihn im übrigen aber wieder - mit der Quelle - kanonisch vorgehen läßt:*...iudicio synodali deposuit...*[165]. - An anderer Stelle führt Hugo noch eine zweite Reihe von entsprechenden Präzedenzfällen an, diesmal, um die königliche Pflicht der *liberalitas vel magnificentia* gegenüber der Kirche historisch zu dokumentieren. Von den vier dazu angeführten Beispielen stellen die drei letzten aber den Schutz von würdigen Päpsten in ihrer *sedes*, das letzte sogar noch dazu die Absetzung eines Gegenpapstes dar. In diesen Fällen beruht das Wirken der weltlichen Gewalt ausschließlich auf eigener Machtvollkommenheit[166].

Quellenangaben

Der Investitur-Traktat gibt ungewöhnlich viele und differenzierte Quellenangaben für seine historischen Berichte, in konsequenter Wechselwirkung mit deren Umfang. Beides, Unterscheidung der verschiedenen Gattungen und argumentatorische Effektivität solcher Angaben, erweist sich durch Vergleich mit Hugo

---

165) Hugo von Flavigny hatte am Anfang die Aktivität Ottos I. völlig verschwiegen: *Octavianus autem papa, cum de inreligiositate culparetur, a. 962 Romam exiit, et in locum eius Johannes XII. substitutus est. Verum Othone imperatore a Roma regresso..* (SS VIII, p.364).

166) Ldl II, p.488,8-15. Vgl. z.B. den Tenor des letzten 'exemplum': *Post decessum vero papae Clementis, rursus Romani quemdam inutilem puerum papam ordinaverunt. Sed et hunc Henricus tertius, Henrici supradicti successor et filius, a sede deposuit et Gregorium sextum illi substituit.* Zur Genese dieser - in Anbetracht sachlicher Richtigkeit - 'ineptiae' vgl. Ldl II, p.488 n.4.

von Fleury als eigentümliches Merkmal.

Die ausführlichen Darstellungen hat der Investitur-Traktat nicht oder nur durch unklare Verweise gestützt. Für den umfangreichen Translationsbericht am Anfang und den mit Stephan II. verbundenen, sowie für die meisten der deutlicher zum Ausdruck kommenden Präzedenzfälle wird keine Quellenbasis angedeutet. Die breite historische Argumentation am Ende des Traktats wird nur durch sehr allgemeine Hinweise verstärkt. Die beiden Teile ihrer ersten Beispielreihe sind jeweils durch ein *sicut legitur de* unklar als quellenmäßig bezeichnet[167]. Das bezeugt allerdings immer noch mehr Sorgfalt als sie Hugo von Fleury seinen entsprechenden Exempel-Serien widmet, deren Tatsächlichkeit er einfach behauptet[168]. Die das erste und die beiden letzten Beispiele der anschließenden zweiten Reihe im Investitur-Traktat einleitende Wendung *De...ita legitur...* charakterisiert die umfangreichen folgenden Passagen als wörtliche Zitate, ohne etwas über ihre Herkunft auszusagen[169]. Auch dadurch wird immerhin die Genauigkeit Hugos von Fleury noch übertroffen, der nur bei einer einzigen der wörtlich übernommenen Argumentationen auf deren anderweitige Herkunft aufmerksam zu machen scheint, dieses *Legitur* aber nicht selbst formuliert, sondern in der

167) Ldl II, p.503,13,14.

168) Hier werden nur die drei Reihen aus dem gleichen Zeitraum einbezogen. Der einen ist ein Hinweis auf Belege vorangestellt, doch bezieht sich dieser nicht auf die Richtigkeit der historischen Beweise, sondern auf die zu beweisende Anschauung, ist also nichts weiter als eine Ankündigung eben dieser Beispiele: *Proinde regis officium est etiam dissidentes episcopos reconciliare, sicut multis documentis possumus approbare* (Ldl II, p. 489,23/24). Sie werden dann nur als Fakten erzählt. - Die Reihe über die *magnificentia* der *reges antiqui* (Ldl II, p.488,3-15) enthält keinerlei Quellenhinweise. - Die die Kontinuität der Laieninvestitur belegende ist differenzierter. Das erste Beispiel wird nur als Faktum genannt, das zweite durch *fecisse legitur* auf eine Quellenbasis gestellt und dem dritten und vierten für einen Teilaspekt ein genauerer Hinweis beigegeben(Ldl II, p.488,33-p.489,8). Vgl. dazu unten S. 206.

169) Ldl II, p.503,16,20. Vgl. oben S.198 ff.

übernommenen Passage bereits vorgefunden hat, wo es sich auf deren Quelle bezieht[170]. Aber auch bei diesen allgemeinen Formulierungen im Investitur-Traktat ist die gezielte Lektüre einer Quelle deutlicher vorgestellt als in den entsprechenden - fast ausschließlich auf biblisches Material bezogenen - Hugos von Fleury, wo fast immer die Hauptfigur der historischen Beispiele nicht als Objekt solchen Bemühens erscheint, sondern Subjekt eines 'N. c. I.' ist[171].

In auffallendem Gegensatz zu den ausführlichen Berichten hat der Investitur-Traktat sehr knappe Argumentationen des öfteren durch nachdrückliche Quellenangaben in ihrer Wirkung unterstützt. - Die einzige Verwendung der alttestamentlichen Geschichte - als erstes und am kürzesten geschildertes Stadium in der umfassenden Entwicklungslinie - ist durch Verweis auf zwei den beiden genannten Herrscherkategorien entsprechende Gruppen von biblischen Büchern gestützt: *Legitur etiam in libris Regum et Machabeorum...*[172]. Hugo von Fleury bezeichnet die einzelnen Teile des Alten Testaments, dessen Berichte er in großem Umfang heranzieht, fast nie, sondern weist meistens nur mit einem *legitur* oder *cognoscitur* ganz allgemein auf eine Quellengrundlage hin. Nur zweimal gibt er ein bestimmtes Buch an, jeweils bei einem wörtlichen Zitat, wobei das Gewicht mehr auf dessen Standort liegt:*....in Exodo Dominus....ubi ad Moysen dicit...; Unde etiam in libro Iudicum repperies...'Quia unusquisque', in-*

---

170) Ldl II, p.478,26. Vgl. oben S.188 und unten S.206.

171) *legitur* mit N.c.I.: Ldl II, p.469,39;470,19;471,4;481,23/24;481,26;489,2(nur diese Wendung nicht auf biblisches Material bezogen); einmal hat Hugo *sicut legitur* als Apposition ohne Bezug auf ein Objekt eingeschoben(p.470,27). - Ähnlich *cognoscitur* mit N.c.I.:p.470,20;476,39;479,25; - *visus est* mit N.c.I.: p.468,34;471,1; - *comperitur* mit N.c.I.:p.487,7; - *noscitur* mit N.c.I.:p.473,10 und 489,6 (beide Wendungen nicht auf biblisches Material bezogen).

172) Ldl II, p.501,29. Vgl. dazu oben S.170. C. Mirbt erweckt einen falschen Eindruck, wenn er zu dieser Stelle nur die Makkabäerbücher als Quelle erwähnt (Publizistik S.516)

quit...[173]. Des öfteren deutet Hugo für diese historischen Fakten auch überhaupt keine Quelle an[174]. Die zusammenfassende Nennung von mehreren Büchern des Alten Testaments als Grundlage für eine historische Zustandsschilderung zeugt demgegenüber von Überblick und Sorgfalt. - Einer generalisierenden geschichtlichen Argumentation hat der Investitur-Traktat einen Quellenverweis als amplifizierenden Rahmen gegeben. *Legitur etiam de... quomodo...* leitet er sie allgemein ein; eine ausführliche und speziellere Angabe ist nachgestellt: *qui pacifice sollicitus est, revolvat vitas patrum et hystorias, legat et intelligat.* Dabei werden in bemerkenswert scharfer Trennung Hagiographie und generelle Historiographie als Gattungen nebeneinandergestellt. Das Hervorstechende sind aber der ethische Appell an den Leser, die Quellen im richtigen Geist, und die Mahnung, sie auch wirklich zu lesen, besonders nachdrücklich durch die einen Neuansatz ergebende Nachstellung der beiden letzten Imperative[175]. Hugo von Fleury hat entsprechende Beweisführungen höchstens durch ein *legitur* oder *cognoscitur* gestützt[176]. Aber auch insgesamt betrachtet, bietet sein Traktat keine echte Paral-

---

173) Ldl II, p.468,31-33;468,40 ff. (wiederholt 493,18 ff.).Ein weiterer Verweis auf eine historische Aussage eines bestimmten Buches des Alten Testaments - Jesus Sirach - darf hier nicht berücksichtigt werden, da es sehr fraglich ist, ob Hugo einen geschichtlichen Aspekt daran erkannt hat (p.493,44/45;vgl. oben S.138). Einmal verweist Hugo pauschal für eine historische Argumentation aus dem Alten Testament auf eine größere Zahl von als Quelle dienenden Büchern:...*patet sancta lectione librorum* ...(p.471,7).

174) Ldl II, p.474,45-47;477,4-8;491,24-26. Bei der umfangreichen Reihe p.483,29-484,42 ist für das erste Beispiel ein längerer Quellentext zitiert (483,30-35), sonst sind aber keine Quellenverweise gegeben.

175) Ldl II, p.500,24-27. Vgl. oben S.181.

176) Die einzige genau entsprechend generalisierende historische Beweisführung hat keinen Quellenverweis(vgl. p.472,16/17). In den für Hugo typischen historischen Verallgemeinerungen selbst kommen solche Verweise gar nicht vor (vgl. Anm.139), höchstens in angefügten Einzelbelegen.

lele. Einen ähnlichen Aufruf an sein literarisches Publikum hat er nur in Bezug auf sein eigenes Werk, nicht auf die von ihm verwendeten historischen Quellen gerichtet[177]. Die beiden Gattungen erscheinen auch bei ihm unterschieden, aber nicht in eigentlicher Aufgliederung, sondern räumlich voneinander entfernt und ohne Bezug aufeinander. Auch sind sie nicht als solche definiert, sondern jeweils nur bestimmte Werke als zugehörig genannt. So schickt Hugo zweien von vier Beispielen einer Reihe - Aussagen über die Heiligkeit zweier Bischöfe aus der Merowingerzeit - den Verweis nach: *sicut eorum indicant actus*, womit wohl die speziellen hagiographischen Quellen gemeint sind[178]. Der andere Gattungsbegriff ist präsent in Bedas *historia gentis Anglorum*. Das sagt allerdings über Hugos Auffassung nichts aus, da er den entsprechenden Verweis mit dem ganzen zugehörigen Bericht von Odo von Cluny übernommen hat[179]. - Für seine geraffte Geschichte des Kirchenbesitzes verweist der Investitur-Traktat ebenfalls auf zwei verschiedene - rechtsgeschichtliche - Quellengattungen: *gesta et decreta*. Die zeitliche Begrenzung *a primo Constantino, quem Silvester baptizavit* deutet das Ausmaß des Materials für den Leser an, der es *revolverit*. Zugleich wird die Überzeugungskraft der Zeugnisse hervorgehoben: *patenter inveniet*[180]. Hugo von Fleury hat zwei der etwa entsprechenden Beweisführungen überhaupt keinen Quellenverweis beigegeben, nur eine wird - durch den im Ausdruck *comperimus* enthaltenen unbestimmten Hinweis auf eine Kenntnisgrundlage - gegen Zweifel an der Tatsächlichkeit des Berichte-

---

177) Ldl II, p.467,16;482,41/42. Vgl. oben S.103.

178) Ldl II, p.489,7.

179) Ldl II, p.478,26. Vgl. oben S.188 und 203.

180) Ldl II, p.499,16. Zu den Interpretationsmöglichkeiten des Begriffs *gesta* auch im kirchenrechtlichen Sinne vgl. C. Erdmann, Gesta Romanae Ecclesiae contra Hildebrandum: ZRG KA 26 (1937) 433-436.

ten abgesichert[181]. Die Gattungen als solche erwähnt er gar nicht. - Einem trotz der schmalen Quellenbasis ausführlich gefaßten Präzedenzfall wird im Investitur-Traktat zu diesem Zweck deren Charakterisierung vorangestellt: *Ieronimus in epistolis suis dicit...* Auch hier darf eine bewußte, der 'amplificatio' dienende Definition der Quellengattung 'epistolae' vorausgesetzt werden angesichts der Tatsache, daß im Investitur-Traktat noch mehrfach Briefe ausgewertet werden, ohne daß dabei dieser Begriff fällt[182]. Hugo von Fleury, der ebenfalls einige für historische Beweisführung verwendet, hat sie dabei nicht begrifflich gefaßt, sondern nur die betreffende Aussage hervorgehoben: *...apostolus Paulus scribens ad Galathas dicit....; Verum nunc opere precium est illud audire vel considerare quod olim Gregorius papa sanctissimus Sabino Constantinopolitano diacono scripsit. Ait enim...*[183].

Der Verfasser des Investitur-Traktats hat also in den Fällen klare, nachdrückliche und ausführliche Quellenverweise gegeben, in denen er sich zu kurzer Fassung der eigentlichen Beweisführung veranlaßt oder gezwungen sah, um diese - ihm widerstrebende - Knappheit auf anderer Ebene auszugleichen. Daß eine so bewußte Verwendung zur Stärkung schmaler Argumentationen bemerkenswert ist, zeigt Hugo von Fleury, der in dieser Hinsicht völlig inkonsequent ist. Er hat sogar in fortlaufenden Beweis-

---

181) Vgl. Ldl II, p.488,15-29;490,19-23; - p.476,25/26.

182) Ldl II, p.499,25. Sonstige Briefe: Paulus, 1.Kor.(*iuxta quod Paulus ait ad Corinthios*, 499,4; *iuxta quod Paulus ait...*,501, 20/21),Rom.(*Cum Paulus apostolus dicat...*,501,26), Rom. oder 1. Tim.(*iuxta Paulum*,503,6),2.Tim.(*quod Paulus dicit:...*,499,24) - Gregor d. Gr.,Reg.V,6(*...primus Gregorius dicit...*,502,13),Reg. IX,213 und 215 (*Magnus etiam Gregorius...scribit, monens ut...*, 499,5/6),Reg.XIV,15(*Primus Gregorius conqueritur dolendo de...*, 502,7/8).

183) Ldl II, p.491,4;482,17-19. Zweimal verwendet auch Hugo von Fleury den Begriff *epistola*, ebenfalls zur amplificatio, aber nicht für historische, sondern für autoritative Argumentation: p.477,24;492,47.

führungen, deren Elemente aus derselben Quelle stammen, die historischen Handlungen wahllos als belegbar bezeugt oder nur als Faktum behauptet. So berichtet er in einem Nachweis, daß auch schlechte Herrscher geehrt werden müssen, den ersten - alttestamentlichen - Tatbestand einfach als solchen, für den zweiten, ebenfalls aus dem Alten Testament geschöpften weist er mit einem *legitur* und 'N. c. I.' auf die Existenz einer Quelle hin, der folgende, neutestamentliche erhält zu dem bezeugenden *cognoscitur* noch die genauere Quellenangabe *euangelico documento,* darauf folgt wieder ein Beispiel aus dem Alten Testament als bloßes Faktum usw.[184]. Als Movens für diese unterschiedlichen Fassungen wird man nur das Streben nach stilistischer 'variatio' ansehen können.

Inhaltsreichtum der historischen Beweisführung.

Es ist bereits deutlich geworden, daß im Investitur-Traktat eine außerordentlich große Menge geschichtlichen Materials argumentatorisch verwertet wird. Um einen zusammenfassenden Eindruck davon zu geben, sollen hier die historischen Persönlichkeiten zusammengestellt werden, die im Zusammenhang mit geschichtlicher Beweisführung namentlich genannt sind.

Vierzehn Päpste sind darunter: Petrus (gest. 64 ?), Silvester I., Bonifatius I. (418 - 422), Johannes I., Agapet I., Gregor I., Stephan II., Leo III., Johannes X., Johannes XII., Leo VIII., Benedikt V. (964), Benedikt IX. und Clemens II. Auch die höchste weltliche Gewalt ist mit elf römischen, byzantinischen und fränkisch-deutschen Kaisern stark vertreten: Konstantin I., der weströmische Kaiser Honorius, die byzantinischen Kaiser Maurikios, Konstantin V. (741 - 775), Leo IV. (775 - 780), Kaiserin Irene (780 - 790, 797 - 803) und Konstantin VI. (780 - 797), die fränkisch-deutschen Kaiser Karl der Große, Otto I., Konrad II. (1024 - 1039) und Heinrich

184) Ldl II, p.470,17 ff.

III. (1039 - 1056).

Historische Persönlichkeiten mit geringerem Wirkungskreis werden ebenfalls in großer Zahl herangezogen. So sind sieben Bischöfe genannt: Autpertus von Cambrai, Eligius von Noyon, Audomar von Thérouanne, Amandus, Remaclus und Lambert von Maastricht und Richar von Lüttich (920 - 945). Größer noch ist die Zahl der erwähnten Könige und Fürsten. Aus der fränkischen Geschichte werden zwölf genannt: Königin Brunhilde, Theuderich II., Theudebert II., Dagobert I., Sigibert III., Theuderich III., Childerich II., "Theodebertus", Pippin der Mittlere, Karl Martell (714 - 741), Pippin der Jüngere (741 - 768) und Karlmann (768 - 771). Es finden sich aber auch noch die Namen zweier Langobardenkönige - Aistulf und Desiderius -, je eines Königs über das Westfrankenreich und über Italien - Karl III., der Einfältige und Adalbert von Ivrea (950 - 966) - und der eines Herzogs aus dem deutsch-französischen Grenzbereich - Giselbert von Lothringen[185].

Den Eindruck von außerordentlichem inhaltlichen Reichtum bestätigt der Vergleich mit Hugo von Fleury, zugleich zeigt er auch die Konzentration des Investitur-Traktats auf einen räumlich und zeitlich eng umschriebenen Bereich der Geschichte.

---

185) Silvester:499,16;501,30;502,2. - Bonifatius:503,16,17,18. - Johannes I.:503,13. - Agapet:503,13. - Stephan:501,6,9;503,14. - Leo III.:498,10;503,14. - Johannes X.:499,8. - Johannes XII.:503,21,22. - Leo VIII.:503,22,25. - Benedikt V.:503,24,26. - Benedikt IX.:503,27. - Clemens:504,3. - Konstantin I.:498,11;499,15/16;501,31. - Honorius:503,15/16,17/18. - Maurikios:499,7. - Konstantin V.:498,2. - Leo IV.:498,2. - Irene:498,3,4,5. - Konstantin VI.:498,3/4,4,6,9. - Otto:503,20/21,23. - Konrad:504,1/2. - Heinrich:504,1,4. - Autpertus:501,2. - Eligius:501,2. - Audomar:501,2. - Amandus:501,2. - Remaclus:501,2. - Lambert:501,2/3,8/9. - Richar:499,9. - Brunhilde:499,6. - Theuderich II.:499,5. - Theudebert II.:499,5. - Dagobert:500,36. - Sigibert:500,36/501,1. - Theuderich III.:501,1. - Childerich:501,1. - Theodebertus:501,1. - Pippin der Mittlere:501,1. - Karl Martell:501,8. - Pippin der Jüngere:501,7,9/10. - Karlmann:501,10. - Aistulf:498,26. - Desiderius:498,26. - Karl III.:499,8. - Adalbert:503,21. - Giselbert:499,10.

Hugo argumentiert, wie bereits deutlich geworden ist, ebenfalls mit umfangreichem historischen Material, bezieht dabei aber Perioden und Regionen ein, die der Investitur-Traktat fast völlig außer Acht läßt. So nennt Hugo zweiunddreißig Persönlichkeiten aus der alttestamentlichen Geschichte, der Investitur-Traktat nur eine, Moses, und auch diesen nur an einer Stelle und kaum als historisch handelnde Figur[186]. Bei Hugo hinge-

---

186) Ldl II, p.500,30/31. Vgl. oben S.173. Hugo macht jeweils nur für eine historische Argumentation namhaft:Noah, den 10. in der Reihe der vorsintflutlichen Urväter und Stammvater der neuen Menschheit (p.469,39 ff.), den Patriarchen Joseph(p.474,46), Josue, den Nachfolger des Moses, und seinen Vater Nun(p.484,2), König Roboam von Juda(932-917 v.Chr.:p.484,31), König Jeroboam I. von Israel(932-911 v.Chr.) und seinen Vater Nabat (p.484,30/32), König Achab von Israel (um 854 v.Chr.) und seine Gattin Izebel(p.470,30/31) und Sidkia, den letzten König von Juda(597-587 v.Chr.:p.479,19,24), den mesopotamischen Propheten Bileam (p.491,24), den Propheten Elias (zur Zeit Achabs:p.470,30) und den ersten unter den großen Propheten Isaias (Hauptwirken 738-701 v.Chr.:p.484,36), sowie den arabischen Hirtenfürsten Job(p. 473,3) aus der Patriarchenzeit, die Gegner des Moses Sehon (König der Amorrhiter:p.483,34), Og (König von Basan:p.483,35) und Amalek(kollektiver Singular für die semitische Völkerschaft der Amalektiter, zugleich identisch mit deren sagenhaftem Stammvater:p.471,11), den neubabylonischen König Nebukadnezar II.(604-562 v.Chr.:p.470,18 f.), sowie noch den philistäischen Riesen Goliath, der das Heer Sauls herausforderte(p.484,12) und den Hethiter Urias im Heere Davids(p.484,16/17). - In mehreren historischen Argumentationen nennt Hugo:Moses(p.468,31-37;468,41; 471,8 ff.;471,12;481,24;483,29;484,2;493,19), David (p.470,22; 470,29;484,11 ff.;484,24;487,8), Saul(p.470,22-27;471,4;484,7/11), Salomo(p.473,21;474,37;484,21/32), Aaron(p.468,31-34;483, 38/39;493,6), Samuel(p.470,28;471,4;484,6/9), Ezechias(p.471, 13/15;484,33/36), Jonathan(p.468,41;493,19), Nathan(p.484,19; 487,7); Pharao des Moses(p.468,32-37;471,9 ff.;483,33;484,1), des Joseph(p.470,17 f.;474,46), Sinacherib(p.471,14/15;484,35/37). - Die besondere Bedeutung des Moses könnte darin begründet sein, daß er bei den beiden von Hugo in seiner *Historia Ecclesiastica* verwendeten Periodisierungen jeweils eine besondere Epoche einleitet: einmal die dem dritten Tagewerk entsprechende von Moses bis Salomo reichende, zum anderen die auf die der *prima lex* folgende Zeit der *secunda lex mosaica*. Vgl. dazu M. Bernards, Geschichtsperiodisches Denken S.119-122. - Eine ungenau paraphrasierende Zusammenstellung zahlreicher alttestamentlicher historischer Beweisführungen - mit nicht-geschichtlichen vermengt - bietet J. Funkenstein, Das Alte Testament S.20-23.

gen steht er achtmal im Mittelpunkt geschichtlicher Beweisführung. Auch andere weltliche und geistliche Führer des jüdischen Volkes rückt er mehrfach in den Vordergrund: David, den ersten König über Gesamtisrael fünfmal, Saul, den ersten in Israel überhaupt und König Salomo (gest. 932 v. Chr.) dreimal, ebenso oft den Begründer des Hohenpriestertums Aaron und den in Israel umherwandernden Propheten, Richter, Heerführer und Politiker Samuel (aus der Zeit Sauls), zweimal Ezechias, König von Juda (721 - 693 v. Chr.) sowie Jonathan, Priester im Heiligtum der Daniten in der Richterzeit und den Propheten Nathan (unter David und Salomo). Aber auch Heiden aus dieser Zeit werden stark hervorgehoben, der Pharao des Auszugs der Juden aus Ägypten viermal (vielleicht Merenptah: 1234 - 1225 v. Chr.), je zweimal der den Patriarchen Joseph fördernde (vielleicht einer aus der Hyksoszeit: 1675 - 1570 v. Chr.) und der assyrische König Sinacherib (704 - 681 v. Chr.). - Figuren aus der neutestamentlichen Geschichte spielen ebenfalls eine viel größere Rolle als im Investitur-Traktat. Die jüdischen Könige Herodes I., der Große (40 - 4 v. Chr.) und Herodes Agrippa I. (37 - 44), der römische Prokurator Judäas Pontius Pilatus und der Hohepriester Joseph, mit Beinamen Kaiphas (18-36) werden von Hugo genannt[187], im Investitur-Traktat aber nicht. Stark in den Vordergrund gerückt hat jener auch die apostolische Mission, auf die er einmal nachdrücklich als Gesamtphänomen hinweist und deren Hauptvertreter Petrus und Paulus (33 - 67 als Apostel wirksam) er je viermal in den Mittelpunkt historischer Beweisführung stellt. Nicht damit zu vergleichen ist die dreimalige kurze Erwähnung des Petrus im Investitur-Traktat[188]. Auch die durch die frühen Päpste Clemens

---

187) Herodes I.:p.470,1. - Herodes Agrippa I.:p.477,9. - Pilatus:p.477,9 ff. - Kaiphas:p.470,19 ff.

188) Gesamtphänomen:p.487,29-31. - Petrus:p.471,25;485,30-486,1;486,25;490,38-491,20. - Paulus:p.485,33;486,26;491,4-20;494,6 ff. - Petrus im Investitur-Traktat: p.500,30;501,30;503,1. Vgl. auch oben Anm.23.

I. (92 - 101) und Marcellus (Mai 307 - Januar 308) sowie den römischen Kaiser Nero verdeutlichten Anfänge des Papsttums sind im Investitur-Traktat nicht berücksichtigt[189].

Betrachtet man aber den Bereich, auf den dieser sein Interesse konzentriert hat, so ist er in jeder Beziehung materialreicher. Hugo von Fleury erwähnt nur einen byzantinischen Kaiser - Maurikios -, während der Investitur-Traktat fünf Träger der unmittelbar von diesen auf die Frankenkönige übergegangenen Würde namhaft macht[190]. Hugo nennt zwei merowingische Könige - Charibert I. (561 - 570) und Dagobert I. - der Investitur-Traktat führt die Namen von acht Herrschern dieser Dynastie an, die in der Vorbereitungszeit für die Verbindung zwischen Papsttum und abendländischer Herrschergewalt gewirkt haben[191]. Hugo erwähnt zwei Karolinger - Pippin den Jüngeren und Karl den Großen - der Investitur-Traktat fünf, davon Karl den Großen, mit dem die 'Translatio imperii' verbunden ist, allein sechsmal[192]. Hugo führt drei fränkische Bischöfe aus der Merowingerzeit auf-Germanus von Paris (555 - 576), Audoin von Rouen und Eligius von Noyon - der Investitur-Traktat nennt sechs dieser für die räumlich-zeitliche Kontinuität der Laieninvestitur bedeutsamen Persönlichkeiten[193]. Dafür erwähnt Hugo zwei Bischöfe aus der

---

189) Clemens:p.486,1-3. - Marcellus:p.486,4-5. - Nero:p.485,34. Solche vordergründig-eindimensionale, sozusagen historiographische Nennung dieses Kaisers in den Streitschriften hat R. Konrad nicht berücksichtigt (vgl. Kaiser Nero S.9-11).

190) Maurikios bei Hugo: p.489,1. Die Zahl der byzantinischen Herrscher, die im Investitur-Traktat namhaft gemacht werden, wäre eigentlich noch höher anzusetzen, da dieser auch den weströmischen Kaiser Honorius diesen zuzählt (*per Honorium Augustum ex Grecis*:p.503,15/16).

191) Charibert:p.487,12. - Dagobert:p.489,8.

192) Hugo: Pippin (p.488,5), Karl (p.488,8). Karl der Große im Investitur-Traktat:p.498,9;498,14;498,26;499,1;501,10;504,8.

193) Germanus:p.487,12. - Audoin:p.489,6; vgl. Anm.144. - Eligius:p.489,7.

Spätantike, Petrus von Altino (unter Theoderich dem Großen) und Ambrosius von Mailand (374 - 397) - diesen gleich dreimal[194]. Der Investitur-Traktat nennt zwei langobardische Könige, Hugo nur einen - Aistulf - dafür aber noch den in keiner Kontinuität zur fränkisch-deutschen Geschichte stehenden Ostgotenkönig Theoderich d. Gr. (493 - 526 König über Italien), der im Investitur-Traktat keine Rolle spielt[195]. Dieser macht vier abendländische Kaiser namhaft, Hugo nur drei, da er Karl den Großen bei dessen einmaliger Erwähnung nur als *rex Francorum* bezeichnet[196]. Hugo führt dreizehn Päpste auf: Petrus, Clemens I., Marcellus, Sixtus III. (432 - 440), Symmachus (498-514), Gregor I., Hadrian I. (772 - 795), Leo III., Johannes XII., Leo VIII.[197], Benedikt V., Gregor VI. (1045 - 1046) und einen nicht zu identifizierenden Clemens[198]. Damit nennt er insgesamt und auch für das Mittelalter je einen, für den Zeitraum der staatlich anerkannten antiken Kirche zwei weniger als der Investitur-Traktat. Dabei ist noch hervorzuheben, daß Hugo Gregor den Großen zweimal, der Investitur-Traktat hingegen sechsmal für historische Argumentation verwendet[199].

---

194) Petrus:p.489,30. - Ambrosius:p.471,19;487,10;489,2/3; vgl. Anm.144.

195) Aistulf:p.488,6. - Theoderich:p.489,27/29.

196) Otto I.:p.489,34-p.490,2. - Heinrich II.:p.488,11/14. - Heinrich III.:p.488,14. Die Angaben über die beiden letzten sind allerdings wirr (vgl. Ldl II, p.488 n.4).

197) Sixtus:p.489,25/26. - Symmachus:p.489,27/30. - Gregor d. Gr.:p.482,18 ff.;488,33-p.489,1. - Hadrian:p.488,5/7. - Leo III.:p.488,7. - Johannes XII.:p.489,34/p.490,1. - Leo VIII., von Hugo allerdings als Johannes VII. bezeichnet:p.489,35/p.490,1/3. - Benedikt:p.490,2/3. - Gregor VI.:p.488,15. - Clemens:p.488,11.

198) Es ist nicht möglich, mit Kaiser Heinrich II. einen Papst Clemens in Verbindung zu bringen. Vgl. auch hier Ldl II, p.488 n.4 und E. Sackur, Zu den Streitschriften S.378.

199) Gregor im Investitur-Traktat: p.499,5;499,7;499,24;502,7;502,13;502,15.

Die Bedeutung der historischen Argumentation

Die logische Relevanz der geschichtlichen Beweisführung im Investitur-Traktat erscheint angesichts ihres sachlichen Reichtums zunächst einmal als merkwürdig gering. Die umfassendste Gliederungseinheit, die ausschließlich solche Argumente enthält, ist ein einziger Abschnitt, im II. Hauptteil der 1. des 3. Teils. Von den - übrigen - Unterabschnitten verwenden lediglich vier nur historische Beweise, zwei im 3. Teil des I. Hauptteils (1. Unterabschnitt des 1. und 2. Abschnitts), die beiden anderen bilden jeweils Anfang und Ende der gesamten Argumentation. Hinzu kommen im restlichen Teil des Traktats noch sieben Punkte, davon fünf im I. Hauptteil, die übrigen beiden im II.[200]. Es zeigt sich, daß die bedeutendste Gliederungseinheit im II. Hauptteil, eine größere Zahl weniger umfassender aber auch im I. lediglich historisch argumentieren, während im III. Hauptteil nur ein Unterabschnitt so konzipiert worden ist.

Aber auch die Bedeutung der Gliederungseinheiten, die unter Ausschluß geschichtlicher Gesichtspunkte argumentieren, ist nicht erheblich größer. Ein einziger Teil ist so angelegt (der 2. des II. Hauptteils) und auch nur zwei Abschnitte von den übrigen (im II. Hauptteil der 2. Abschnitt des 1. Teils und im III. der 2. des 1.). Zudem hat auf der nächst unteren Ebene nur noch ein Unterabschnitt gänzlich unhistorische Beweisführung verwendet, im 2. Teil des I. Hauptteils der 1. Unterabschnitt des 2. Abschnitts. Hinzu kommen noch sechs Punkte, davon vier im I., zwei im III. Hauptteil[201]. Auch hier befinden

---

200) I. Hauptteil: vom 1. Abschnitt des 1. Teils der 1. und 3. Punkt des 3. Unterabschnitts, vom 1. Abschnitt des 2. Teils der 1. Punkt des 3. Unterabschnitts, vom 1. Abschnitt des 3. Teils der 3. Punkt des 2. Unterabschnitts und der 2. Punkt des 3. Unterabschnitts. - II. Hauptteil: vom 2. Abschnitt des 3. Teils der 1. Punkt des 1. Unterabschnitts und der 2. Punkt des 2. Unterabschnitts.

201) I. Hauptteil: vom 1. Abschnitt des 1. Teils der 2. Punkt des 3. Unterabschnitts, vom 1. Abschnitt des 3. Teils der 1.

sich demnach die bedeutendsten entsprechenden Gliederungseinheiten im II. Hauptteil, eine besonders große Zahl minder wichtiger im I., während der III. davon wenig, dafür aber wieder eine bedeutendere enthält.

Auch Gliederungseinheiten gänzlich ohne Argumentation finden sich nicht viele; sie haben auch nur geringes Gewicht. Nur ein Abschnitt (im II. Hauptteil der 1. des 2. Teils) und nur zwei Unterabschnitte (im 2. Teil des III. Hauptteils der 1. und 2. des 1. Abschnitts) verzichten ganz auf Beweisführung. Hinzu kommen nur noch - auf der nächst unteren Ebene - drei Punkte[202].

Da also das Ausmaß der argumentationsfreien Partien gering, die Bedeutung der ausschließlich oder gar nicht historisch argumentierenden Gliederungseinheiten ebenfalls nicht erheblich ist - ihre Verteilung innerhalb der Schrift sich zudem deckt - ergibt sich als Ergebnis die den Beobachtungen über die Gestaltung der historischen Beweise in Beziehung zu andersartigen entsprechende Feststellung, daß in größtem Umfang geschichtliche jeweils mit anderen Beweisen oder Gesichtspunkten zusammen zur Geltung gebracht worden sind.

Das ist keinesfalls aus Geringschätzung der historischen Aspekte zu erklären. Dagegen spricht schon ein rein äußerlicher Gesichtspunkt: der Umfang der historischen Partien, der sie räumlich weithin dominieren läßt, und ihr bedeutungsvoller Standort. Die gesamte Beweisführung endet mit drei umfangreichen Zitaten aus der Chronik des Sigebert von Gembloux. Damit spannt sich ein Bogen zum Anfang des Traktats, einer längeren historischen Erzählung, die fast wörtlich aus demselben Geschichtswerk entnommen ist. Zwar stehen nach den drei Sigebert-

---

und 2. Punkt des 2. Unterabschnitts und der 1. Punkt des 3. Unterabschnitts. - III. Hauptteil: vom 2. Abschnitt des 2. Teils der 1. und 3. Punkt des 1. Unterabschnitts.

202) Im 2. Teil des I. Hauptteils vom 1. Abschnitt der 2. und 3. Punkt des 3. Unterabschnitts, im 2. Teil des III. Hauptteils vom 1. Abschnitt der 2. Punkt des 3. Unterabschnitts.

Zitaten am Schluß noch drei Sätze, aber sie bestätigen den Eindruck von der Bedeutung der Geschichte für diese Streitschrift eher noch. Der erste stellt nur mühsam nach dem fast eigenmächtigen Wuchern des historischen Stoffes die Verbindung zum eigentlichen Ausgangspunkt der Argumentation wieder her, den III. Hauptteil zusammenfassend abschließend. Die beiden letzten legen den zeitlichen Abstand der Abfassung des Traktats zur 'Translatio imperii' und zur *incarnatio Domini* fest, und diese Definition der Relation zu wichtigen historischen Ereignissen steht in ihrem Charakter geschichtlicher Beweisführung nahe. Anfang und Schluß des Traktats bilden also breite und nahe miteinander verwandte historische Passagen. Die die Streitschrift eröffnenden und beschließenden eigentlichen historischen Argumentationen füllen allein schon mit ihren 40 z. T. klein gedruckten Zeilen Länge weit mehr als ein Sechstel von ihr aus[203].

Aber auch in der logischen Struktur zeigt sich gerade in dieser Mischung eine besondere Wertschätzung des Geschichtlichen: Es ist gezeigt worden, wie häufig bei juristischen Argumenten historische Gesichtspunkte betont oder subsidiär zugeordnet worden sind, obwohl jene rein auch oder sogar kräftiger hätten wirken können. Andererseits hat gerade geringe Betonung eines juristischen und eines autoritativen Arguments im I. Hauptteil, die jeweils nicht selbständig eingesetzt, sondern sehr viel gewichtigeren historischen zugeordnet worden sind, verhindert, daß diese geschlossen eine bedeutendere Gliederungseinheit ausfüllen. Im 1. Abschnitt des 1. Teils enthält der umfangreiche 3. Unterabschnitt als Einfügung einen Hinweis auf den 1. Korintherbrief mit kurzem Zitat - insgesamt von ein-

---

203) Ldl II, p.498,2-14 und p.503,8-p.504,5. Die ausführliche Zeitangabe am Schluß des Investitur-Traktats hat des öfteren Interpretationsschwierigkeiten aufgeworfen. W. Martens hat sie deshalb für falsch erklärt: "Mit Recht hat schon Ewald...diese mit so viel Pathos vorgebrachte weitschweifige Fixierung für verdächtig angesehen: unzweifelhaft wollte der Verfasser oder wer sonst den Satz hingeschrieben hat, über den richtigen Zeitpunkt der Abfassung...täuschen" (Die Besetzung S.289/290).

einhalb Zeilen Länge -, der den historischen Charakter der übrigen elf Zeilen nicht als Einheit zur Geltung kommen läßt, und der 2. Abschnitt des 3. Teils nur im letzten Satz zusätzlich zu den historisch aufgefaßten Fakten auch noch ein originär juristisches Argument[204].

Aus der Betrachtung der inhaltlichen Fülle, der logischen Relevanz und der räumlichen Stellung und Ausdehnung der historischen Beweisführung ergibt sich somit der Eindruck, daß der Verfasser diese für naheliegender und wichtiger hält, als er zugeben möchte, daß er sich bemüht, diese ihm offenbar gemäße Argumentation nur in Maßen anzuwenden und andere Gesichtspunkte daneben zu stellen, ihr überzuordnen, ohne doch seine Vorliebe für geschichtliche Betrachtungsweise verleugnen zu können.

Zusammenfassung

Diese merkwürdig gezwungene Argumentation führt zur Frage nach einer eventuellen ganz konkreten Funktion des Traktats, die bisher, zugunsten einer möglichst objektiven Darlegung der Eigenarten seiner geschichtlichen Beweisführung an sich, ausgespart worden ist, obwohl in der Forschung eine seltene Einhelligkeit darüber besteht. Ganz allgemein wird als sicher vorausgesetzt, daß diese Schrift auf Veranlassung Heinrichs V. als diplomatischer Behelf für eine bestimmte Aktion abgefaßt worden ist. Stellvertretend sei das Urteil von K. Jordan in der neuesten Auflage des 'Gebhardt-Grundmann' angeführt: "Erneute Verhandlungen, die Erzbischof Bruno von Trier seit Ende 1109 in Rom führte und für die er eine besondere Instruktion, den 'Tractatus de investitura episcoporum' mitnahm, blieben ohne Erfolg"[205]. Diese mit gewissen Variationen vielfach vertretene

204) Vgl. oben S.150 und 153.

205) Gebhardt-Grundmann, Handbuch der deutschen Geschichte I, ^{9}1970, S.355. Vgl. F. Kempf, Handbuch der Kirchengeschichte, hrsg.H. Jedin, III 1, 1966, S.454; F. Hausmann, Reichskanzlei

Anschauung ist von A. Hauck in einer Anmerkung als Vermutung begründet worden. Neben der "Übereinstimmung mit der Erklärung der Gesandten in Châlons", also inhaltlichen und argumentatorischen Parallelen mit einer kurz vorher - 1107 - im königlichen Auftrag durchgeführten Verhandlung verweist er noch auf "die Form des Schriftstücks. Es spricht jemand, der zu gebieten gewohnt ist: Cavendum est, servanda est u. dgl....."[206]. Diese Sprachregelung, die, wie gezeigt worden ist[207], gerade einer Abmilderung der Polemik dient, besagt, so isoliert wie von A. Hauck betrachtet, aber gar nichts. Ähnliche Gerundiva finden sich z. B. bei Hugo von Fleury in großer Zahl und sind auch

---

und Hofkapelle unter Heinrich V. und Konrad III., Stuttgart 1956, S.18; R. Folz, Le Souvenir S.133; J. Haller, Papsttum 2, S.492; G. Tellenbach, Libertas S.173. - G. Peiser, der als erster nachdrücklich auf die Parallelen mit den Verhandlungen von Châlons hingewiesen hat, urteilt viel vorsichtiger. Über die Vorbereitung der Gesandtschaft nach Rom bemerkt er:"......... müssen die Gesandten mit bestimmten Instruktionen versehen worden sein. Der Inhalt derselben ist nicht überliefert - aber es ist sehr bemerkenswert, dass in einer Schrift, welche das Datum Ostern 1109 trägt, sich Vorschläge zur Ausgleichung der beiderseitigen Ansprüche finden" (Der Investiturstreit S.50/51). Abschließend urteilt er: "Man kann nicht anders sagen, als dass der s.g. Tractatus de investitura eine Denkschrift von königlicher Seite ist, welche den Zweck hat, den Investituranspruch mit Rücksicht auf die Einwürfe, die der Papst in Châlons dagegen vorgebracht hatte, zu modifizieren...Aber wie dem auch sein mag, so wird man doch kaum bezweifeln können, daß die Gesandten im Sinne der Denkschrift instruiert worden sind" (S.53).Vereinzelt sind auch Gegenstimmen laut geworden, doch haben sie keine Beachtung gefunden, z.T. weil sie sich nicht auf Gründe gestützt, sondern auf einfache Ablehnung beschränkt haben, wofür typisch die Äußerung von A. Scharnagl ist: "Es liegen jedoch keine zwingenden Gründe vor, in der Schrift mehr als eine Privatarbeit zu sehen" (Der Begriff der Investitur in den Quellen und der Literatur des Investiturstreites, Stuttgart 1908, S. 94 Anm.3; vgl. auch H. Rudorff, Zur Erklärung des Wormser Konkordats, Weimar 1906, S.7 Anm.1).

206) A. Hauck, Kirchengeschichte Deutschlands, III, Leipzig 1896, S.889.

207) Vgl. oben S.106 ff.

sonst in den Streitschriften durchaus üblich[208]. Doch bereits G. Meyer von Knonau war daraufhin der Meinung, daß "Hauck...es sehr wahrscheinlich gemacht hat, daß dieses Memorandum als Instruktion für die königlichen Gesandten des Jahres diente"[209]. Als Begründer dieser These gilt allerdings heute H. Schlechte, dessen Dissertation von 1934, die dieser Frage drei Seiten widmet, meist als einziger Beleg angegeben wird[210]. Dieser beruft sich zwar auf A. Hauck, aber in merkwürdiger und für die These nicht gerade einnehmender Weise:"...wie es Hauck wahrscheinlich gemacht hat...Hauck gibt für seine Meinung keine Gründe an. Sie liegen auf der Hand..."[211]. Er führt daraufhin als noch fehlende Begründung zwei Klassen von Argumenten an. Erstens verweist er auf zwei Positionen im Investitur-Traktat, die sich als Reaktion auf die Erörterungen bei den vorausgegangenen Verhandlungen von Châlons deuten lassen. Davon ist aber zumindest die eine - die Gleichgültigkeit der Investiturzeremonie und der dabei verwendeten Symbole - auch bei Ivo von Chartres formuliert, dessen Einfluß auf den Investitur-Traktat schon E. Bernheim festgestellt hat. H. Schlechte betont selbst die Wirkung der ivonischen Ideen allgemein im lothringischen Raum, so daß die Rückführung der beiden entsprechenden Positionen auf diesen Einfluß viel näher liegt als ein Reflex der Verhandlungen von Châlons[212]. Zweitens verweist H. Schlechte auf zwei Parallelen

---

208) Bei Hugo von Fleury: Ldl II, p.466,30/31; 469,34; 469,35; 469,37;470,6;471,18;475,10;475,13;475,17;475,42;478,8/9;479,26; 479,29;479,39;479,40(3x);479,42;479,44;480,7;480,20;480,22;480, 41;481,15;481,20;481,38;493,16;493,24.

209) G. Meyer von Knonau, Jahrbücher VI, 1907, S.106 Anm.23.

210) H. Schlechte, Erzbischof Bruno von Trier S.44-47. Nur auf H. Schlechte verweisen K. Jordan und R. Folz; F. Kempf verweist auf Wattenbach-Holtzmann, wo auf H. Schlechte und A. Hauck hingewiesen ist. Gar keinen Beleg bietet F. Hausmann. Nur auf diesen verweist H. Zimmermann, Papstabsetzungen S.214.

211) H. Schlechte, Erzbischof Bruno von Trier S.45.

212) Vgl. E. Bernheim, Über den Traktat S.292 und H. Schlechte,

zwischen der königlichen Beweisführung in Châlons und der Argumentation im Traktat. Beide erweisen sich aber als höchst zweifelhaft. So stellt die Verwertung von Papstprivilegien im Traktat keine Gemeinsamkeit mit den Verhandlungen dar. H. Schlechte gibt selbst zu, daß der Hauptberichterstatter darüber - Suger - nichts dergleichen angibt, beurteilt dessen Bericht als sehr wertvoll und genau[213], weicht aber dennoch in diesem Punkt von ihm ab. Er kann jedoch lediglich die Vermutung begründen, daß das *Decretum Hadriani* verwendet worden sei. Folglich ist auch die zweite Parallele nicht stichhaltig, die H. Schlechte darin sieht, daß der Investitur-Traktat auch Gregor dem Großen ein die Laieninvestitur bestätigendes Privileg zuschreibt und Gregor ebenfalls in Châlons namentlich genannt worden ist. Aus der betreffenden Angabe Sugers geht aber lediglich hervor, daß man auf die Geltung der Laieninvestitur zur Zeit dieses Papstes hingewiesen hat - eines der in diesem Zusammenhang ganz allgemein verwandten Argumente[214] -, ohne daß dabei von einem Dekret die Rede wäre. - Andere Beweise für diese These sind nicht erbracht worden.

So wenig begründet sie demnach ist, so unscharf ist sie auch gefaßt. Niemand hat sie konkret mit dem Wissen über das hochmittelalterliche Gesandtschaftswesen in Übereinstimmung gebracht, obwohl darüber seit 1892 eine sorgfältige Untersuchung vorliegt[215]. So verwundert nicht die unterschiedliche und

---

Erzbischof Bruno von Trier S.49-52, auch I. Ott, Regalienbegriff S.243 f.

213) H. Schlechte, Erzbischof Bruno von Trier S.38/39. Vgl. auch K. Jordan, Kaisergedanke S.123, der ebenfalls über diesen Punkt völlig sicher ist, dabei aber die Fragwürdigkeit selbst hervorkehrt.

214) Für Hugo von Fleury vgl. oben S.187 und über Wenrich von Trier vgl. Anm.125. - So urteilt auch W. Martens, Die Besetzung S.286/287.

215) V. Menzel, Deutsches Gesandtschaftswesen im Mittelalter, Hannover 1892.

trotzdem nur sehr allgemeine Beurteilung, die die angeblich konkrete Funktion des Schriftstücks erfahren hat als "Instruktion", "Memorandum", "Denkschrift für amtliche Stellen, vielleicht die königlichen Unterhändler", "Memorandum", das man "vielleicht als Instruktion für die Unterhändler betrachten darf", "de mémorandum au cours des entretiens qui'l eut à Rome avec Pascal II." und als "Denkschrift", die der Kurie bestimmte Gedanken "im einzelnen ausführte", aber auch als von der Gesandtschaft zur Vorbereitung einer folgenden militärischen Aktion zu verbreitende Propagandaschrift[216]. Man ist sich also nicht darüber im Klaren, an wen sich die Schrift richtet: die Gesandten, den Verhandlungspartner oder die "Öffentlichkeit". Damit hängt die Unentschiedenheit in der Terminologie zusammen, die aus Vernachlässigung der Kenntnis über die im beginnenden 12. Jahrhundert üblichen diplomatischen Akten resultiert. Danach muß man die Annahme zurückweisen, daß es sich um eine Instruktion handle[217]. Schriftliche Vorinstruktionen waren zu dieser Zeit nicht üblich; allerdings gab es schriftliche Zwischeninstruktionen, doch in Briefform und an die Gesandten gerichtet - mit minutiösen Einzelanweisungen für deren Verhalten. Darum kann es sich beim Investitur-Traktat nicht handeln. Be-

---

216) Vgl. die in Anm.205,206,209 und 210 angeführte Literatur. Als Propagandaschrift betrachtet den Investitur-Traktat A. Fliche(vgl. Fliche-Martin, Histoire d'Eglise, Bd.8, Paris 1950, S.357/358).

217) Vgl. V. Menzel, Gesandtschaftswesen S.40-44 und 50. Auch F. L. Ganshof urteilt:"...le plus souvent, les instructions données à des ambassades avaient, à l'époque ici envisagée, un caractère oral..."(Le moyen âge=Histoire des relations internationales, hrsg. P. Renouvin, Bd.I, Paris 1953, S.124). - D. B. Queller, The office of ambassador in the middle ages, Princeton N.Y. 1967, behandelt nur den Zeitraum seit dem späten 12. Jahrhundert und bringt in dem Abschnitt "Letters and Reports" nichts über V. Menzel hinaus; über Instruktionen zählt er nur Einzelheiten auf (S.122-126), bestätigt aber: "Until the thirteenth century, written instructions were relatively rare except for Byzantine envoys and those of states, such as Venice, strongly influenced by Byzantine procedures"(S.122).

griff und Form eines 'Memorandum' oder einer 'Denkschrift' hat es gar nicht gegeben. Wohl kamen aber wörtlich festgelegte Reden vor, die z. B. Zwischeninstruktionen auf separaten Zetteln beigelegt wurden. Diese richteten sich natürlich an den Verhandlungspartner. Es wäre denkbar, daß der abrupt anfangende und endende und unbezweifelbar an die Päpste gerichtete Investitur-Traktat auf so einem Zettel beruht.

Daß er für eine solche Funktion, zur Beeinflussung der Kurie für ein Nachgeben gegenüber den königlichen Investiturforderungen tatsächlich hervorragend geeignet erscheinen konnte, zeigt eine zusammenfassende Rückschau auf die erarbeiteten Merkmale.

Daß es sich bei dem Investitur-Traktat um ein nicht zur Veröffentlichung bestimmtes Aktenstück handeln könnte[218], legen die fehlende literarische Ausformung und die völlig ermangelnden Spuren schriftstellerischen Ehrgeizes nahe. Der Verzicht auf die Definierung einer eigenen Parteizugehörigkeit läßt vermuten, daß es sich um keine an die Anhänger der eigenen Sache appellierende Streitschrift handelt, und der fehlende Reflex gegnerischer Polemik macht eine Funktion für den öffentlichen Meinungsstreit unwahrscheinlich. Daß die einzigen angegriffenen Positionen zwei Kanones über die rechtliche Stellung des Papstes ohne polemische Verzerrung sind, läßt eher an die Vorwegnahme von Gegenargumenten bei sachlichen Verhandlungen als an eine Immunisierung der Öffentlichkeit gegen die Wirkung päpstlicher Publizistik denken. - Für gütliche, um einen Ausgleich bemühte Verhandlungen mit der Kurie erscheint der Traktat sehr geeignet. Der Bezug auf das Papsttum ist eindeutig, zugleich

---

218) E. Bernheim urteilt nur: "daß der Traktat nicht vorwiegend eine literarische, sondern eine eminent politische Bedeutung haben sollte und hat" und schließt das aus der Scheidung zwischen "weltlicher Belehnung" und "geistlicher Beamtung" und der Forderung nach besonders rücksichtsvoller Behandlung der deutschen Bischöfe, also zwei ausschließlich inhaltlichen Gesichtspunkten (Über den Traktat S.289/290).

aber die Schärfe der Vorwürfe und Forderungen abgemildert[219]. Das zeigt sich an ihrer sentenzenartigen Objektivierung und hypothetischen Konditionalisierung. So erklärt sich auch die einzige Verwendung allegorischer historischer Argumentation, durch die der Andeutung, auch Päpste könnten ihr Amt falsch versehen, die Spitze genommen wird. Für einen Papst am unmittelbarsten überzeugende Argumente, Rechtssetzungen seiner Vorgänger, sind stark betont und ihre Sicherung durch die von ihm als wichtigstes Wirkungsmittel gehandhabte Exkommunikation hervorgehoben. Ihrer Stärkung dient umfangreiches historisches Material, das die Laieninvestitur nicht eigenständig als Gewohnheitsrecht einfordert, sondern deren Anerkennung durch Papstprivilegien ins rechte Licht setzt. Die Papstgeschichte wird in starkem Maße herangezogen, der Bereich vor der staatlichen Anerkennung der im Papst verkörperten christlichen Kirche nur kurz gestreift[220]. Zwei von drei Idealfällen stellen einen vorbildlichen Papst vor Augen. Die Weihe der abendländischen Herrschergewalt durch das Papsttum wird als entscheidende historische Wende hervorgehoben. Drei Handlungen von Päpsten werden ausführlich als Präzedenzfall geschildert, sieben Präzedenzfälle über Friedenswahrung in Rom erinnern die Päpste an ihre Gefährdung durch die streitenden römischen Parteien. - Daß speziell

---

219) Es verwirrt, wenn H. Schlechte, der den Charakter als Gesandteninstruktion aus dem Eingehen auf die gegnerische Verhandlungsposition schließt, ihre Absicht also in der Erzielung einer Übereinkunft sieht, ihr andererseits aber "ungemein scharfen Ton", "bitteren Spott", "Sarkasmus" und "Ironie" gegenüber diesem Verhandlungspartner bescheinigt(Erzbischof Bruno von Trier S.47).

220) H. Schlechte geht völlig fehl, wenn er im Investitur-Traktat "die in allen Worten spürbare Überzeugung, daß die christliche Kirche aus Einzelkirchen bestehe, und diese in weitem Maße selbständig seien; die Anschauung vom stufenmäßigen Aufbau der Hierarchie, der doch in vielen Fragen den Einzelkirchen freie Entscheidung läßt" feststellt. Als Begründung verweist er nur auf die der stilistischen 'amplificatio' dienende Diärese *Romana ecclesia, alieque in orbe terrarum ecclesiae* (Erzbischof Bruno von Trier S.47).

deutsche Interessen im Investitur-Traktat gegenüber der Kurie vertreten werden, ist bekannt[221]. Noch nicht bemerkt hat man aber die der Sicht des Papsttums entgegenkommenden Argumente für die besonderen Rechte des Kaisers. Viermal werden diese durch die 'Translatio imperii' begründet, die in engsten Zusammenhang mit dem Schutz Roms und des Papsttums gebracht und als unter dessen wesentlicher Mitwirkung vollzogen dargestellt wird. Deren wohltätige Auswirkung wird durch mehrfache Schilderung, wie nutzlos und grausam sich die 'griechischen Kaiser' den Päpsten gegenüber gezeigt haben, in helles Licht gerückt, zugleich etwaige Bewerbung anderer Mächte um diese Würde historisch disqualifiziert. Als Präzedenzfall für die positive Auswirkung dieser Rechte wird der Schutz des Papsttums durch die Karolinger in Karl dem Großen verdichtet und seine Verteidigung des Kirchenbesitzes dem Ziel der 'libertas' untergeordnet. Zugleich wird dieser Kaiser als historisch wirkungsvolles Vorbild für alle anderen Herrscher dargestellt. Die ausführlichen Präzedenzfälle über Otto I. und Heinrich III. belegen den kirchenrechtlich einwandfreien und wirkungsvollen Schutz, den die deutschen Herrscher im unruhigen Rom bieten können[222].

Wenn diese Beobachtungen auch nur etwas über die Eignung des Traktats, nicht aber seine wirkliche Verwendung etwa als von königlichen Gesandten dem Papst vorzutragende Rede aussagen, so bieten sie doch wenigstens für die mit so großer Sicherheit vorgetragene These eine vom speziellen Blickpunkt aus überzeugende Begründung.

---

221) Vgl.dazu E. Bernheim, Über den Traktat S.287-290.

222) E. Bernheim verkennt das Argumentationsziel völlig, wenn er über diese Präzedenzfälle sagt: "ja zuletzt klingt es wie eine herbe Warnung vor der Gewalt des Stärkeren, da der Verfasser unserer Schrift die Beispiele Johanns XII., Benedicts V. und der von Heinrich III. abgesetzten Päpste zu bedenken gibt" (Über den Traktat S.288/289). Vgl. dazu oben S.198 ff.

Ergebnis

Die vorliegende - nur als methodische Anregung gedachte - Untersuchung hat versucht zu zeigen, daß eine Betrachtung der historischen Argumentationsweise einen eigenen Weg zur Erkenntnis der Art und Funktion einzelner Streitschriften eröffnet und somit ermöglicht, die Masse dieses Quellenmaterials von einem neuen Gesichtspunkt aus in sich zu unterscheiden und das je Individuelle zu erkennen, was auch für die politische Geschichte bedeutungsvoll sein kann. Sie hat exemplarisch hervortreten lassen, welche Unterschiede hinsichtlich der betrachteten Räume und Zeiten bestehen, zugleich aber klar gemacht, daß für eine solche Fragestellung die extensive Betrachtung einer Art Statistik, etwa über erwähnte Personen und Ereignisse, nicht ausreicht, sondern - allein - irreführen muß. Es wurde deutlich, daß das gleiche Faktum in unterschiedlicher Richtung ausgewertet und ihm durch sprachliche Mittel verschiedene Bedeutung verliehen werden kann, sowie daß die wirkliche Relevanz eines Arguments nur im Zusammenhang der gesamten Beweisführung, d. h. des Werk-Ganzen ermessen werden kann, wobei sich durch eine solche methodische Untersuchung auch inhaltliche Präzisierungen ergeben. Die Vielfalt der innerhalb der historischen Argumentation möglichen Ansatzpunkte und Betrachtungsweisen, sowie ihre ganz unterschiedliche Verbindung und Beziehung zu anderen Argumentationsarten - worüber eine trotz der Auswahl gültige Übersicht gegeben werden sollte - lassen vermuten, daß eine - in der vorgeführten Weise vorgenommene - Untersuchung dieses geistesgeschichtlich bedeutungsvollen Phänomens für alle Streitschriften des Investiturstreits eine wertvolle Ergänzung zu den Ergebnissen über das Neben- und Gegeneinander von 'ratio' und 'auctoritas' in der Frühscholastik erbringen und das Bild von der geistigen Physiognomie dieser Epoche wesentlich vervollständigen würde.

Exkurs: Die Vorstellung des Investitur-Traktats von der 'Translatio imperii'

Wenn man die vier Berichte über diesen Vorgang vergleicht, so ergeben sich zwischen den beiden ausführlichen erhebliche sachliche Differenzen. W. Goez hat ähnliche Unterschiede allgemein bei Autoren des 11. und frühen 12. Jahrhunderts festgestellt und daraus geschlossen, daß diese kein Bedürfnis nach Konsequenz verspürten[1]. So sieht auch er sich nicht zu eindringlicheren Erwägungen veranlaßt, sondern betrachtet einfach den ausführlichsten und terminologisch schärfsten Bericht des Investitur-Traktats als für diesen kennzeichnend[2]. Das Problem als solches ernst genommen hat hingegen P. A. van den Baar. Er schafft allerdings, ein negatives Urteil über die Fähigkeit des Verfassers zu klarer und bedachter Formulierung seiner Meinung voraussetzend, das Dilemma mit leichter Hand aus der Welt, indem er den ersten, ausführlichsten Bericht zur bloßen "historischen Einkleidung" erklärt, den zweiten dagegen für "nicht beiläufig"; außerdem beruft er sich darauf, daß der erste wörtlich entlehnt, der zweite hingegen "persönlich" und "nicht übernommen" sei. So glaubt er sich zu der Feststellung berechtigt, daß nur der zweite die wirkliche Meinung des Verfassers ausdrücke, der erste hingegen nicht ernst zu nehmen sei[3]. Doch dem ist entgegenzuhalten, daß, wie aus dem Gliederungsschema hervorgeht, beide Berichte im Gesamtaufbau der Schrift eine ähnlich subsidiäre Funktion haben und innerhalb des logischen Gerüsts eine gleichwertige Stellung einnehmen (beide bilden je einen Unterabschnitt, der nach van den Baar wichtigere füllt den seinen allerdings nicht ganz aus)[4].

---

1) W. Goez, Translatio S.81 und S.102.

2) W. Goez, Translatio S.103.

3) P. A. van den Baar, Die kirchliche Lehre S.45-47.

4) 1. Unterabschnitt des 1. Abschnitts des 1. Teils des I.

Auch die Entlehnung des Wortlauts läßt sich nicht heranziehen, um die Aussage des ersten Berichts als nicht mit der wirklichen Meinung des Verfassers übereinstimmend zu entwerten. Dieser hat die Vorlage durchaus selbständig beurteilt und den Argumentationsbedürfnissen entsprechend verändert, so das annalistische Präsens konsequent in historisches Perfekt verwandelt. Den ersten Satz, der sich in der Chronik auf Vorhergehendes bezog, hat er zu einem autonomen Beginn verselbständigt[5]. Durch sparsame Zusätze hat er einige Gesichtspunkte klarer zur Geltung gebracht. So fügt er der Angabe über die erste Herrschaftsperiode eine Charakterisierung des Herrschaftsbereichs an, die sich so bei Sigebert nirgends findet: *in regno Grecorum et Romanorum*. Den ersten Ausdruck verwendet dieser gar nicht, sondern statt dessen wenig später - noch im gleichen Zusammenhang - einen ganz anderen Terminus: *Constantinopolitanum regnum*[6]. Zur Charakterisierung der Kaiserin Irene ist, um auf ihre mangelnde Befähigung für das christliche Kaisertum hinzuweisen, in den Bericht Sigeberts eingefügt: *filia chaiani Avarum - id est Hunorum regis...* Dabei sind zwei Angaben des Chronisten, die dieser, der chronologischen Ordnung entsprechend, an verschiedenen Stellen des vorhergehenden Textes gegeben hatte, kombiniert: *Chaianus rex Avarum id est Hunorum; filiam Caiani Avarum regis uxorem ducit*[7]. Für den Abfall der Römer vom griechischen Kaisertum gibt der Verfasser des Investitur-Traktats eine gedrängte Begründung in eigenen Worten, die dem auch sonst

---

Hauptteils und 2. Unterabschnitt des 2. Abschnitts des 3. Teils des I. Hauptteils.

5) Der erste Satz hieß bei Sigebert: *Post quem filius eius Leo annis 5 imperat* (SS VI, p.334). Vgl. Ldl II, p.498,2-14.

6) In der werktechnischen Bemerkung: *Immutato ordine regnorum, immutandus est etiam ordo titulorum; quia abhinc sub uno comprehendendum est regnum Francorum et Romanorum, et Constantinopolitanum regnum distinguendum est a regno Romanorum* (SS VI,p. 336).

7) SS VI, p.319 und p.330.

von ihm vertretenen Standpunkt - den Begriff *tyrannus* nennt er öfter - entspricht, während Sigebert weder inhaltlich noch terminologisch in diesem Zusammenhang dafür einen Anhalt bot: *propter tardum et infructuosum illius auxilium contra tyrannos*[8]. Im letzten Satz ist die Bedeutung Karls des Großen durch den Zusatz *magnus rex* stärker betont. - Überhaupt darf man für die wörtliche Übernahme dieses Berichtes nicht Unselbständigkeit, sondern muß Streben nach Vollständigkeit dafür verantwortlich machen. "Sigebert ist...der erste, der sich wieder um eine sinnvolle Erkenntnis der byzantinischen Geschichte und ihre Zusammenhänge mit dem Frankenreich bemüht..."[9]. Wenn der Verfasser des Investitur-Traktats in dieser Hinsicht möglichst genau sein wollte - das Interesse am Verhältnis Abendland-Byzanz kommt auch sonst in der Streitschrift zum Ausdruck - blieb ihm, wenn er keine eigene Forschung betreiben wollte, nur wörtliches Zitieren übrig.

Da also der erste Bericht gegenüber dem zweiten nicht entwertet werden kann, bleibt die Frage nach der Begründung der Unterschiede zwischen beiden, wenn man den Traktat als geistige Leistung ernst nimmt.

Ins Auge fällt vor allem, daß sie die 'Translatio imperii' zu verschiedenen Zeiten ansetzen und dementsprechend auch verschiedene historische Persönlichkeiten an dem Vorgang beteiligt

---

8) Vgl. dazu Anm.58. Das soll nicht heißen, daß Sigebert in diesem Punkt andere Vorstellungen hat. Der Tyrannus-Begriff, wie er im Investitur-Traktat wirksam ist, ist in der Chronik ebenso mehrfach zu finden(vgl. z.B. SS VI, p.345,64 ff. oder p. 348,2). Um so auffallender ist der Unterschied hinsichtlich des Translatio-Berichts. - Von den bei J. Spörl unterschiedenen beiden Tyrannus-Begriffen dürfte der 'tyrannus regiminis', der seine Macht mißbrauchende sich am ehesten mit der Vorstellung des Investitur-Traktats decken (vgl. J. Spörl, Gedanken um Widerstandsrecht und Tyrannenmord im Mittelalter,in: Widerstandsrecht und Grenzen der Staatsgewalt, hrsg. B. Pfister und G. Hildmann, Berlin 1956, S.19 und S.26).

9) A.-D. von den Brincken, Weltchronistik S.185.

sein lassen. Der Sigebert von Gembloux entlehnte setzt sie ins Jahr 800 und läßt sie unter Mitwirkung von Papst Leo III. Karl dem Großen zuteil werden. Der zweite Bericht setzt den Vorgang ins Jahr 754 und nennt als Beteiligte Papst Stephan II. und Pippin den Jüngeren. Ein weiterer Widerspruch besteht hinsichtlich des für die 'Translatio' verantwortlichen Handlungsträgers: Im zweiten, selbständig formulierten Bericht wird dem Papst eine viel größere Rolle dabei zugemessen als im ersten.

Doch gerade dieser zweite Widerspruch, den allein van den Baar betont, ist leicht zu erklären. Dieser hat ihn, irregeführt von seiner Suche nach Formulierungen einer kirchlichen Translationstheorie, indem er im zweiten Bericht die Rolle der Römer viel geringer ansetzt, als sie dem Text nach ist, verschärft[10]. Das bei genauer Interpretation dem Papst zuzumessende Gewicht ergibt keinen eigentlichen Widerspruch zu dem ersten Bericht. Im zweiten ist - das hat van den Baar übersehen - die 'Translatio imperii' nur ein Thema neben einem anderen, das gleichzeitig abgehandelt wird, der Etablierung einer legitimen fränkischen Königsgewalt. Wenn bei der Schilderung dieser umfassenden Legitimationsakte die Römer als Handlungsträger zurücktreten, ist das natürlich: Mit der Anerkennung der fränkischen Königsgewalt der Karolinger hatten sie nichts zu tun.

Auf die gleiche Weise klärt sich auch bis zu einem gewissen Grade der zweite Widerspruch: Die Verlegung der 'Translatio imperii' auf das Jahr 754 ist bedingt durch die Koppelung mit der Weihe der karolingischen Königsgewalt in diesem Jahr zu einer komplexen Darstellung der Legitimierung der abendländischen Herrscherwürde durch das Papsttum. Auf dieser, nicht auf den einzelnen Akten, liegt das Schwergewicht, und die fränkische Dynastie ist nur stellvertretend für alle regierenden Gewalten im Abendland gefaßt. Konsequenterweise bestätigt der Papst unmittelbar anschließend generell das Recht d e r Könige zur In-

---

10) Vgl. P. A. van den Baar, Die kirchliche Lehre S.46 und oben S.164 ff.

vestitur der Bischöfe, ohne daß dabei des Kaisertums besonders gedacht würde[11].

Doch hinter dieser zeitlichen Fixierung der 'Translatio imperii' steht nicht nur der Wunsch nach eindrucksvoller Formulierung einer geballten Argumentation, es liegt auch eine besondere Konzeption zugrunde. Das zeigt sich an dem zweiten Beispiel für diese Datierung im Investitur-Traktat, das van den Baar offensichtlich übersehen hat. Daraus, daß auf die dritte - dem Umfang nach - Schilderung der 'Translatio imperii' folgend als Beleg für die vorbildliche Haltung der *imperatores ex Francis* gegenüber den Päpsten die Behandlung Stephans II. angeführt wird, ist zu entnehmen, daß die historische Wende hier ebenfalls in die Zeit dieses Papstes verlegt ist. Dabei gibt aber der Verfasser in der den historischen Belegen vorausgeschickten Summe eine Definition der zugrundeliegenden Anschauung: *Notandum est autem pontificibus Romanis et eorum civibus, quando orta fuit divisio in electione pontificum vel in communione civium, non est pax restituta, nisi per Grecos imperatores, quamdiu imperium ibi fuit, vel per Francos imperatores, ex quo imperium Romanum datum est eis*[12]. Als Aufgabe und Kennzeichen des römischen Kaisertums wird hier klar die Friedenswahrung in Rom angegeben. Diese Friedenswahrung, als dessen wichtigster Teil offenbar der Schutz des Papstes gilt, haben aber die fränkischen Herrscher schon seit Pippin wahrgenommen. Der Widerspruch zwischen den zwei verschiedenen Datierungen der 'Translatio imperii' löst sich also auf in die Scheidung zwischen zwei verschiedenen Formen dieser Übertragung: Neben der endgültig rechtlichen Übertragung des 'imperium Romanum' im Jahre 800 an Karl den Großen kennt der Investitur-Traktat noch eine faktische, machtpolitische, die schon früher stattgefunden hat, offenbar zu dem Zeitpunkt, da Byzanz sich als zu schwach erwies,

---

11) Ldl II, p.501,11/12. Vgl. oben S.150.

12) Ldl II, p.503,8-11.

um den Frieden für Rom zu wahren[13]. Dem entspricht, daß in Übereinstimmung mit der Angabe, Karl habe als erster Frankenherrscher über die Römer geherrscht, eine solche unmittelbare und rechtlich fundierte Herrschaft in Rom für die frühe Zeit nicht angenommen wird, und daß der staatsrechtlich bindende Formalakt, die Akklamation des römischen Volkes nur - und das zweimal - zum Jahre 800 erwähnt wird[14].

---

13) P. A. van den Baar hat selbst auf eine ähnliche doppelte Translatio-Vorstellung bei Thiofried von Echternach aufmerksam gemacht (Die kirchliche Lehre S.40/41).

14) Das zweite Mal in selbständiger Formulierung in der den Traktat abschließenden Datierung der Abfassung: *Ex quo imperium Romanum Karolo magno acclamatum est, sunt anni CCC et novem*(Ldl II, p.504,8/9).

Register der für die Argumentation wichtigen historischen Persönlichkeiten

DAS GEISTESLEBEN DER SLAVEN IM FRÜHEN MITTELALTER

Die Anfänge des slavischen Schrifttums im Gebiet des östlichen Mitteleuropa vom 8. bis 10. Jahrhundert. Von Franz Zagiba (Annales Instituti Slavici, Band VII). 1971. 228 Seiten, 18 Abbildungen, 2 Textillustrationen. Broschiert DM 56,—.

ISBN 3 205 08630 9

In ihrem Bemühen, den Slaven eine höhere Gesittung und Gesellschaftsordnung zu vermitteln, ließ die Kirche Texte der ältesten slavischen Schriftstücke herstellen. Diese ursprüngliche Funktion der Denkmäler in lateinischer, altslovenischer und altkirchenslavischer Sprache (in glagolitischer oder cyrillischer Schrift) wird oft vergessen, weshalb es in der Fachliteratur bei der Klarstellung von deren Entstehung und Funktion oft zu Fehldeutungen kommt. Darum ist die Beantwortung der Frage von grundlegender Bedeutung, in welchem Rahmen diese ältesten Texte entstanden sind und welche organisatorische Arbeit nötig war, um ihre Herstellung zu ermöglichen.

Der Autor, Professor für slavische Philologie an der Universität Wien, legt hier das Ergebnis einer mehr als fünfundzwanzigjährigen Forschertätigkeit vor, das neues Licht auf die Grundlagen des kulturellen und literarischen Lebens der Slaven vor dem Auftreten Konstantins und Methods wirft.

BÖHLAU VERLAG KÖLN WIEN